中华人民共和国海船船员培训大纲熟悉训练资源

船舶操纵与避碰

（二/三副）

大连海事大学交通运输教材研究所 组织编写

大连海事大学出版社

Ⓒ 中国海事服务中心　2020

图书在版编目(CIP)数据

船舶操纵与避碰：二/三副 / 中国海事服务中心编
. 一大连：大连海事大学出版社，2020.11
中华人民共和国海船船员培训大纲熟悉训练资源
ISBN 978-7-5632-4080-7

Ⅰ. ①船… Ⅱ. ①中… Ⅲ. ①船舶避让操纵—技术培训—教材②船舶航行—避碰规则—技术培训—教材　Ⅳ. ①U675.96②U692.1

中国版本图书馆 CIP 数据核字(2020)第 230096 号

大连海事大学出版社出版

地址：大连市凌海路1号　邮编：116026　电话：0411-84728394　传真：0411-84727996
http://press.dlmu.edu.cn　E-mail:dmupress@dlmu.edu.cn

大连永盛印业有限公司印装　　　　　　　　大连海事大学出版社发行

2020 年 11 月第 1 版	2020 年 11 月第 1 次印刷
幅面尺寸：184 mm×260 mm	印张：17
字数：419 千	印数：1~3000 册

出版人：余锡荣

责任编辑：李继凯　　　　　　　　　　　　责任校对：刘若实
封面设计：解瑶瑶　　　　　　　　　　　　版式设计：解瑶瑶

ISBN 978-7-5632-4080-7　　定价：51.00 元

前　言

为有效履行《1978年海员培训、发证和值班标准国际公约》，进一步规范海船船员的培训、发证工作，提高培训质量，提升海员业务素质，交通运输部颁布了《中华人民共和国海船船员适任考试和发证规则》("20规则")并发布《中华人民共和国海事局关于印发〈中华人民共和国海船船员适任考试和发证规则实施办法〉的通知》。通知指出"'20规则'第二十九条规定的适任考试按照《海船船员培训大纲》确定的适任标准和内容实施"。

为更加有效地配合海船船员（操作级）适任考试培训，帮助考生顺利通过海船船员适任考试，在深入解读《海船船员培训大纲》的基础上，研究部海事局公布的大纲训练资源，针对操作级适任考试特点，编写了本套操作级"中华人民共和国海船船员培训大纲熟悉训练资源"（以下简称"训练资源"）。

本套操作级"训练资源"分为"驾驶专业""轮机专业""电子电气专业"三个专业。其中，驾驶专业包括：《航海学》（二/三副）、《船舶操纵与避碰》（二/三副）、《船舶结构与货运》（二/三副）、《航海英语》（二/三副）、《船舶管理》（二/三副）；轮机专业包括：《主推进动力装置》（二/三管轮）、《船舶辅机》（二/三管轮）、《船舶电气与自动化》（二/三管轮）、《船舶管理》（二/三管轮）、《轮机英语》（二/三管轮）；电子电气专业包括：《船舶电气》（电子电气员）、《船舶机舱自动化》（电子电气员）、《船舶管理》（电子电气员）、《信息技术与通信导航系统》（电子电气员）、《电子电气员英语》（电子电气员）。

本套操作级"训练资源"具有针对性强、实用性强的特点，是海船船员参加适任考试、培训必不可少的资源。

本套操作级"训练资源"的出版，得到了中国海事服务中心的大力支持。同时，感谢各海事管理机构、航海院校、海员培训机构、航运企业等单位的关心和帮助，特致谢意。

大连海事大学交通运输教材研究所
2020年11月

目 录

第一章 操纵和操作船舶 1
  第一节 船舶变速性能、旋回性能、航向稳定性和保向性及其影响因素 1
  第二节 影响旋回圈和冲程的因素 11
  第三节 船舶操纵性试验和 IMO 船舶操纵性衡准的基本内容 12
  第四节 风流对操船的影响 13
  第五节 船舶救生 18
  第六节 浅水效应 19
  第七节 船间效应和岸壁效应 21
  第八节 螺旋桨、舵设备和系泊设备 24
  第九节 锚泊、系泊和系浮筒操作 38
  第十节 引航梯的布置方法和要求 44
  第十一节 恶劣天气下的船舶操纵 45
  第十二节 船舶进出港操纵 48
  第十三节 特殊水域操纵 49
  参考答案 51
  答案解析 53

第二章 操舵控制系统 70
  第一节 随动操舵系统 70
  第二节 应急控制系统 70
  第三节 自动舵的操舵转换方式 70
  第四节 使用自动舵的注意事项 71
  参考答案 71
  答案解析 72

第三章 国际海上避碰规则 73
  第一节 适用范围 73
  第二节 责任 77
  第三节 一般定义 82
  第四节 号灯与号型 87
  第五节 声响与灯光信号 101
  第六节 瞭望 113
  第七节 安全航速 116
  第八节 碰撞危险 118
  第九节 避免碰撞的行动 123

第十节　狭水道 ····· 130
　　第十一节　分道通航制 ····· 135
　　第十二节　追越 ····· 143
　　第十三节　对遇局面 ····· 148
　　第十四节　交叉相遇局面 ····· 152
　　第十五节　让路船的行动 ····· 158
　　第十六节　直航船的行动 ····· 160
　　第十七节　船舶之间的责任 ····· 167
　　第十八节　船舶在能见度不良时的行动规则 ····· 172
　　参考答案 ····· 179
　　答案解析 ····· 183

第四章　航行值班 ····· 209
　　第一节　航行值班的基本原则 ····· 209
　　第二节　驾驶台值班驾驶员的责任 ····· 212
　　第三节　瞭望的要求 ····· 214
　　第四节　驾驶台交接班 ····· 216
　　第五节　船舶航行、操纵和避让行动的有关要求 ····· 218
　　第六节　锚泊时驾驶台人员的职责 ····· 224
　　第七节　港内以及装卸危险品时驾驶员的职责 ····· 225
　　第八节　渔区航行与避让 ····· 225
　　参考答案 ····· 228
　　答案解析 ····· 229

第五章　搜寻与救助 ····· 233
　　第一节　遇险和应急信号 ····· 233
　　第二节　搜寻基点和搜寻区域 ····· 234
　　第三节　搜寻模式 ····· 235
　　参考答案 ····· 236
　　答案解析 ····· 236

第六章　应急船舶操纵 ····· 238
　　第一节　抢滩 ····· 238
　　第二节　船舶搁浅前后的措施 ····· 239
　　第三节　船舶碰撞前后的处置 ····· 241
　　第四节　海上拖带 ····· 243
　　参考答案 ····· 244
　　答案解析 ····· 244

第七章　驾驶台资源管理 ····· 248
　　第一节　驾驶台资源管理概念、作用与目的 ····· 248
　　第二节　驾驶台资源的组成、分配与排序 ····· 248

  第三节 驾驶台组织结构及职责 ·· 249
  第四节 通信与沟通 ··· 250
  第五节 决策 ··· 251
  第六节 领导力 ·· 252
  第七节 情境意识 ··· 254
  参考答案 ··· 255
  答案解析 ··· 256
第八章 发出和接收信息 ·· 260
  参考答案 ··· 262
  答案解析 ··· 262

第一章
操纵和操作船舶

第一节 船舶变速性能、旋回性能、航向稳定性和保向性及其影响因素

1. 船舶启动过程中,为保护主机应_____。
   A. 先开高转速,在船速达到与转速相应的船速时再逐级减小转速
   B. 先开低转速,在船速达到与转速相应的船速时再逐级加大转速
   C. 先开低转速,在螺旋桨转动起来后就开高转速
   D. 先开低转速,在转速达到相应的转速时再逐级增大转速

2. 在船舶启动进车时,促使船舶产生加速运动的原因是_____。
   A. 滑失较大,推力小于阻力　　　　B. 滑失较小,推力小于阻力
   C. 滑失较大,推力大于阻力　　　　D. 滑失较小,推力大于阻力

3. FPP(固定螺距)船舶从静止状态开进车,其操作过程是主机的转速_____。
   A. 可以一步到位以缩短启动时间
   B. 保持不变
   C. 需视船速的逐步提高而逐渐增加
   D. 轻载船可以急速提升满载船可以缓缓提升

4. 船舶由静止状态进车,达到相应稳定航速的前进距离_____。
   A. 与船舶排水量成正比,与相应稳定船速的平方成正比
   B. 与船舶排水量成正比,与相应稳定船速的平方成反比
   C. 与船舶排水量成反比,与相应稳定船速的平方成正比
   D. 与船舶排水量成反比,与相应稳定船速的平方成反比

5. 船舶由静止状态进车,达到相应稳定航速的时间_____。
   A. 与船舶排水量成正比,与相应稳定船速成反比
   B. 与船舶排水量成正比,与相应稳定船速成正比
   C. 与船舶排水量成反比,与相应稳定船速成正比
   D. 与船舶排水量成反比,与相应稳定船速成反比

6. 船停车后的停船距离(冲程)是指_____。

A. 船舶在直航中停止主机至船舶对水停止移动的滑行距离
B. 船舶在直航中停止主机至船舶对地停止移动的滑行距离
C. 船舶在旋回中停止主机至船舶对水停止移动的滑行距离
D. 船舶在旋回中停止主机至船舶对地停止移动的滑行距离

7. 匀速前进中的船舶主机停车后,其速度随时间变化的情况为_____。
   A. 加速度为一恒定值,逐渐降速为零
   B. 加速度不断变化,逐渐降速为定常值
   C. 加速度不断变化,开始降速较快,而后下降率变低,逐渐降速为零
   D. 加速度不断变化,开始降速较慢,而后下降率加快,逐渐降速为零

8. 在实际应用中,我们常说的停车冲程,一般以_____船舶的惯性距离作为停车冲程。
   A. 船舶对地速度降到能保持舵效的最小速度时
   B. 船舶对水速度降到能保持舵效的最小速度时
   C. 船舶对水速度降到零时
   D. 船舶对地速度降到零时

9. 船舶倒车停止性能或最短停船距离是指船在前进三中开后退三,从_____停止时船舶所前进的距离。
   A. 发令开始至船对地   B. 发令开始至船对水
   C. 螺旋桨开始倒转至船对地   D. 螺旋桨开始倒转至船对水

10. 船舶在前进中减速或停止主机,至船减至所要求的速度或对水停止移动所滑行的距离称为减速时间或冲时,其大小与_____。
    ①船舶的排水量成正比;②初始速度成正比;③船体水阻力成反比;④主机的功率成正比
    A. ①②③④   B. ①②④
    C. ①②③   D. ②③④

11. 停车后的停船距离受到_____因素的影响。
    ①排水量;②初速度;③船舶阻力;④推进器类型
    A. ①②③④   B. ①②③
    C. ②③   D. ①②

12. 下列说法正确的是_____。
    A. 停车冲程与发令时的初速度成正比   B. 停车冲程与发令时的初速度的平方成正比
    C. 停车冲程与发令时的初速度成反比   D. 停车冲程与发令时的初速度的平方成反比

13. 船舶航行中,驾驶台突然下令倒车,机舱的倒车过程是_____。
    A. 关闭油门→主机停转→压缩空气通入气缸→倒车启动
    B. 压缩空气通入气缸→关闭油门→主机停转→倒车启动
    C. 压缩空气通入气缸→主机停转→关闭油门→倒车启动
    D. 关闭油门→压缩空气通入气缸→主机停转→倒车启动

14. 船舶倒车冲程与主机换向所需时间及倒车功率有关,在其他情况相同的条件下_____。
    A. 主机换向所需时间越长、倒车功率越小、倒车冲程越大
    B. 主机换向所需时间越长、倒车功率越大、倒车冲程越大

C. 主机换向所需时间越短、倒车功率越小,倒车冲程越大
D. 主机换向所需时间越短、倒车功率越大,倒车冲程越大

15. 船舶倒车冲程与水深、船舶污底程度有关,在其他情况相同的条件下_____。
   A. 水深越大、船舶污底越严重,倒车冲程越大
   B. 水深越大、船舶污底越轻微,倒车冲程越大
   C. 水深越小、船舶污底越严重,倒车冲程越大
   D. 水深越小、船舶污底越轻微,倒车冲程越大

16. 常用的制动方法包括_____。
   ①倒车制动法;②Z形操纵制动法;③满舵旋回制动法;④拖锚制动法;⑤拖船协助制动法
   A. ①②③④　　　　　　　　B. ②③④⑤
   C. ①②③④⑤　　　　　　　　D. ①②④⑤

17. 拖锚制动法和拖船协助制动法分别适用于_____情况。
   A. 船舶高速和低速　　　　　B. 船舶低速和低速
   C. 船舶低速和高速　　　　　D. 船舶高速和高速

18. 拖船制动适用于_____。
   A. 高速或港内水域且多用于大型船舶
   B. 低速或港内水域且多用于小型船舶
   C. 高速或港内水域且多用于中小型船舶
   D. 低速或港内水域且多用于大型船舶

19. 直航船操一定舵角后,其旋回初始阶段的_____。
   A. 转向角速度较小,角加速度较大
   B. 转向角速度较小,角加速度较小
   C. 转向角速度较大,角加速度较大
   D. 转向角速度较大,角加速度较小

20. 直航船操一定舵角后,其旋回初始阶段的_____。
   A. 横移速度较小,横移加速度较小
   B. 横移速度较小,横移加速度较大
   C. 横移速度较大,横移加速度较大
   D. 横移速度较大,横移加速度较小

21. 直航船操一定舵角后,其旋回初始阶段的船体_____。
   A. 开始向操舵一侧横移,横移速度较小
   B. 开始向操舵相反一侧横移,横移速度较大
   C. 开始向操舵一侧横移,横移速度较大
   D. 开始向操舵相反一侧横移,横移速度较小

22. 直航船操一定舵角后,其旋回初始阶段的船体_____。
   A. 开始向操舵一侧横移,并向操舵一侧横倾
   B. 开始向操舵相反一侧横移,并向操舵相反一侧横倾
   C. 开始向操舵一侧横移,并向操舵相反一侧横倾

D. 开始向操舵相反一侧横移,并向操舵一侧横倾

23. 直航船操一定舵角后,其定常旋回阶段_____。
    A. 降速达到最大,外倾角趋于稳定
    B. 船速继续下降,外倾角继续增大
    C. 船速继续下降,外倾角趋于稳定
    D. 降速达到最大,外倾角继续增大

24. 直航船操一定舵角进行旋回,其定常旋回阶段的_____。
    A. 转心位置稳定
    B. 转心继续前移
    C. 转心趋向船中
    D. 转心趋向船尾

25. 船舶作舵旋回进入定常旋回阶段后,下列叙述哪项不正确?
    A. 作用于船体的合力矩为零
    B. 角速度达最大
    C. 角加速度达最大
    D. 船舶降速达到最大

26. 船舶作舵旋回进入定常旋回阶段后,下列叙述哪项不正确?
    ①作用于船体的合力矩为零;②角速度达最小;③角加速度达最大;④降速达到最大
    A. ①③④
    B. ①③
    C. ③④
    D. ②③

27. 船舶旋回时,随着转头角速度的增大,将出现向操舵相反侧的外倾,在下列哪种情况下其外倾将越大?
    A. 旋回直径越大,初稳性高度 GM 越大,船速越慢
    B. 旋回直径越大,初稳性高度 GM 越小,船速越慢
    C. 旋回直径越小,初稳性高度 GM 越大,船速越快
    D. 旋回直径越小,初稳性高度 GM 越小,船速越快

28. 操舵后,舵力对船舶运动产生的影响,下面说法正确的是_____。
    A. 使船产生尾倾
    B. 使船产生首倾
    C. 使船速降低
    D. 使船速增大

29. 操舵后,舵力对船舶运动产生的影响,下面说法正确的是_____。
    ①使船速降低;②使船横倾;③使船偏转;④使船发生横移
    A. ①②③④
    B. ①②③
    C. ②③④
    D. ①④

30. 下列关于船舶在旋回中的降速的说法,不正确的是_____。
    A. 方形系数大的船舶一般比方形系数小的船舶旋回降速少
    B. 船舶旋回过程中,推进器效率降低引起船速下降
    C. 船舶旋回过程中,船舶斜航阻力增加也会引起船速下降
    D. 相对旋回初径越小的船舶旋回中降速越多

31. 船舶在旋回运动的转舵阶段,其首、尾转动情况为_____。
    A. 船首向操舵相反一侧转动,船尾向操舵一侧转动
    B. 船首向操舵一侧回转的趋势,船尾向操舵相反一侧转动
    C. 船首向操舵一侧转动,船尾向操舵一侧转动
    D. 船首向操舵相反一侧转动,船尾向操舵相反一侧转动

32. 船舶旋回圈中的进距通常是指_____。

A. 自操舵起,至航向改变 90°时,其重心在原航向上的横向移动距离
B. 自操舵起,至航向改变 90°时,其重心在原航向上的纵向移动距离
C. 自操舵起,至航向改变 180°时,其重心在原航向上的横向移动距离
D. 自操舵起,至航向改变 180°时,其重心在原航向上的纵向移动距离

33. 船舶旋回圈中的横距一般是指_____。
   A. 自操舵起,至航向改变 90°时,其重心在原航向上的横向移动距离
   B. 自操舵起,至航向改变 90°时,其重心在原航向上的纵向移动距离
   C. 自操舵起,至航向改变 180°时,其重心在原航向上的横向移动距离
   D. 自操舵起,至航向改变 180°时,其重心在原航向上的纵向移动距离

34. 船舶旋回圈中的旋回初径是指_____。
   A. 自操舵起,至航向改变 90°时,其重心在原航向上的横向移动距离
   B. 自操舵起,至航向改变 90°时,其重心在原航向上的纵向移动距离
   C. 自操舵起,至航向改变 180°时,其重心在原航向上的横向移动距离
   D. 自操舵起,至航向改变 180°时,其重心在原航向上的纵向移动距离

35. 船舶旋回过程中的反移量是指_____。
   A. 自操舵起,其重心向转舵相反一侧在原航向上的横向移动距离
   B. 自操舵起,其船尾向转舵相反一侧在原航向上的横向移动距离
   C. 自操舵起,其重心向转舵一侧在原航向上的横向移动距离
   D. 自操舵起,其船尾向转舵一侧在原航向上的横向移动距离

36. 转心 P 是指_____。
   A. 旋回中船体所受水动力的作用中心   B. 旋回轨迹的曲率中心至船舶首尾线的垂足
   C. 旋回轨迹的中心   D. 旋回中船体上漂角最大的一点

37. 船舶旋回过程中,转心位置_____。
   A. 在转舵阶段和过渡阶段不变,在定常旋回阶段不变
   B. 在转舵阶段和过渡阶段变化,在定常旋回阶段变化
   C. 在转舵阶段和过渡阶段变化,在定常旋回阶段不变
   D. 在转舵阶段和过渡阶段不变,在定常旋回阶段变化

38. 船舶旋回时间是指_____。
   A. 自转舵起至航向角变化 90°所用的时间
   B. 自转舵起至航向角变化 180°所用的时间
   C. 自转舵起至航向角变化 270°所用的时间
   D. 自转舵起至航向角变化 360°所用的时间

39. 船舶在旋回中的降速主要是_____。
   A. 大舵角的舵阻力增大、斜航中船体阻力减小造成的
   B. 大舵角的舵阻力增大、斜航中船体阻力增大造成的
   C. 大舵角的舵阻力减小、斜航中船体阻力减小造成的
   D. 大舵角的舵阻力减小、斜航中船体阻力增大造成的

40. 船舶操舵旋回中,在转舵阶段将向_____横倾,在定常旋回阶段将向_____横倾。

A. 转舵一侧；转舵相反一侧   B. 转舵一侧；转舵一侧
C. 转舵相反一侧；转舵一侧   D. 转舵相反一侧；转舵相反一侧

41. 船舶作大舵角快速转向过程中，会产生横倾，倾斜的方向为_____。
   A. 内倾
   B. 外倾
   C. 先内倾后外倾
   D. 先外倾后内倾

42. 船舶旋回360°所需要的时间与下述哪项因素关系最密切？
   A. 船长
   B. 纵倾
   C. 横倾
   D. 船速

43. 船舶在后退中回转时，转心_____。
   A. 接近船首
   B. 在船舶重心之后
   C. 在船舶重心处
   D. 在船舶重心稍前

44. 表征船舶旋回性能的要素包括_____。
   ①横距；②纵距；③旋回初径；④旋回直径；⑤滞距；⑥反移量
   A. ①②③
   B. ①②⑤⑥
   C. ①③④⑥
   D. ①②③④⑤⑥

45. 影响旋回圈反移量大小的因素包括_____。
   A. 船速、舵角、操舵速度、装载状态
   B. 船型、船速、排水量、舵角
   C. 船速、舵角、操舵速度、排水量
   D. 船速、舵角、操舵速度、装载状态、船型

46. 驾驶台展示的船舶操纵性资料中，其旋回圈_____。
   A. 是船舶全速直航操20°舵角后重心描绘的轨迹
   B. 是船舶半速直航操满舵后重心描绘的轨迹
   C. 是船舶半速直航操20°舵角后重心描绘的轨迹
   D. 是船舶全速直航操满舵后重心描绘的轨迹

47. 在船舶提供给引航员的引航卡的船舶操纵性资料中的旋回圈是_____。
   A. 船舶在任意速度直航中操满舵后船中点描绘的轨迹
   B. 船舶在全速直航中操满舵后船中点描绘的轨迹
   C. 船舶在任意速度直航中操满舵后船重心描绘的轨迹
   D. 船舶在全速直航中操满舵后船重心描绘的轨迹

48. 如图所示的旋回试验中进距是_____所示的距离。
   A. (1)
   B. (2)
   C. (3)
   D. (4)

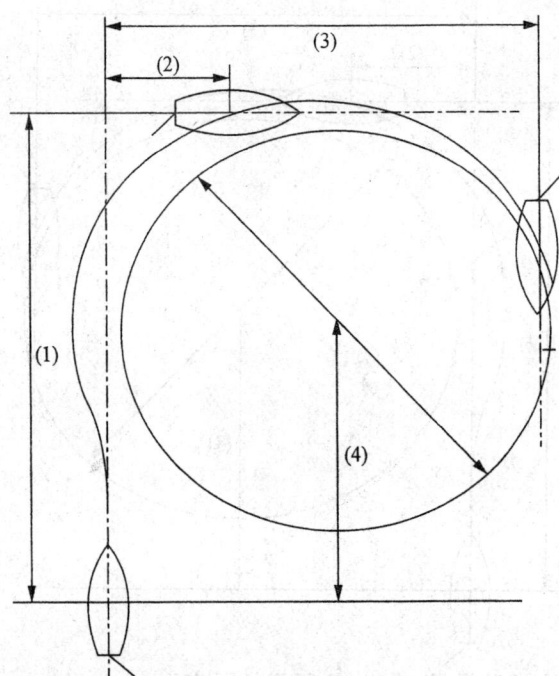

49. 如图所示的旋回试验中旋回初径是_____所示的距离。
    A.（1） B.（2）
    C.（3） D.（4）

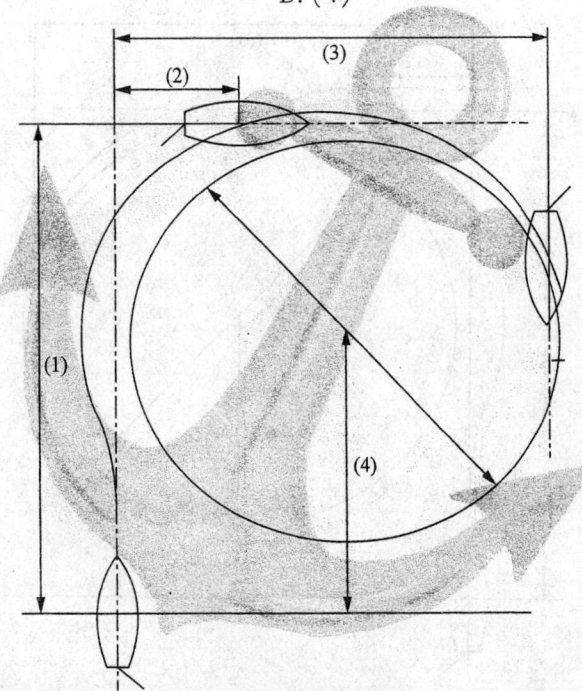

50. 如图所示的旋回试验中滞距是_____所示的距离。
    A.（1） B.（2）
    C.（3） D.（4）

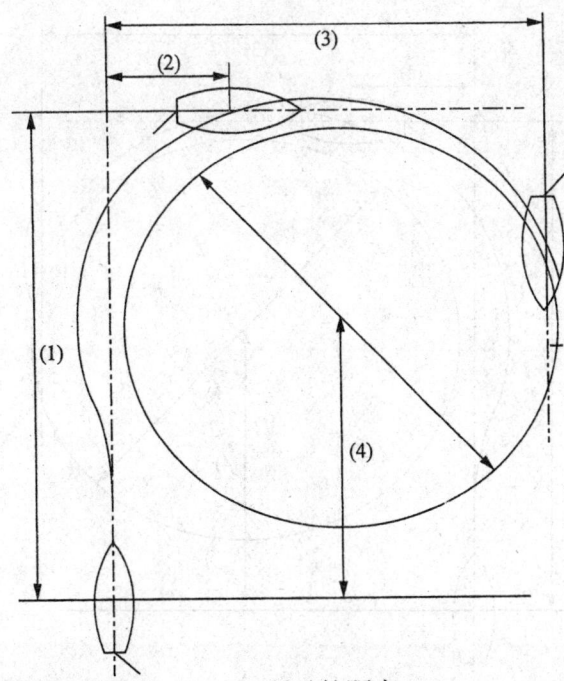

51. 如图所示的旋回试验中反移量是_____所示的距离。
    A.（1） B.（2）
    C.（3） D.（4）

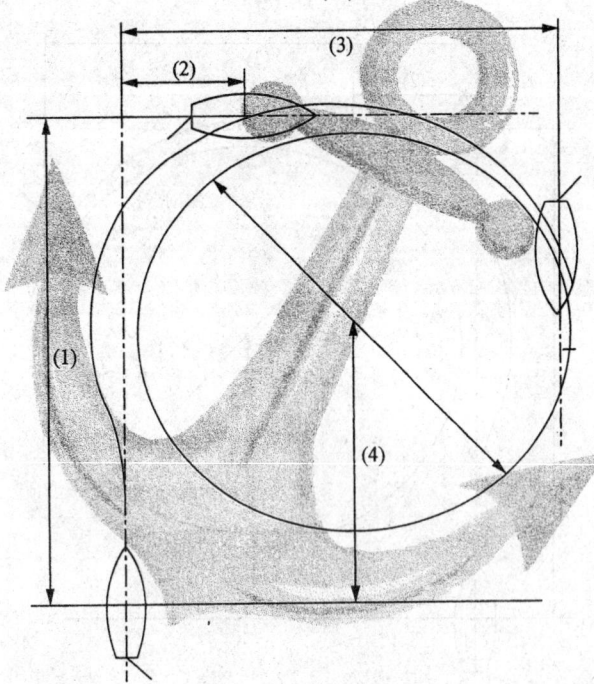

52. 两船在海上对遇采取转向避让,转舵时机最迟应在_____。
    A. 相距 4 倍船长以外 B. 相距两船长度之和的 4 倍以外

C. 相距两船横距之和以外　　　　D. 相距两船进距之和以外

53. 船舶航行中,突然发现有人落水,为了防止船舶和螺旋桨对落水者造成伤害,应立即怎样操纵船舶?
   A. 向落水者相反一舷操满舵,并停车　　B. 向落水者相反一舷操满舵,并加速
   C. 向落水者一舷操满舵,并停车　　　　D. 向落水者一舷操满舵,并加速

54. 船舶航行中,突然在船首右前方近距离发现障碍物,应如何操纵船舶避离?
   A. 立即操右满舵,待船首避离后,再操左满舵,使船尾避离
   B. 立即操右满舵,待船首避离后,保持右满舵,使船尾避离
   C. 立即操左满舵,待船首避离后,保持左满舵,使船尾避离
   D. 立即操左满舵,待船首避离后,再操右满舵,使船尾避离

55. 船舶在港内或锚地操纵时,为了在较小的水域达到掉头的目的,应如何操纵?
   A. 在船速为零时,加车满舵,适时控制船速以达到掉头的目的
   B. 进车当船舶达到一定速度后,满舵,以达到掉头的目的
   C. 倒车可以利用螺旋桨的转头偏向力,以达到掉头的目的
   D. 船舶自身无法实现,需要拖船来协助才能达到掉头的目的

56. 关于旋回圈要素在实际操船中应用,下列叙述错误的是＿＿＿＿。
   A. 在水深足够的水域,旋回初径可以用来估算船用舵旋回掉头所需的水域
   B. 横距可以用来估算操舵转向后船舶与岸或其他船舶是否有足够的安全距离
   C. 滞距可以用来推算两船对遇时无法旋回避让的距离
   D. 两船的进距之和则可以用来推算对遇时的最早操舵点

57. 在船首前方偏右极近距离发现障碍物,用舵紧急避让,应＿＿＿＿。
   A. 先操左满舵使船首摆开,再操右满舵使船尾摆开
   B. 先操右满舵使船首摆开,再操左满舵使船尾摆开
   C. 先操左满舵使船尾摆开,再操右满舵使船首摆开
   D. 先操右满舵使船尾摆开,再操左满舵使船首摆开

58. 在船首前方偏左极近距离发现障碍物,用舵紧急避让,应＿＿＿＿。
   A. 先操左满舵使船首摆开,再操右满舵使船尾摆开
   B. 先操右满舵使船首摆开,再操左满舵使船尾摆开
   C. 先操左满舵使船尾摆开,再操右满舵使船首摆开
   D. 先操右满舵使船尾摆开,再操左满舵使船首摆开

59. ＿＿＿＿和＿＿＿＿可以用来估算用舵旋回所需水域的大小。
   A. 旋回初径;进距　　　　　　　　B. 旋回初径;横距
   C. 旋回直径;进距　　　　　　　　D. 旋回直径;横距

60. 通常所说的航向稳定性指的是＿＿＿＿或＿＿＿＿。
   A. 动航向稳定性;直线稳定性　　　B. 静航向稳定性;直线稳定性
   C. 动航向稳定性;方向稳定性　　　D. 静航向稳定性;方向稳定性

61. 在海上实践中,预配风流压差达到的是＿＿＿＿。
   A. 动航向稳定性　　　　　　　　　B. 直线稳定性

C. 位置稳定性　　　　　　　　D. 方向稳定性

62. 航向稳定性好的船舶在_____。
    A. 改向时应舵较快,旋回中操正舵能较快地恢复直线运动
    B. 改向时应舵较快,旋回中操正舵能较慢地恢复直线运动
    C. 改向时应舵较慢,旋回中操正舵能较快地恢复直线运动
    D. 改向时应舵较慢,旋回中操正舵能较慢地恢复直线运动

63. 根据统计,一般来说比较瘦长的集装箱船舶通常具有_____。
    A. 较好的旋回性能,但航向稳定性较差
    B. 较差的旋回性能,但航向稳定性较好
    C. 较好的旋回性能,航向稳定性也较好
    D. 较差的旋回性能和较差航向稳定性

64. 船舶航向稳定性与其长宽比 L/B 和方形系数有关,表现为_____。
    A. 长宽比 L/B 越大、方形系数越大,航向稳定性越好
    B. 长宽比 L/B 越小、方形系数越小,航向稳定性越好
    C. 长宽比 L/B 越大、方形系数越小,航向稳定性越好
    D. 长宽比 L/B 越小、方形系数越大,航向稳定性越好

65. 船舶航向稳定性与船体水下侧面积形状分布和纵倾情况有关,表现为_____。
    A. 船尾钝材、尾倾越大,航向稳定性越好
    B. 船首钝材、尾倾越大,航向稳定性越好
    C. 船首钝材、首倾越大,航向稳定性越好
    D. 船尾钝材、首倾越大,航向稳定性越好

66. 在其他条件相同的情况下,不同方形系数的船舶其航向稳定性的特点是_____。
    A. 方形系数较小的船舶其航向稳定性较好
    B. 方形系数较小的船舶其航向稳定性较差
    C. 方形系数较大的船舶其航向稳定性较好
    D. 方形系数大小对船舶的航向稳定性没有影响

67. 保向性与航向稳定性有关,表现为_____。
    A. 航向稳定性越好,保向越容易　　B. 航向稳定性越差,保向越容易
    C. 航向稳定性越好,保向越困难　　D. 保向性与航向稳定性无关

68. 关于船舶保向性,下述哪项正确?
    A. 保向性与航向稳定性有关,与操舵人员的技能无关
    B. 保向性与航向稳定性有关,与操舵人员的技能有关
    C. 保向性与航向稳定性无关,与操舵人员的技能无关
    D. 保向性与航向稳定性无关,与操舵人员的技能有关

69. 保向性与航向稳定性有关,表现为_____。
    A. 航向稳定性越好,保向性越好　　B. 保向性越好,航向稳定性越好
    C. 航向稳定性越好,保向性越差　　D. 航向稳定性与保向性没有直接的关系

70. 船型对船舶保向性的影响是_____。

A. 方形系数较大,长宽比较大的瘦长型船舶其保向性较好
B. 方形系数较大,长宽比较小的肥大型船舶其保向性较好
C. 方形系数较小,长宽比较小的肥大型船舶其保向性较好
D. 方形系数较小,长宽比较大的瘦长型船舶其保向性较好

71. 影响船舶保向性的因素有_____。
①航向稳定性;②操舵技能;③舵机性能;④外界干扰
A. ①② B. ①②③
C. ①②③④ D. ①④

72. 对于同一艘船舶在相同装载情况下,有关船舶保向性叙述正确的是_____。
①增大所操舵角,能明显地改善船舶的保向性;②由深水区驶入浅水区,保向性将变好;③顶风浪或顶流航行中保向性反而降低;④顶风浪或顶流航行中保向性反而提高
A. ①②③④ B. ①②③
C. ②③④ D. ①②④

第二节　影响旋回圈和冲程的因素

1. 船舶停车冲程与排水量和初始船速有关,在其他情况相同的条件下_____。
   A. 排水量越大、初始船速越小,停车冲程越大
   B. 排水量越大、初始船速越大,停车冲程越大
   C. 排水量越小、初始船速越小,停车冲程越大
   D. 排水量越小、初始船速越大,停车冲程越大

2. 船舶停车时间与排水量和初始船速有关,在其他情况相同的条件下_____。
   A. 排水量越大、初始船速越小,停车冲时越长
   B. 排水量越大、初始船速越大,停车冲时越长
   C. 排水量越小、初始船速越小,停车冲时越长
   D. 排水量越小、初始船速越大,停车冲时越长

3. 下列说法正确的是_____。
   A. 船舶污底越严重,船体阻力越大,倒车冲程越小
   B. 船舶污底越轻,船体阻力越大,倒车冲程越小
   C. 船舶污底越严重,船体阻力越小,倒车冲程越小
   D. 船舶污底越轻,船体阻力越小,倒车冲程越小

4. 下列说法正确的是_____。
   A. 船舶载重量越大,船速越低,紧急停船距离越大
   B. 船舶载重量越小,船速越低,紧急停船距离越大
   C. 船舶载重量越大,船速越高,紧急停船距离越大
   D. 船舶载重量越小,船速越高,紧急停船距离越大

5. 同一艘船舶在下列哪种情况下旋回时旋回圈最大?
   A. 全速下满舵旋回 B. 全速前进中停车后满舵旋回

C. 静止中加车满舵旋回　　　　　　　D. 低速前进中加车满舵旋回
6. 同一艘船舶在下列哪种情况下旋回时旋回圈最小？
  A. 全速下满舵旋回　　　　　　　　　B. 全速前进中停车后满舵旋回
  C. 静止中加车满舵旋回　　　　　　　D. 半速前进中加车满舵旋回
7. 同一艘船舶在相同的装载条件下，不同水深条件下的旋回圈大小是_____。
  A. 深水区的旋回初径大于浅水区　　　B. 深水区的旋回初径小于浅水区
  C. 深水区与浅水区的旋回初径变化不大　D. 深水区与浅水区的旋回初径无法比较
8. 下列说法正确的是_____。
  A. 船舶吃水增加，旋回时纵距增大，旋回初径增大
  B. 船舶吃水增加，旋回时纵距减小，旋回初径增大
  C. 船舶吃水增加，旋回时纵距增大，旋回初径减小
  D. 船舶吃水增加，旋回时纵距减小，旋回初径减小
9. 下列说法正确的是_____。
  A. 船舶吃水增加，旋回时纵距增大，反移量增大
  B. 船舶吃水增加，旋回时纵距增大，反移量减小
  C. 船舶吃水增加，旋回时纵距减小，反移量增大
  D. 船舶吃水增加，旋回时纵距减小，反移量减小

第三节　船舶操纵性试验和IMO船舶操纵性衡准的基本内容

1. 船舶旋回试验的目的在于_____。
  A. 评价船舶旋回迅速程度和所需水域的大小
  B. 评价船舶的航向稳定性的优劣
  C. 测定船舶旋回性及追随性
  D. 测定船舶旋回性及保向性
2. 通过哪种实船试验方法可测定船舶的旋回圈？
  A. 旋回试验　　　　　　　　　　　　B. Z形试验
  C. 螺旋试验　　　　　　　　　　　　D. 倒车试验
3. 旋回试验的目的是_____。
  ①求取旋回要素；②评价船舶旋回的迅速程度；③评价船舶旋回所需水域的大小；④评价船舶航向稳定性的优劣
  A. ②③④　　　　　　　　　　　　　B. ①②③④
  C. ①③④　　　　　　　　　　　　　D. ①②③
4. 旋回试验的目的是_____。
  A. 评价船舶旋回水域大小，旋回时间（船首转过360°时）的长短
  B. 评价船舶旋回水域大小，旋回时间（船首转过540°时）的长短
  C. 评价船舶初始回转性，旋回时间（船首转过360°时）的长短
  D. 评价船舶初始回转性，旋回时间（船首转过540°时）的长短

5. 通过哪种实船试验方法来判断船舶的停船性能？
   A. 旋回试验　　　　　　　　　　B. Z形试验
   C. 螺旋试验　　　　　　　　　　D. 冲程试验

6. 船舶停车冲程的试验水域最好选择_____。
   A. 无风无流,浅水域　　　　　　　B. 有风有流,浅水域
   C. 无风无流,深水域　　　　　　　D. 有风有流,深水域

7. 倒车冲程试验中的横向偏移量是指_____。
   A. 船舶从发令开始至船舶对水停止时在原航向上的横向位移量
   B. 船舶从发令开始至船舶对地停止时在原航向上的横向位移量
   C. 船舶从倒车开始至船舶对水停止时在原航向上的横向位移量
   D. 船舶从倒车开始至船舶对地停止时在原航向上的横向位移量

8. 通过Z形试验可以判断出船舶用舵后_____。
   ①航向稳定性；②旋回性能；③追随性能；④船舶转头惯性
   A. ②③④　　　　　　　　　　　B. ①②③④
   C. ①②③　　　　　　　　　　　D. ①③④

9. 通过Z形试验可以判断出船舶用舵后_____。
   ①航向稳定性；②初始旋回性能；③追随性能；④停船性能
   A. ②③④　　　　　　　　　　　B. ①②③④
   C. ①②③　　　　　　　　　　　D. ①③④

10. Z形试验的目的是评价船舶的_____。
    ①旋回性；②追随性；③航向稳定性；④舵效优劣；⑤船舶转头惯性
    A. ①②③④⑤　　　　　　　　　B. ①②④⑤
    C. ①②③⑤　　　　　　　　　　D. ①③④

11. Z形试验的目的是评价船舶的_____。
    ①停船性；②追随性；③航向稳定性；④舵效优劣；⑤船舶偏转抑制性
    A. ①②③④⑤　　　　　　　　　B. ②③④⑤
    C. ①②③④　　　　　　　　　　D. ①④⑤

12. IMO船舶操纵性能衡准指标包括_____。
    A. 旋回性能、初始回转性能、偏转抑制性能、摇摆性能
    B. 旋回性能、初始回转性能、航向稳定性能、保向性能
    C. 旋回性能、初始回转性能、偏转抑制性能、保向性能
    D. 旋回性能、追随性能、初始回转性能、偏转抑制性能

第四节　风流对操船的影响

1. 船舶所受风动力的大小_____。
   A. 与风舷角有关,与相对风速无关　　B. 与风舷角有关,与相对风速有关
   C. 与风舷角无关,与相对风速无关　　D. 与风舷角无关,与相对风速有关

2. 船舶所受风动力的大小_____。
   A. 与风舷角有关,与船体水上面积无关
   B. 与风舷角无关,与船体水上面积无关
   C. 与风舷角有关,与船体水上面积有关
   D. 与风舷角无关,与船体水上面积有关

3. 船舶所受风动力作用中心的位置主要取决于_____。
   A. 船舶水下船体形状及面积分布情况和风舷角
   B. 船舶水下船体形状及面积分布情况和漂角
   C. 船舶上层建筑形状及面积分布情况和风舷角
   D. 船舶上层建筑形状及面积分布情况和漂角

4. 同一条船舶压载时的风动力中心位置比满载要_____。
   A. 明显后移
   B. 稍有后移
   C. 明显靠前
   D. 稍微靠前

5. 船舶所受风动力的大小_____。
   A. 与船体水上正面积无关,与船体水上侧面积无关
   B. 与船体水上正面积有关,与船体水上侧面积无关
   C. 与船体水上正面积无关,与船体水上侧面积有关
   D. 与船体水上正面积有关,与船体水上侧面积有关

6. 一般情况下船舶风动力转船力矩系数与_____有关。
   ①船舶种类;②船舶载况;③船舶受风面积;④风舷角
   A. ①②
   B. ①②③
   C. ①②③④
   D. ①③④

7. 船舶所受风动力作用中心的位置主要取决于_____。
   A. 风舷角与船上受风面积分布情况
   B. 漂角与水下侧面积分布情况
   C. 风舷角与水下侧面积分布情况
   D. 漂角与船上受风面积分布情况

8. 船舶水动力的大小_____。
   A. 与漂角有关,与船体水下面积无关
   B. 与漂角无关,与船体水下面积无关
   C. 与漂角有关,与船体水下面积有关
   D. 与漂角无关,与船体水下面积有关

9. 船舶水动力作用中心的位置主要取决于_____。
   A. 船舶水下船体形状及面积分布情况和风舷角
   B. 船舶水下船体形状及面积分布情况和漂角
   C. 船舶上层建筑形状及面积分布情况和风舷角
   D. 船舶上层建筑形状及面积分布情况和漂角

10. 船舶水动力的大小_____。
    A. 与漂角有关,与船体水上面积无关
    B. 与漂角无关,与船体水上面积无关
    C. 与漂角有关,与船体水上面积有关
    D. 与漂角无关,与船体水下面积有关

11. 同一条船舶满载时,其水动力中心位置比空船或压载时_____。
    A. 明显靠前
    B. 稍向后移
    C. 明显靠后
    D. 稍向前移

12. 影响船舶水动力转船力矩大小的因素是_____。

①水密度;②船长;③船速;④船舶吃水
A. ①②③④　　　　　　　　　　　B. ①③
C. ②④　　　　　　　　　　　　　D. ③④

13. 定性说明船舶在风中偏转规律时,船舶偏转方向_____。
    A. 与风动力中心、船舶重心和水动力中心相对位置无关,与船舶进退动态无关
    B. 与风动力中心、船舶重心和水动力中心相对位置有关,与船舶进退动态有关
    C. 与风动力中心、船舶重心和水动力中心相对位置无关,与船舶进退动态有关
    D. 与风动力中心、船舶重心和水动力中心相对位置有关,与船舶进退动态无关

14. 前进中的船舶正横前来风,风对船舶运动产生的作用包括_____。
    A. 船速提高,不产生横移　　　　　B. 船速降低,不产生横移
    C. 船速提高,产生横移速度　　　　D. 船速降低,产生横移速度

15. 静止中的船舶,正横后来风,该船偏转的情况是_____。
    A. 船首向下风偏转,直至船舶处于横风状态
    B. 船首向上风偏转,直至船舶处于顶风状态
    C. 船首向下风偏转,直至船舶处于顺风状态
    D. 船首向上风偏转,直至船舶处于横风状态

16. 船舶静止中受风时船舶的偏转规律是_____。
    A. 正横前来风时船首向上风偏转,最终转向正横受风
    B. 正横前来风时船首向上风偏转,最终转向船首受风
    C. 正横前来风时船首向下风偏转,最终转向船尾受风
    D. 正横前来风时船首向下风偏转,最终转向正横受风

17. 高速前进中的船舶正横后来风,其偏转趋势及保向性为_____。
    A. 船尾转向下风,使船首转向上风,容易保向
    B. 船尾转向上风,使船首转向下风,容易保向
    C. 船尾转向下风,使船首转向上风,不易保向
    D. 船尾转向上风,使船首转向下风,不易保向

18. 船舶压载、船首受风面积大时,低速前进中右正横前来风的偏转规律是_____。
    A. 船首向右偏转,操右舵纠正　　　B. 船首向右偏转,操左舵纠正
    C. 船首向左偏转,操右舵纠正　　　D. 船首向左偏转,操左舵纠正

19. 船舶前进中受正横以前来风,出现船首下风偏转的主要条件是_____。
    A. 压载、航速较低　　　　　　　　B. 压载、航速较高
    C. 满载、航速较低　　　　　　　　D. 满载、航速较高

20. 船舶前进中受正横以前来风,出现船首向上风偏转的条件包括_____。
    A. 尾倾、船尾受风面积大　　　　　B. 尾倾、船首受风面积大
    C. 首倾、船首受风面积大　　　　　D. 首倾、船尾受风面积大

21. 船舶常速前进中受风时,_____。
    A. 风来自正横前易于保向　　　　　B. 风来自正横后易于保向
    C. 风来自正横易于保向　　　　　　D. 上层建筑面积越大越易于保向

22. 航行中的漂移速度与停船时的漂移速度之间的关系为_____。
    A. 航行中的漂移速度大于停船时的漂移速度
    B. 航行中的漂移速度小于停船时的漂移速度
    C. 航行中的漂移速度等于停船时的漂移速度
    D. 船速越高,航行中的漂移速度越大

23. 船舶漂移速度,下述哪项正确?
    A. 船速越高,漂移速度越大
    B. 船速越低,漂移速度越大
    C. 船速为零,漂移速度最小
    D. 船速越低,漂移速度越小

24. 船舶静止中正横前受风,下列说法正确的是_____。
    A. 船首呈现顺风偏转,船体最后成横风状态
    B. 船尾呈现顺风偏转,船体最后成横风状态
    C. 船首呈现顺风偏转,船体最后成迎风状态
    D. 船尾呈现顺风偏转,船体最后成迎风状态

25. 船舶静止中正横后受风,下列说法正确的是_____。
    A. 船首呈现顺风偏转,船体最后成横风状态
    B. 船尾呈现顺风偏转,船体最后成横风状态
    C. 船首呈现顺风偏转,船体最后成迎风状态
    D. 船尾呈现顺风偏转,船体最后成迎风状态

26. 船舶在航行中受强风的作用,在风舷角一定时_____。
    A. 舵角越大,保向界限越小
    B. 舵角越大,保向界限越大
    C. 保向界限与舵角的大小无关
    D. 不操舵也能保向

27. 船舶在风中航行,有关保向的叙述,下列何者正确?
    A. 正横附近来风比正横前来风易于保向,正横前来风比正横后来风易于保向
    B. 正横附近来风比正横前来风易于保向,正横后来风比正横前来风易于保向
    C. 正横前来风比正横附近来风易于保向,正横前来风比正横后来风易于保向
    D. 正横前来风比正横附近来风易于保向,正横后来风比正横前来风易于保向

28. 船舶在风中航行,有关保向的叙述,下列何者正确?
    A. 风速与船速之比越大越不易于保向
    B. 正横后来风比正横前来风易于保向
    C. 正横附近来风比正横前来风易于保向
    D. 船速与风速之比越小越易于保向

29. 前进中的船舶,在强风下将会出现迎风性偏转,需向下风舷压某一舵角,以抵消风偏转合力矩的作用,下列说法中正确的是_____。
    A. 风舷角60°~120°时,就一定出现即使操满舵也难以保向的情况
    B. 随着风向向首、尾靠拢,满舵也无法保向的情况会越来越显著
    C. 船首来风比船尾来风更难以保向
    D. 强风中船舶保向性总的来说随风速的降低而提高,随船速的降低而降低

30. 下列说法正确的是_____。
    A. 船速越低,风速越高,船在风中越易保向
    B. 船速越高,风速越高,船在风中越易保向

C. 船速越高,风速越低,船在风中越易保向
D. 船速越低,风速越低,船在风中越难保向

31. 船在风中的保向范围,下列说法正确的是_____。
A. 随风速的降低而扩大,随船速的降低而减小
B. 随风速的增加而扩大,随船速的降低而减小
C. 随风速的降低而扩大,随船速的提高而减小
D. 随风速的提高而扩大,随船速的提高而减小

32. 船在风中的保向范围,下列说法正确的是_____。
A. 随风速的降低而扩大,随舵角的增大而增大
B. 随风速的增大而扩大,随舵角的增大而增大
C. 随风速的降低而扩大,随舵角的减小而增大
D. 随风速的增大而扩大,随舵角的减小而增大

33. 强风中转向应考虑的因素包括_____。
①风速;②流速;③船舶载况;④转向幅度
A. ①②③④   B. ①③④
C. ①②④   D. ①④

34. 强风中转向应考虑的因素包括_____。
①风速;②流速;③船舶吃水;④转头角速度
A. ①②③④   B. ①③④
C. ①②④   D. ①④

35. 船舶在有水流的水域航行,在相对水的运动速度不变时,舵角相同的条件下_____。
A. 顶流舵力小,顺流舵力大   B. 顶流舵力大,顺流舵力小
C. 顺流舵效好,顶流舵效差   D. 顺流舵效差,顶流舵效好

36. 在流速和静水船速不变时,相同舵角下的舵力和舵效的情况是_____。
A. 顶流时,舵力比顺流时大,舵效好   B. 顶流时,舵力比顺流时大,舵效差
C. 顶流时,舵力与顺流时相同,舵效好   D. 顶流时,舵力与顺流时相同,舵效差

37. 相同流速的水流和相同舵角对舵力、舵力转船力矩的影响是_____。
A. 顶流舵力大、舵力转船力矩也大
B. 顺流舵力大、舵力转船力矩也大
C. 顶流和顺流舵力、舵力转船力矩一样大
D. 顶流和顺流舵力、舵力转船力矩不一样大

38. 风流对船舶运动的影响不一致时,应_____。
A. 不考虑本船载况,主要考虑流的影响   B. 不考虑本船载况,主要考虑风的影响
C. 考虑本船载况,考虑风、流影响较大者 D. 考虑本船载况,按无风、流情况处理

39. 在均匀流场中,船舶旋回,下列说法正确的是_____。
A. 顶流时旋回圈减小   B. 顶流时旋回圈增大
C. 顺流时旋回圈减小   D. 顺流、顶流时旋回圈大小不变

第五节 船舶救生

1. 发现有人落水,目击者应采取的首要措施_____。
   A. 报告船长   B. 报告驾驶台
   C. 就近抛下救生圈   D. 施放救生艇

2. 值班驾驶员一旦发现人落水,应立即采取的行动是_____。
   ①拉响警报;②抛救生圈;③放救生艇;④向落水者一舷操满舵
   A. ①②③④   B. ②③
   C. ②③④   D. ①②④

3. 船舶在海上航行,值班驾驶员突然接到有人落水的报告,应怎样紧急操船?
   A. 立即向落水者一舷操满舵   B. 立即向落水者相反一舷操满舵
   C. 立即操左舷满舵   D. 立即操右舷满舵

4. 关于航行中值班驾驶员看到甲板上有人落水时的立即行动,首要行动是_____。
   A. 向落水者一舷操满舵   B. 报告船长
   C. 通知机舱   D. 报告 VTS

5. 航行中值班驾驶员看到甲板上有人落水时的立即行动包括_____。
   ①向落水者一舷操满舵;②报告船长;③通知机舱;④发布船舶动态
   A. ①②③④   B. ②③④
   C. ①②③   D. ①④

6. 单旋回法适用于人落水后的_____。
   A. 立即行动   B. 延迟行动
   C. 人员失踪   D. 搜寻行动

7. 落水者已失踪,大型船为尽快驶至落水者应采用_____。
   A. 斯恰诺(Scharnow)旋回   B. 威廉逊(Williamson)旋回
   C. 双旋回   D. 单旋回

8. 威廉逊(Williamson)旋回法中,在发现有人落水后,立即向落水者一舷操满舵,当船首转过_____后,改操另一舷满舵。
   A. 40°   B. 60°
   C. 80°   D. 90°

9. 威廉逊(Williamson)旋回法最适用于人落水后的_____。
   A. 立即行动   B. 延迟行动
   C. 人员失踪   D. 搜寻行动

10. 斯恰诺(Scharnow)旋回法最适用于人落水后的_____。
    A. 立即行动   B. 延迟行动
    C. 人员失踪   D. 搜寻行动

11. 威廉逊(Williamson)旋回法的缺陷是_____。
    A. 操船所需时间较长   B. 不够准确

C. 不适用于夜间   D. 不适用于人员失踪

12. 单旋回的操船方法不适用于_____。
   ①立即行动；②延迟行动；③人员失踪
   A. ①   B. ②③
   C. ①③   D. ①②

13. 如图所示旋回为_____，最适合_____。
   A. 单旋回；立即行动   B. Williamson 旋回；延迟行动
   C. Scharnow 旋回；人员失踪   D. 双半旋回；延迟行动

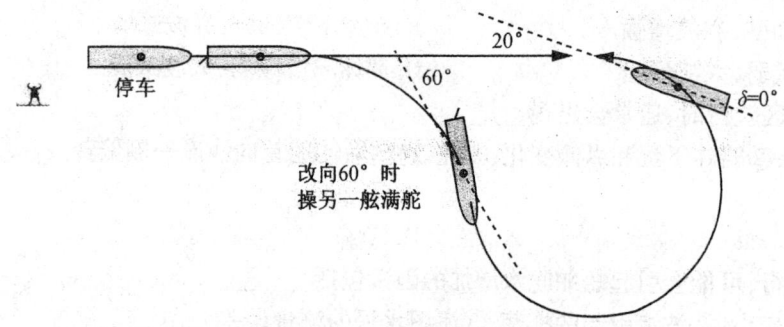

第六节 浅水效应

1. 船舶由深水进入浅水区,发生的现象下述哪项正确？
   A. 船体水动力减小,船体振动加剧   B. 船体水动力增大,船体振动减轻
   C. 船体水动力增大,船体振动加剧   D. 船体水动力减小,船体振动减轻

2. 船舶在浅水区航行时,通常会出现_____。
   A. 船速上升、船体下沉和纵倾变化、舵效变差等现象
   B. 船速下降、船体下沉和纵倾变化、舵效变差等现象
   C. 船速下降、船体下沉和纵倾变化、舵效变好等现象
   D. 船速上升、船体下沉和纵倾变化、舵效变好等现象

3. 船舶由深水进入浅水区,发生的现象下述哪项正确？
   A. 舵力变化不大、航向稳定性提高   B. 舵力减小、航向稳定性下降
   C. 舵力增大、航向稳定性提高   D. 舵力增大、航向稳定性下降

4. 船舶由深水进入浅水区,发生的现象下述哪项正确？
   A. 船速下降、航向稳定性提高   B. 船速下降、航向稳定性下降
   C. 船速提高、航向稳定性提高   D. 船速提高、航向稳定性下降

5. 船舶由深水进入浅水区,发生的现象下述哪项正确？
   A. 舵效降低、航向稳定性提高   B. 舵效提高、航向稳定性提高
   C. 舵效降低、航向稳定性下降   D. 舵效提高、航向稳定性下降

6. 船舶由深水进入浅水区,发生的现象下述哪项正确？
   A. 舵效降低、旋回性提高   B. 舵效提高、旋回性下降

C. 舵效提高、旋回性提高 D. 舵效降低、旋回性下降

7. 船舶由深水进入浅水区,发生的现象下述哪项正确?
   A. 旋回性提高,航向稳定性提高 B. 旋回性下降,航向稳定性下降
   C. 旋回性提高,航向稳定性下降 D. 旋回性下降,航向稳定性提高

8. 一船在航速、载况和舵角相同情况下,浅水中较深水中_____。
   A. 航行阻力减小,航向稳定性变好 B. 航行阻力减小,航向稳定性变差
   C. 航行阻力增大,航向稳定性变好 D. 航行阻力增大,航向稳定性变差

9. 船舶由深水进入浅水,引起船速下降的原因包括_____。
   A. 船体下沉加剧,兴波增强 B. 船体下沉加剧,兴波减弱
   C. 船体下沉减弱,兴波增强 D. 船体下沉减弱,兴波减弱

10. 船舶在浅水区航行时,通常会出现_____。
    ①船速下降;②船体下沉和纵倾变化;③舵效变差;④船首向浅滩一侧偏转
    A. ①②③④ B. ①②③
    C. ①③ D. ②④

11. 船舶近岸航行,可能会引起船舶吃水增加的因素包括_____。
    ①海水密度变小;②波浪引起的摇荡;③海图水深的测量误差
    A. ①②③ B. ①③
    C. ②③ D. ①②

12. 下列关于浅水效应的说法正确的是_____。
    ①船体所受阻力将增加;②舵力有所下降但下降不大;③船舶由深水水域驶入浅水域时船速会下降,螺旋桨的滑失比将增大;④浅水效应使得船舶航向稳定性变差
    A. ①②③ B. ①③④
    C. ①②④ D. ②③④

13. 船舶由深水进入浅水_____。
    A. 水花声变小,船体振动加强 B. 水花声变大,船体振动加强
    C. 水花声变小,船体振动减小 D. 水花声变大,船体振动减小

14. 船舶由深水进入浅水_____。
    A. 航道越狭窄,水深越浅,船舶所受到的阻力越大
    B. 航道越宽敞,水深越浅,船舶所受到的阻力越大
    C. 航道越狭窄,水深越深,船舶所受到的阻力越大
    D. 航道越宽敞,水深越深,船舶所受到的阻力越大

15. 确定富余水深时应考虑气压变化对水位的影响,气压每升高 1 hPa,水面_____。
    A. 上升 1 mm B. 上升 1 cm
    C. 下降 1 mm D. 下降 1 cm

16. 某轮吃水 10 m,进港航道水深为 8 m,港口当局规定的富余水深为船舶吃水的 10%,则该轮进港通航的乘潮水位应为_____。
    A. 1.2 m B. 2.0 m
    C. 2.8 m D. 3.0 m

17. 船舶在浅水域航行,确定富余水深应考虑的因素包括_____。
    ①船体的下沉和纵倾变化;②波浪引起的摇荡使吃水增加;③海图水深的测量误差
    A. ①②③   B. ①③
    C. ②③   D. ①②

18. 船舶在浅水区操纵_____。
    A. 旋回性变差,舵效变差   B. 旋回性变好,舵效变差
    C. 旋回性变差,舵效变好   D. 旋回性变好,舵效变好

19. 船舶在浅水区操纵_____。
    A. 航向稳定性变好,舵效变差   B. 航向稳定性变差,舵效变差
    C. 航向稳定性变好,舵效变好   D. 航向稳定性变差,舵效变好

20. 船舶在浅水区操纵_____。
    A. 船体下沉增大,舵力变化不大   B. 船体下沉减小,舵力变化不大
    C. 船体下沉增大,舵力明显变化   D. 船体下沉减小,舵力明显变化

第七节　船间效应和岸壁效应

1. 两船并行航行接近时会出现_____。
   ①波荡;②转头;③吸引;④排斥
   A. ①②③④   B. ②④
   C. ①③④   D. ①②③

2. 两船近距离并行航行,下述说法正确的是_____。
   A. 先出现波荡,再出现转头,最后出现吸引与排斥
   B. 先出现转头,再出现波荡,最后出现吸引与排斥
   C. 先出现吸引与排斥,再出现转头,最后出现波荡
   D. 波荡,转头,吸引与排斥可能同时出现

3. 在横距较近的对驶中,当甲乙两船首快平时会出现_____。
   A. 甲乙两船首都内转   B. 甲乙两船首都外转
   C. 甲船首内转,乙船首外转   D. 乙船首内转,甲船首外转

4. 试验表明两船并行距离约为_____时会开始产生船吸现象;_____时船吸作用明显加剧。
   A. 两船船长之和的1倍;小于两船船长之和一半
   B. 两船船长之和的2倍;小于两船船长之和1倍
   C. 两船船宽之和的1倍;小于两船船宽之和一半
   D. 两船船长之和的1倍;小于两船船宽之和

5. 在狭窄的航道追越,追越船A船首接近被追越船B船尾时_____。
   A. A船船首外转,B船船首内转   B. A船船首内转,B船船首内转
   C. A船船首外转,B船船首外转   D. A船船首内转,B船船首外转

6. 船舶以极近距离驶过系泊船时,受驶过船的兴波作用以及发散波被岸壁反射后对船体的作用,
   系泊船会发生_____。

①首摇、纵荡;②横摇、垂荡;③横荡、纵摇
A. ①②③ B. ②③
C. ①③ D. ①②

7. 船舶以极近距离驶过系泊船时,受驶过船的兴波作用以及发散波被岸壁反射后对船体的作用,系泊船会发生首摇、纵荡、垂荡、横荡等运动,对系泊船安全威胁最大的是_____。
A. 纵荡 B. 垂荡
C. 横荡 D. 首摇

8. 船舶近距离驶过系泊船时,系泊船所受影响的大小与_____有关。
①航行船航速;②船舶排水量;③水域水深;④系泊船操纵性能
A. ①②③④ B. ①②④
C. ①②③ D. ③④

9. 系泊船受驶过船的船行波及其岸壁反射波的影响,不良后果是可能造成系泊船_____。
A. 碰撞 B. 甲板上浪
C. 倾覆 D. 断缆

10. 系泊船受驶过船的船行波及其岸壁反射波的影响,不良后果是可能造成系泊船_____。
A. 靠岸舷侧的擦损和碰撞等事故 B. 靠岸舷侧的擦损和甲板上浪等事故
C. 靠岸舷侧的擦损和倾覆等事故 D. 靠岸舷侧的擦损和断缆等事故

11. 航行船舶近距离驶过系泊船,下列说法正确的是_____。
A. 航行船舶排水量越大,航速越高,系泊船所受影响越大
B. 航行船舶排水量越小,航速越高,系泊船所受影响越大
C. 航行船舶排水量越大,航速越低,系泊船所受影响越大
D. 航行船舶排水量越小,航速越低,系泊船所受影响越大

12. 航行船舶近距离驶过系泊船,下列说法正确的是_____。
A. 水深越浅,系泊船排水量越小,系泊船所受影响越大
B. 水深越深,系泊船排水量越小,系泊船所受影响越大
C. 水深越浅,系泊船排水量越大,系泊船所受影响越大
D. 水深越深,系泊船排水量越大,系泊船所受影响越大

13. 为防止出现浪损,船舶驶经系泊船附近时应_____。
①为减少通过时间,需加速;②保持低速行驶;③减小兴波;④保持足够的横距
A. ①②③ B. ②③④
C. ①③④ D. ①②③④

14. 船吸现象容易出现在_____。
A. 两船速度较高,相对速度较小的对驶中
B. 两船速度较低,相对速度较小的对驶中
C. 两船速度较高,相对速度较小的追越中
D. 两船速度较低,相对速度较小的追越中

15. 船吸现象的危险程度_____。
A. 与两船船速无关,与两船间的横距有关

B. 与两船船速有关,与两船间的横距有关
C. 与两船船速无关,与两船间的横距无关
D. 与两船船速有关,与两船间的横距无关

16. 两船并行横距较近,下列哪种情况容易发生船吸现象?
    A. 两船的船速较高,相对速度较小   B. 两船的船速较高,相对速度较大
    C. 两船的船速较低,相对速度较小   D. 两船的船速较低,相对速度较大

17. 船舶一侧靠近岸壁航行时,为了保向_____。
    A. 需向内舷压舵,且应使用大舵角   B. 需向内舷压舵,且应使用小舵角
    C. 需向外舷压舵,且应使用小舵角   D. 需向外舷压舵,且应使用大舵角

18. 船舶一侧靠近岸壁航行时,为了保向_____。
    A. 需向内舷压舵,且应降低航速   B. 需向内舷压舵,且应提高航速
    C. 需向外舷压舵,且应降低航速   D. 需向外舷压舵,且应提高航速

19. 船舶在航道中航行时,若接近航道一侧太近会发生_____现象。
    A. 船尾碰撞岸壁,船首转向航道中央   B. 船尾碰撞岸壁,船首碰撞岸壁
    C. 船尾转向航道中央,船首碰撞岸壁   D. 船尾转向航道中央,船首转向航道中央

20. 船舶在航道中航行发生岸壁效应是指_____。
    A. 船体与岸壁的吸引作用和船首与岸壁的排斥作用
    B. 船体与岸壁的吸引作用和船首与岸壁的吸引作用
    C. 船体与岸壁的排斥作用和船首与岸壁的吸引作用
    D. 船体与岸壁的排斥作用和船首与岸壁的排斥作用

21. 在狭水道航行,离岸壁太近会出现_____。
    A. 船首岸推,船尾岸吸   B. 船首岸推,船尾岸推
    C. 船首岸吸,船尾岸推   D. 船首岸吸,船尾岸吸

22. 船舶在航道中航行,岸吸岸推(岸壁效应)的剧烈程度_____。
    A. 与航道水深有关,与航道宽度无关   B. 与航道水深无关,与航道宽度有关
    C. 与航道水深无关,与航道宽度无关   D. 与航道水深有关,与航道宽度有关

23. 下列水深、航道宽度对岸壁效应影响的说法正确的是_____。
    A. 水深越小,岸壁效应越剧烈;航道宽度越大,岸壁效应越明显
    B. 水深越大,岸壁效应越剧烈;航道宽度越大,岸壁效应越明显
    C. 水深越小,岸壁效应越剧烈;航道宽度越小,岸壁效应越明显
    D. 水深越大,岸壁效应越剧烈;航道宽度越小,岸壁效应越明显

24. 船体距岸距离、航道宽度对岸壁效应的影响是_____。
    A. 距岸越近,岸壁效应越剧烈;航道宽度越大,岸壁效应越明显
    B. 距岸越远,岸壁效应越剧烈;航道宽度越大,岸壁效应越明显
    C. 距岸越近,岸壁效应越剧烈;航道宽度越小,岸壁效应越明显
    D. 距岸越远,岸壁效应越剧烈;航道宽度越小,岸壁效应越明显

25. 当船舶太过接近航道岸壁一侧时将会出现以下哪种情况?
    A. 船舶整体会被岸壁排斥推开,船尾转向岸壁,船首转向航道中央

B. 船舶整体会被岸壁排斥推开,船首转向岸壁,船尾转向航道中央
C. 船舶整体会被岸壁吸引过去,船尾转向岸壁,船首转向航道中央
D. 船舶整体会被岸壁吸引过去,船首转向岸壁,船尾转向航道中央

第八节 螺旋桨、舵设备和系泊设备

1. 船舶总阻力分为_____。
   A. 基本阻力和附加阻力　　　　　B. 摩擦阻力和涡流阻力
   C. 基本阻力和空气阻力　　　　　D. 摩擦阻力和兴波阻力

2. 船舶的附加阻力是指_____。
   A. 船体表面粗糙度、海况、风、流引起的船舶阻力增量
   B. 空气阻力引起的船舶阻力增量
   C. 涡流阻力引起的船舶阻力增量
   D. 兴波阻力和涡流阻力引起的船舶阻力增量

3. 螺旋桨吸入流与排出流比较,吸入流的特点为_____。
   A. 流速较快,流线平行　　　　　B. 流速较慢,流线平行
   C. 流速较快,流线旋转　　　　　D. 流速较慢,流线旋转

4. 右旋固定螺距单桨船,进车时其排出流_____。
   A. 流速较慢,冲击在舵叶上,范围较广　　B. 流速较快,冲击在船尾船体上,范围较窄
   C. 流速较快,冲击在舵叶上,范围较窄　　D. 流速较慢,冲击在船尾船体上,范围较广

5. 右旋固定螺距单桨船,倒车时其排出流_____。
   A. 流速较慢,冲击在舵叶上,范围较广　　B. 流速较快,冲击在船尾船体上,范围较窄
   C. 流速较快,冲击在舵叶上,范围较窄　　D. 流速较慢,冲击在船尾船体上,范围较广

6. 关于吸入流的特点,下列说法正确的是_____。
   A. 流速慢,流线平行,范围大　　B. 流速快,流线平行,范围大
   C. 流速慢,流线螺旋,范围大　　D. 流速慢,流线平行,范围小

7. 关于排出流的特点,下列说法正确的是_____。
   A. 流速快,流线螺旋,范围小　　B. 流速慢,流线螺旋,范围小
   C. 流速快,流线平行,范围小　　D. 流速快,流线螺旋,范围大

8. 对于给定的船舶,当螺旋桨转速一定时,螺旋桨推力的大小与船速关系是_____。
   A. 船速越高推力越小　　　　　B. 船速越低推力越小
   C. 船速为零时推力最小　　　　D. 匀速前进时推力最大

9. 对于给定的船舶,主机转数不变时,船速越低,则_____。
   A. 滑失越大、推力越小、主机负荷越小　　B. 滑失越小、推力越大、主机负荷越小
   C. 滑失越大、推力越大、主机负荷越大　　D. 滑失越小、推力越小、主机负荷越小

10. 对于给定的船舶,螺旋桨转速和吃水不变时,随着船速的增加_____。
    A. 推力增大,阻力减小　　　　B. 推力减小,阻力减小
    C. 推力减小,阻力增大　　　　D. 推力增大,阻力增大

11. 对于给定的船舶,船速相同时,转速越低,推力_____;转速相同时,船速越低,推力_____。
    A. 越小;越大
    B. 越小;越小
    C. 越大;越小
    D. 越大;越大

12. 某船以一定的主机转速航行,下述有关推力的叙述正确的是_____。
    A. 随着船速的下降,推力下降
    B. 随着船速的提高,推力下降
    C. 当船速为零时,推力为零
    D. 当船速恒定时,推力为零

13. 对于给定的螺旋桨,_____进车推力最大。
    A. 高速前进时
    B. 低速前进时
    C. 低速后退时
    D. 静止中

14. 滑失比是螺旋桨_____与_____之比。
    A. 滑失速度;理论上前进的速度
    B. 滑失速度;船对地的速度
    C. 滑失速度;船对水的速度
    D. 滑失速度;螺旋桨进速

15. 当船舶主机转速一定时,船速越低,则_____。
    A. 滑失越大,推力越小;推进器负荷越小,操舵时舵效越差
    B. 滑失越小,推力越大;推进器负荷越小,操舵时舵效越好
    C. 滑失越大,推力越大;推进器负荷越大,操舵时舵效越好
    D. 滑失越小,推力越小;推进器负荷越小,操舵时舵效越差

16. 关于滑失的说法,下列说法中错误的是_____。
    A. 海浪越大,滑失越小
    B. 船舶阻力越大,滑失越大
    C. 船体污底越严重,滑失越大
    D. 低速时主机突进滑失大

17. 船舶在操纵时,可以借助提高螺旋桨的滑失比来增加舵效,需要做到_____。
    A. 提高螺旋桨的转速,提高螺旋桨的进速
    B. 提高螺旋桨的转速,降低螺旋桨的进速
    C. 降低螺旋桨的转速,降低螺旋桨的进速
    D. 降低螺旋桨的转速,提高螺旋桨的进速

18. 当船舶保持主机转速不变,因风浪影响船速降低时,会造成_____。
    A. 滑失变大,主机推力变大,主机负荷变大
    B. 滑失变小,主机推力变大,主机负荷变小
    C. 滑失变大,主机推力变小,主机负荷变大
    D. 滑失变小,主机推力变小,主机负荷变小

19. 船舶的有效功率是指_____。
    A. 主机发出的功率
    B. 主机功率传递至主轴尾端,通过船尾轴管提供给螺旋桨的功率
    C. 克服船舶阻力而保持一定船速所需要的功率
    D. 制动功率

20. 额定船速是指_____。
    A. 主机以海上常用功率和转速在深水中航行的静水船速

B. 主机以海上常用功率和转速在深水、风浪中航行的船速
C. 主机以额定功率和转速在深水中航行的静水船速
D. 主机以额定功率和转速在深水、风浪中航行的船速

21. 港内船速是指_____。
    A. 主机以额定功率和转速在平静深水域中航行的静水船速
    B. 主机以额定功率和转速在深水域、风浪中航行的船速
    C. 主机以港内各级转速在平静深水域中航行的船速
    D. 主机以港内各级转速在深水域、风浪中航行的船速

22. 在港内航行,"微速前进"的功率与转速是_____。
    A. 主机能发出的最低功率,最低转速　　B. 主机能发出的最低功率,最高转速
    C. 主机能发出的最大功率,最低转速　　D. 主机能发出的最大功率,最高转速

23. 关于船速的下列说法,正确的是_____。
    ①额定船速不因主机的磨损和船体的陈旧而发生变化;②海上船速由于海上气候多变,船舶装载状态不同,并不是固定不变的;③港内船速由于船舶的装载状态以及水深等外界条件不同,并不是固定不变的
    A. ①②③　　　　　　　　　　　　　B. ①③
    C. ②③　　　　　　　　　　　　　　D. ①②

24. 由船尾向船首看,螺旋桨沉深横向力的作用方向为_____。
    A. 与螺旋桨旋转方向相反　　　　　　B. 与螺旋桨旋转方向无关
    C. 与螺旋桨旋转方向相同　　　　　　D. 随螺旋桨叶数不同而不同

25. 沉深横向力的直接作用部位是_____。
    A. 舵　　　　　　　　　　　　　　　B. 螺旋桨
    C. 尾　　　　　　　　　　　　　　　D. 首

26. 对于右旋单桨船,下列关于沉深横向力引起的船尾偏转方向正确的是_____。

    A. 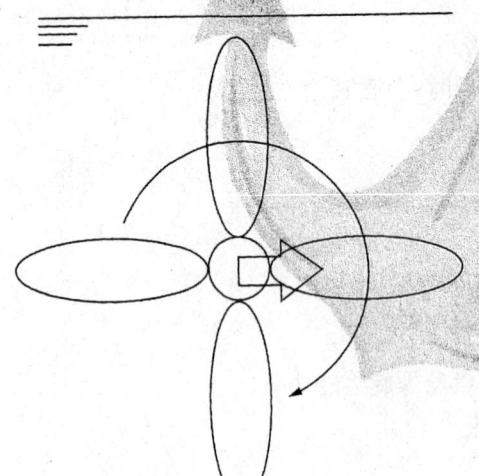　　　B.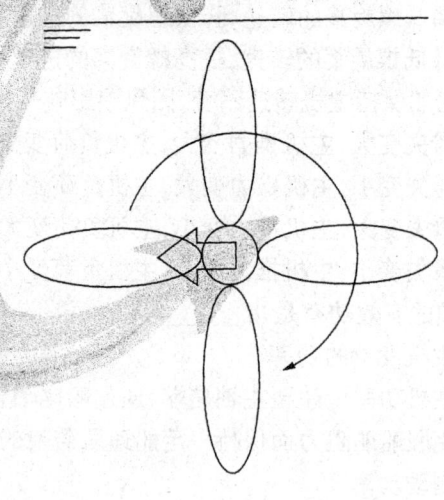

C.

D.

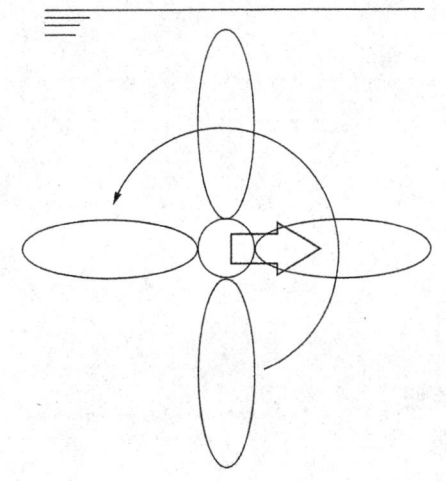
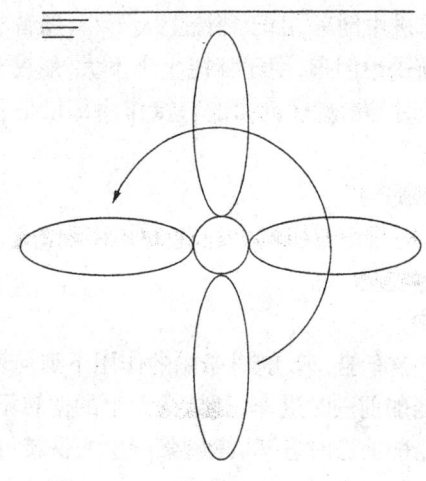

27. 船尾螺旋桨处的伴流分布情况为_____。
   A. 上大下小,左右不对称 B. 上小下大,左右不对称
   C. 上大下小,左右对称   D. 上小下大,左右对称

28. 螺旋桨处伴流的分布规律正确的是_____。
   ①离船尾船体越近则越大;②螺旋桨盘面下部伴流比盘面上部小;③螺旋桨盘面左边伴流比盘面右边小;④螺旋桨盘面左边伴流与盘面右边伴流相互对称
   A. ①②④   B. ①②③④
   C. ①②③   D. ③④

29. 关于伴流的分布特点,下列说法正确的是_____。
   A. 近大远小,上大下小   B. 近小远大,上大下小
   C. 近大远小,上小下的   D. 近小远大,上小下大

30. 关于伴流的分布特点,下列说法正确的是_____。
   A. 上大下小,首小尾大   B. 上小下大,首小尾大
   C. 上大下小,首大尾小   D. 上小下大,首大尾小

31. 伴流横向力的直接作用部位是_____。
   A. 螺旋桨   B. 尾
   C. 首   D. 舵

32. 船舶前进中伴流横向力产生的原因及偏转效果,下列何者正确?
   A. 前进中进车,由于伴流上大下小,船首左偏
   B. 前进中进车,由于伴流上小下大,船首左偏
   C. 前进中进车,由于伴流上大下小,船首右偏
   D. 前进中进车,由于伴流上小下大,船首右偏

33. 对固定螺距右旋螺旋桨船舶,前进中伴流横向力产生的原因及偏转效果,下列说法正确的是_____。
   A. 前进中倒车,由于伴流上大下小,船首左偏

B. 前进中倒车,由于伴流上小下大,船首左偏

C. 前进中倒车,由于伴流上大下小,船首右偏

D. 前进中倒车,由于伴流上小下大,船首右偏

34. 进车时排出流横向力的直接作用部位是_____。
    A. 舵 B. 尾
    C. 螺旋桨 D. 首

35. 倒车时排出流横向力的直接作用部位是_____。
    A. 螺旋桨 B. 尾
    C. 首 D. 舵

36. 对于单车船,车、舵对船舶的作用下列何者正确?
    A. 船舶前进时进车,螺旋桨产生的偏转不可用舵克服
    B. 船舶前进时进车,螺旋桨产生的偏转可用舵克服
    C. 船舶后退时进车,螺旋桨产生的偏转不可用舵克服
    D. 船舶后退时倒车,螺旋桨产生的偏转可用舵克服

37. 一般中小型右旋单车船在狭窄水域前进中倒车,为防止船过大的偏转,倒车前应压_____。
    A. 左舵 B. 右舵
    C. 正舵 D. 任意舵角

38. 一般中小型右旋单车船利用车效应在狭窄水域掉头,一般应_____。
    A. 先进车用右舵后倒车向右掉头 B. 先倒车用右舵后进车向左掉头
    C. 先进车后倒车用右舵向右掉头 D. 先倒车后进车用右舵向左掉头

39. 一般中小型右旋单车船利用车效应顶风流系单浮,风流较弱时一般应把浮筒_____。
    A. 置于右舷 B. 置于左舷
    C. 置于船首正前方 D. 置于船尾正后方

40. 右旋FPP单车船静止中倒车时,螺旋桨产生的横向力_____。
    A. 使船首向左偏转,用舵控制有效 B. 使船首向左偏转,用舵控制无效
    C. 使船首向右偏转,用舵控制有效 D. 使船首向右偏转,用舵控制无效

41. 压载右旋单车船静止中倒车使船首右偏,主要是由于_____的作用。
    A. 伴流横向力 B. 沉深横向力和排出流横向力
    C. 排出流横向力和伴流横向力 D. 沉深横向力和伴流横向力

42. 右旋单车船螺旋桨前进中倒车,尾向_____。
    A. 左偏,应用右舵控制 B. 右偏,应用左舵控制
    C. 左偏,应在倒车前用左舵预防 D. 右偏,应在倒车前用右舵预防

43. 关于固定螺距右旋单螺旋桨船致偏效应的运用,下列说法正确的是_____。
    A. 左舷靠泊角度应大一点,右舷靠泊应小一点
    B. 左舷靠泊角度应小一点,右舷靠泊应小一点
    C. 左舷靠泊角度应大一点,右舷靠泊应大一点
    D. 左舷靠泊角度应小一点,右舷靠泊应大一点

44. 对于固定螺距双桨船,为在一进一退操纵中有利于船舶旋回,其双桨_____。

A. 多采用外旋式 B. 多采用左旋式
C. 多采用右旋式 D. 多采用内旋式

45. 前进中的双车船,采取下列何种操纵方法,才能使船舶向右旋回圈最小?
   A. 右满舵,左车和右车全速进车
   B. 右满舵,右车停车,左车全速进车
   C. 右满舵,左车全速倒车,右车全速进车
   D. 右满舵,右车全速倒车,左车全速进车

46. 右旋单车船静止中倒车时,螺旋桨产生的横向力_____。
   A. 使船首向左偏转,用舵控制有效
   B. 使船首向左偏转,用舵控制无效
   C. 使船首向右偏转,用舵控制有效
   D. 使船首向右偏转,用舵控制无效

47. 舵机和转舵装置,一般安装在_____。
   A. 首尖舱内
   B. 尾尖舱内
   C. 驾驶室内
   D. 船尾舵机间内

48. 所谓"辅助操舵装置"是指在主操舵装置失效时,为驾驶船舶所必需的设备,包括_____。
   ①主操舵装置以外的设备;②舵柄及舵扇;③相当舵柄及舵扇用途的部件;④舵叶
   A. ①②③ B. ①②③④
   C. ②③④ D. ①②④

49. 主操舵装置包括的设备和设施有_____。
   ①使舵产生动作所必需的机械设备;②转舵机构;③操舵装置动力设备;④向舵杆施加转矩的舵柄或舵扇
   A. ①② B. ①②④
   C. ①②③ D. ①②③④

50. 电动操舵装置的特点是_____。
   ①结构简单;②操作简便;③工作可靠;④适用于各类船舶
   A. ①②③ B. ①②④
   C. ②③④ D. ①③④

51. 电动操舵装置是由_____来控制电动机,再带动蜗杆和蜗轮来传动的。
   A. 操舵装置控制系统 B. 转舵装置
   C. 液压操舵装置 D. 舵角信号发送器

52. 大、中型船舶较广泛采用的操舵装置种类是_____。
   A. 蒸汽操舵装置 B. 电动操舵装置
   C. 液压操舵装置 D. 电动蒸汽操舵装置

53. 电动液压舵机的种类有_____。
   ①齿轮式;②往复式;③转叶式
   A. ①② B. ②③
   C. ①③ D. ①②③

54. 液压操舵装置主要由_____等组成。
   ①电动机;②油泵;③管路;④转舵机械
   A. ①②③ B. ①③④
   C. ②③④ D. ①②③④

55. 图示为往复式液压舵机结构图,其中1代表_____。
    A. 电动机　　　　　　　　　　　　B. 油缸
    C. 柱塞　　　　　　　　　　　　　D. 滑块

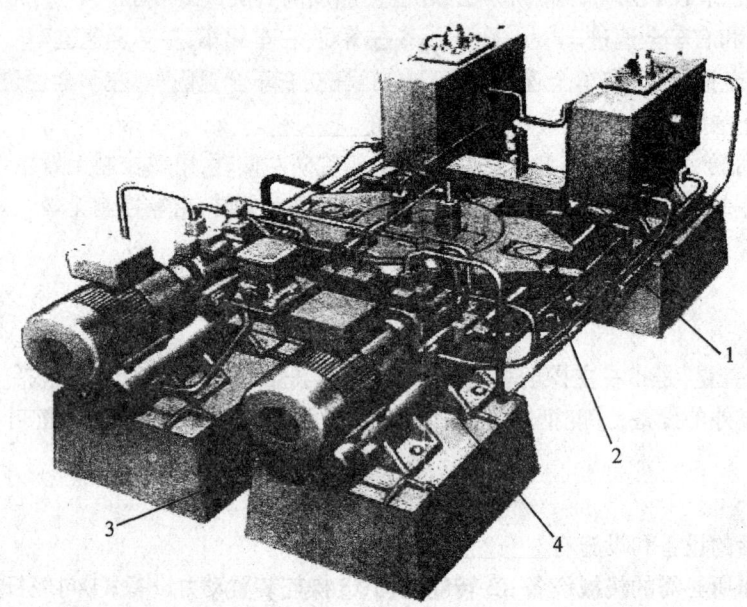

56. 关于舵角限位器的作用,下列何者正确?
    A. 防止实操舵角太大而超过有效舵角　　B. 防止实操舵角太小而超过有效舵角
    C. 防止实操舵角太大而小于有效舵角　　D. 防止实操舵角太小而小于有效舵角
57. 主操舵装置的控制系统设在_____。
    A. 驾驶室　　　　　　　　　　　　B. 舵机室
    C. 机舱　　　　　　　　　　　　　D. 驾驶室和舵机室均设有
58. 主操舵装置应能在船舶满载全速前进时,将舵自一舷_____度转至另一舷_____度,其时间不超过_____秒。
    A. 30;30;30　　　　　　　　　　　B. 35;30;28
    C. 30;30;28　　　　　　　　　　　D. 35;30;30
59. 辅助操舵装置应_____。
    ①具有足够强度;②足以在可航行的航速下操纵船舶;③能于紧急时迅速投入工作
    A. ①②　　　　　　　　　　　　　B. ②③
    C. ①③　　　　　　　　　　　　　D. ①②③
60. 辅助操舵装置应能满足在最大营运前进航速的一半但不小于 7 kn 时进行操舵,使舵自一舷_____转至另一舷_____,所需时间不超过_____。
    A. 30°;30°;30 s　　　　　　　　　B. 35°;35°;45 s
    C. 20°;20°;50 s　　　　　　　　　D. 15°;15°;60 s
61. 较大船舶的主操舵装置一般都有_____。
    A. 一套动力设备　　　　　　　　　B. 两套或两套以上相同的动力设备
    C. 三套相同的动力设备　　　　　　D. 三套不同的动力设备

62. 主、辅操舵装置动力设备的布置应能满足_____。
①当动力源发生故障失效后又恢复输送时,能自动再启动;②能从驾驶室使其投入工作;③任一台操舵装置动力设备的动力源发生故障时,应在驾驶室发出声、光警报
A. ①② B. ①②③
C. ②③ D. ①③

63. 主、辅操舵装置动力设备布置应满足能在_____使其投入工作。
A. 机舱 B. 舵机间
C. 应急操作室 D. 驾驶室

64. 主操舵装置应在_____和_____都设有控制器。
A. 驾驶室;机舱 B. 驾驶室;船长室
C. 驾驶室;机控室 D. 驾驶室;舵机室

65. 当船舶满足不设置辅助操舵装置条件时,则应设置两套独立的控制系统,且每套系统均应能在_____控制。
A. 甲板室 B. 机控室
C. 应急控制室 D. 驾驶室

66. 当辅助操舵装置是用动力操纵的,则应能在_____进行控制,并应独立于主操舵装置的控制系统。
A. 机控室 B. 舵机室
C. 驾驶室 D. 舵机室、驾驶室

67. 电力操舵装置控制系统的两套独立操舵系统是_____。
A. 手柄操舵和应急操舵 B. 随动操舵和应急操舵
C. 手动操舵和自动操舵 D. 自动操舵和应急操舵

68. 自动舵的优点有_____。
①自动纠正偏航角;②航向精确度高;③减少燃料消耗;④在任何情况下都不用人工调节和操作
A. ②③④ B. ①③④
C. ①②④ D. ①②③

69. 自动操舵与人工操舵相比其优点是_____。
①自动纠正偏航角;②航向精度高;③相对提高了航速;④减轻人员劳动强度;⑤减少燃料消耗
A. ①②③④ B. ②③④⑤
C. ①③④⑤ D. ①②③④⑤

70. 自动操舵仪一般都有_____。
A. 随动操舵和自动操舵两种操舵方式 B. 应急操舵和自动操舵两种操舵方式
C. 随动操舵和应急操舵两种操舵方式 D. 随动操舵、自动操舵和应急操舵三种操舵方式

71. 自适应自动舵与普通自动舵相比具有的主要优点是_____。
①能自动确定各项参数;②进行最佳控制;③减少操舵次数并减小操舵舵角
A. ①②③ B. ①②

C.①③   D.②③

72. 能保持船舶位置在预定航迹带内的自动舵是_____。
   A. 随动舵   B. 一般自动舵
   C. 自适应自动舵   D. 航迹舵

73. 能使船在规定的航迹带内航行,并按指标航向自动转向的舵称为_____。
   A. 航迹舵   B. 无人驾驶舵
   C. 特种自动舵   D. 自适应舵

74. 航迹舵能否正常工作的关键,取决于连续输入的_____。
   A. 船舶速度的精确度   B. 风流压测定值的精确度
   C. 船位数据的精确度   D. 船舶航程数据的精确度

75. 舵设备是船舶操纵的主要设备,其作用是使在航船舶_____。
   A. 保持和改变航向   B. 保持、改变航向或作旋回运动
   C. 控制船舶运动   D. 操纵船舶旋转

76. 海船上的舵是垂直安装在船尾作操纵用的装置,其主要作用为_____。
   ①保持航向;②改变航向;③使船舶旋转;④改变航速
   A. ①②③   B. ①③④
   C. ②③④   D. ①②③④

77. 舵杆是舵叶转动的轴,其下部与_____连接,上部与_____相连。
   A. 舵轴;操舵装置   B. 舵顶板;传动装置
   C. 舵叶;转舵装置   D. 上轴承;舵机

78. 按支承方式的不同,可将舵分为_____。
   A. 平板舵和流线型舵   B. 平衡舵和不平衡舵
   C. 悬挂舵、半悬挂舵和支承舵   D. 普通舵和特种舵

79. 舵的类型按舵杆轴线位置分有_____。
   ①不平衡舵;②平衡舵;③半平衡舵;④双支承舵
   A. ①②③   B. ②③④
   C. ①③④   D. ①②③④

80. 海船广泛使用的舵是_____。
   A. 不平衡舵   B. 平衡舵
   C. 半平衡舵   D. 单板舵

81. 流线型平衡舵的特点是_____。
   ①阻力小;②产生的舵力大;③所需的转舵力矩小
   A. ①②③   B. ①③
   C. ②③   D. ①②

82. 具有阻力小、舵效高并被海船广泛采用的舵是_____。
   A. 平板舵   B. 流线型舵
   C. 普通舵   D. 平衡舵

83. 舵叶的防腐主要采用_____。

①舵叶内部灌涂防腐沥青；②舵叶外部涂油漆（不包括锌块部分）；③舵叶外部用锌块（不包括油漆部分）

A. ①②③ B. ①②
C. ②③ D. ①③

84. 舵的正压力的大小_____。
A. 与舵速、舵面积有关，与舵角无关 B. 与舵速、舵面积无关，与舵角有关
C. 与舵速、舵面积有关，与舵角有关 D. 与舵速、舵面积无关，与舵角无关

85. 舵的正压力的大小_____。
A. 与舵叶的几何形状有关，与舵角有关 B. 与舵叶的几何形状无关，与舵角有关
C. 与舵叶的几何形状有关，与舵角无关 D. 与舵叶的几何形状无关，与舵角无关

86. 舵速是指_____。
A. 舵相对于水的相对运动速度在船舶首尾方向的分量
B. 舵相对于水的相对运动速度在船舶横向方向的分量
C. 舵相对于水的相对运动速度
D. 船舶的船速

87. 舵力的大小与_____有关。
①舵角和舵叶面积；②舵叶断面形状；③舵速
A. ①②③ B. ①③
C. ①② D. ②③

88. 舵力的大小反映船舶改变航向的快慢,它主要与下列哪些因素有关？
①舵叶面积；②舵相对于水流的速度；③舵的断面形状；④舵角大小
A. ①②③ B. ①③④
C. ②③④ D. ①②③④

89. 航行中的船舶,提高舵力转船力矩的措施包括_____。
①操大舵角；②增加螺旋桨转速；③提高舵速；④增大舵叶面积
A. ①②③④ B. ①②③
C. ② D. ①③

90. 影响船舶的舵力转船力矩大小的因素是_____。
①船长；②舵面积；③舵速；④舵角
A. ①②③④ B. ②③④
C. ③④ D. ②④

91. 舵力转船力矩与_____有关。
①船长；②舵速；③舵面积；④舵角
A. ①②③④ B. ②④
C. ①②③ D. ③④

92. 影响舵力转船力矩包括_____因素。
①舵角；②舵速；③船长；④船宽
A. ①②③④ B. ①②③

C.①② D.①④

93. 操舵后，舵力对船舶运动产生的影响是_____。
    A. 使船产生尾倾   B. 使船产生首倾
    C. 船舶偏转   D. 船速增大

94. 舵效与舵角有关，一般舵角为_____时，舵效最好。
    A. 25°～32°   B. 20°～30°
    C. 32°～35°   D. 37°～45°

95. 有关船舶舵效，哪一种说法是正确的？
    A. 船舶首倾比尾倾时舵效好，顺流时比顶流时舵效好
    B. 船舶首倾比尾倾时舵效好，顺流时比顶流时舵效差
    C. 船舶首倾比尾倾时舵效差，顺流时比顶流时舵效差
    D. 船舶首倾比尾倾时舵效差，顺流时比顶流时舵效好

96. 船舶降低船速后，突然加大主机转速是提高舵效的有效途径，这是由于此时_____。
    A. 伴流速度较大和舵速减小的结果   B. 伴流速度较低和舵速增大的结果
    C. 伴流速度较大和舵速增大的结果   D. 伴流速度较低和舵速减小的结果

97. 有关船舶舵效，哪一种说法是正确的？
    A. 船舶尾倾比首倾时舵效好，舵角小时比舵角大时舵效好
    B. 船舶首倾比尾倾时舵效好，舵角大时比舵角小时舵效好
    C. 船舶尾倾比首倾时舵效好，舵角大时比舵角小时舵效好
    D. 船舶首倾比尾倾时舵效差，舵角大时比舵角小时舵效好

98. 下列哪项措施对改善舵效有利？
    ①提高船速；②增大操舵舵角；③适当的尾倾；④航进中停车
    A.①②③④   B.①②③
    C.②③   D.①④

99. 对于低速航行的船舶下列哪项措施对改善舵效最为有效？
    A. 操大舵角   B. 快进车操大舵角
    C. 微进车操大舵角   D. 快进车正舵

100. 船舶在低速航行时，突然加大主机转速并用舵，结果舵效好，其原因是_____。
    A. 伴流小而排出流增大   B. 伴流大而排出流减小
    C. 伴流大而排出流增大   D. 伴流小而排出流减小

101. 图中设备是_____。
    A. 缆桩   B. 桅杆
    C. 滚筒   D. 导缆滚柱

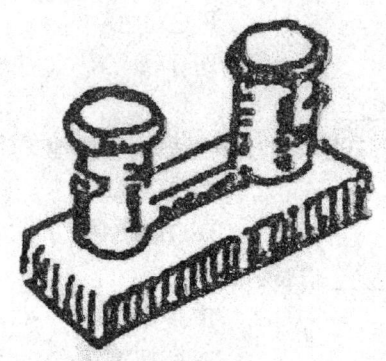

102. 船上常用的导缆装置有_____。
    ①导缆孔；②导缆钳；③导向滚柱；④导向滚轮
    A. ①②④   B. ①②③④
    C. ①③④   D. ①②③

103. 图中设备是_____。
    A. 导缆孔   B. 导缆桩
    C. 卸扣   D. 眼环

104. 图中的设备是_____。
    A. 缆桩   B. 滚筒
    C. 滚柱导缆器 D. 舷窗

105. 系泊设备的组成包括_____。
    ①系船缆；②导缆装置；③挽缆装置；④绞缆机械
    A. ①②③④   B. ②③④
    C. ①②④   D. ①③

106. 导缆装置的类型包括_____。
    ①导缆孔；②导缆钳；③导向滚轮；④绞缆机

A.①②③ B.①③④
C.②③④ D.①④

107. 系船缆的性能应满足_____。
①强度大；②耐腐蚀、耐磨损；③密度小、弹性适中；④质地柔软和使用方便
A.①②③ B.②③④
C.①③④ D.①②③④

108. 钢丝绳的规格主要是以_____来表示的。
A. 最大直径 B. 最大周长
C. 每捆长度 D. 每捆重量

109. 纤维绳的规格主要是以_____来表示的。
A. 最大直径 B. 最大半径
C. 每捆长度 D. 每捆重量

110. 下列各项中_____是植物纤维缆的特点。
①柔软；②质轻；③强度小；④不易腐烂
A.①②③④ B.①②③
C.①②④ D.①③④

111. 下列各项中_____是尼龙绳缆绳的特点。
①耐酸碱；②耐油；③弹性大；④不易疲劳
A.①②③④ B.①②③
C.②③④ D.①③④

112. 船舶系泊时，首缆的作用是_____。
A. 防止船舶后移,防止船首向外舷移动 B. 防止船舶前移,防止船首向外舷移动
C. 防止船舶后移,防止船尾向外舷移动 D. 防止船舶前移,防止船尾向外舷移动

113. 船舶系泊时，尾缆的作用是_____。
A. 防止船舶后移,防止船尾向外舷移动 B. 防止船舶前移,防止船尾向外舷移动
C. 防止船舶后移,防止船首向外舷移动 D. 防止船舶前移,防止船首向外舷移动

114. 船舶系泊时，尾倒缆的作用是_____。
A. 防止船舶前移,防止船首向外舷移动 B. 防止船舶后移,防止船首向外舷移动
C. 防止船舶前移,防止船尾向外舷移动 D. 防止船舶后移,防止船尾向外舷移动

115. 船舶系泊时，能防止船舶后移的缆绳包括_____。
A. 尾缆和尾倒缆 B. 尾缆和首倒缆
C. 头缆和尾倒缆 D. 头缆和首倒缆

116. 船舶系泊时，能防止船首向外舷移动的缆包括_____。
A. 首缆、首倒缆和首横缆 B. 尾缆、尾倒缆和首横缆
C. 尾缆、尾倒缆和首横缆 D. 尾缆、尾倒缆和尾横缆

117. 船在系泊中，横缆的主要作用是_____。
A. 阻止船舶向前移动 B. 阻止船舶离开码头
C. 阻止船舶向后移动 D. 阻止船舶前后移动

118. 在船舶靠码头系缆图中 D 是_____。
   A. 首缆
   B. 尾倒缆
   C. 横缆
   D. 拖缆

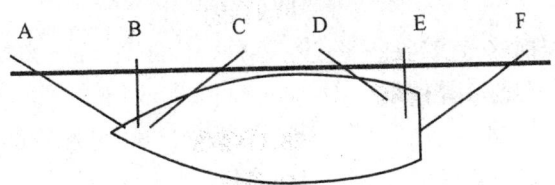

119. 在船舶靠码头系缆图中 E 是_____。
   A. 首缆
   B. 尾倒缆
   C. 尾横缆
   D. 拖缆

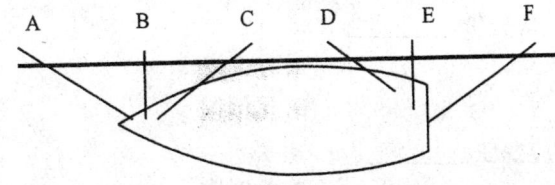

120. 船舶系浮筒作业时,从首、尾一舷送出,穿过浮筒环,再从另一舷回到船上的缆绳,称为_____。
   A. 倒缆
   B. 横缆
   C. 回头缆
   D. 单头缆

121. 船舶系浮筒时带回头缆的目的是_____。
   A. 承受来自前方的风、流等外力的推压
   B. 离浮筒便于自行解脱
   C. 防止船位前移和外张
   D. 协助船舶驶离泊位

122. 如图所示,箭头所指的系缆名称为_____。
   A. 单头缆
   B. 回头缆
   C. 首缆
   D. 尾缆

123. 近年来,有些船上配备了自动绞缆机,其目的是_____。

①可根据系缆的受力情况自动调整系缆的长度;②减少值班人员的操作和劳动强度;③防止缆绳拉断,保证系缆安全
  A.①②   B.②③
  C.①③   D.①②③

124. 绞缆移泊时,如要使船前移,宜绞收_____。
  ①首缆;②尾缆;③首倒缆;④尾倒缆
  A.②③   B.①②③
  C.①④   D.②④

125. 绞缆移泊时,如要使船后移,宜绞收_____。
  ①首缆;②尾缆;③首倒缆;④尾倒缆
  A.②③   B.①②③
  C.①④   D.②④

126. 船舶重载、顶流时靠泊应先带_____。
  A.首缆   B.首倒缆
  C.尾缆   D.尾倒缆

127. 顺风顺流尾离码头时应挽住_____。
  A.首缆   B.首倒缆
  C.尾倒缆   D.尾缆

128. 船舶系带双浮筒时,带缆程序一般应是_____。
  A.回头缆、单头缆同时带   B.先回头缆,后单头缆
  C.先单头缆后回头缆   D.根据当时具体情况而定

129. 离双浮时,"单绑"的含义是指_____。
  A.首尾各留一根单头缆   B.船首仅留一根缆绳
  C.船尾仅留一根缆绳   D.首尾解除单头缆留回头缆

130. 在使用制缆索时,应使用_____。
  A.与缆绳同质的制缆索   B.化纤制缆索
  C.链条制缆索   D.软钢丝绳制缆索

131. 小型船舶采用尾离法自力离泊,为防止断缆事故,下列哪些说法是正确的?
  ①首倒缆应采用钢丝缆,且不应挽牢;②首倒缆应挽牢;③应采用短时间快进车;④应采用短时间微速进车
  A.①③   B.②④
  C.①④   D.②③

第九节 锚泊、系泊和系浮筒操作

1. 图中的链环是锚链中的_____。
  A.普通链环   B.加大链环
  C.末端链环   D.转环

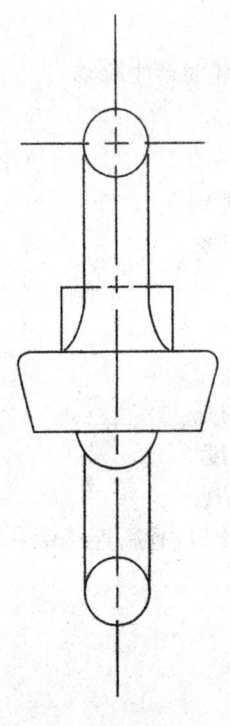
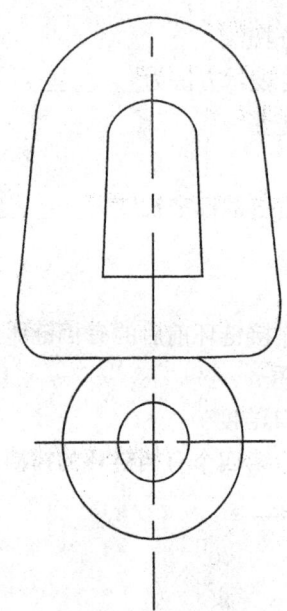

2. 下列图示表示有档锚链的是_____。

A.

B.
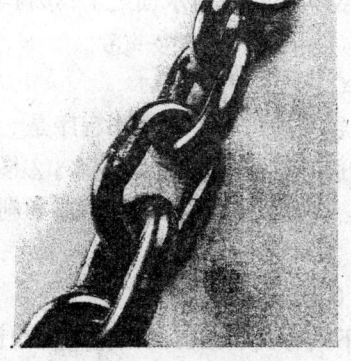

C.

D.
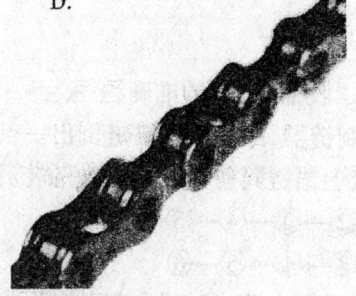

3. 锚链中设置转环的作用是_____。
   A. 连接各节锚链　　　　　　　　B. 避免通过掣链轮时产生跳动
   C. 防止锚链过分扭绞　　　　　　D. 标示锚链长度

4. 普通链环大小的表示方法为_____。
   A. 每个链环的重量　　　　　　　B. 每节锚链的重量
   C. 链环的直径　　　　　　　　　D. 每节锚链的长度

5. 我国规定每节锚链的标准长度为_____。
   A. 25 m　　　　　　　　　　　　B. 26 m
   C. 27 m　　　　　　　　　　　　D. 27.5 m

6. 在每条锚链的连接链环前后的有档链环上涂上白漆,主要目的是_____。
   A. 防止锚链生锈　　　　　　　　B. 指示锚链的长度
   C. 提高锚链的自洁度　　　　　　D. 增加锚链的美观

7. 在连接链环前后第四个有档链环的撑档上各绕以金属丝,并涂以白漆,连接链环涂红漆,这种标记应在_____。
   A. 3~4 节之间　　　　　　　　　B. 4~5 节之间
   C. 第 4 节　　　　　　　　　　　D. 5~6 节之间

8. 抛锚前备锚的正确操作程序是_____。
   ①通知机舱供电,开启锚机电源;②移开防浪板与锚链管盖板,察看有无异常情况;③将刹车带刹牢,确认离合器脱开,检查空车运转情况是否正常;④合上离合器,打开制链器,松开刹车带,用锚机将锚送至水面之上;⑤刹牢刹车带,脱开离合器,待口令抛锚
   A. ①→②→③→④→⑤　　　　　B. ①→②→④→③→⑤
   C. ①→②→④→⑤　　　　　　　D. ①→②→③→④

9. 起锚前锚机的正确操作程序是_____。
   ①通知机舱送电,供锚链水;②移开防浪板,开启锚机电源,空车正反转活络锚机;③合上离合器,让锚机受力,打开制链器和刹车带;④工作完毕报告驾驶台
   A. ①→②→③　　　　　　　　　B. ②→③→④
   C. ①→③→④　　　　　　　　　D. ①→②→③→④

10. 下列有关起锚前的准备工作的描述,正确的是_____。
    ①检查锚机;②准备锚链水;③查看锚链
    A. ①　　　　　　　　　　　　　B. ②
    C. ③　　　　　　　　　　　　　D. ①②③

11. 起锚后,"收锚"工作的准确程序为_____。
    ①合上制链器,用锚机将锚链倒出一点使制链器受力;②收紧刹车;③脱开离合器,关闭锚链水;④盖上锚链筒防浪盖;⑤封好锚链管口;⑥通知机舱关闭锚机电源
    A. ①→②→③→④→⑤→⑥　　　B. ①→②→③→⑤→④→⑥
    C. ①→③→④→⑤→⑥　　　　　D. ①→③→②→④→⑥

12. 抛锚作业时,大副应随时向驾驶台报告_____。
    ①出链长度;②锚链的方向;③锚链的受力情况

A.①② B.②③
C.①③ D.①②③

13. 落锚时的船速,可利用_____。
①冲程资料估算;②正横附近灵敏度较高串视物标的相对运动来判定;③本船倒车水花来判断(流缓时)
A.①②③ B.①②
C.①③ D.②③

14. 绞锚时,如锚链太紧绞不动且方向朝前时,若要尽早把锚绞起,可以_____。
A. 慢速倒车 B. 慢速进车
C. 快速倒车 D. 快速进车

15. 浅水锚泊时,一般最初的出链长度为_____水深时即应刹住,使其受力后再松链。
A. 1.5 倍 B. 3~4 倍
C. 2~2.5 倍 D. 5 倍

16. 抛锚时,锚链的方向通常用整点时钟表示,"9点钟方向"表示_____。
A. 锚链指向正后方 B. 锚链指向正前方
C. 锚链指向左正横 D. 锚链指向右正横

17. 为了保证航行中锚处于安全状态,应将锚妥善收好,"锚收妥"的标志是_____。
①锚爪紧贴船舷;②制链器已合上且已吃力;③刹车上紧,离合器已脱开
A.① B.②
C.③ D.①②③

18. 抛锚时,松到所需链长后,应判断锚是否有效抓底,下列说法正确的是_____。
①锚链绷紧之后短时间内变的松弛,则说明锚没有稳定抓底;②露出水面的锚链长度缓慢缩短,锚链成自然悬垂状态,则说明锚已稳定抓底;③锚链长时间处于绷紧状态或绷紧时抖动,则说明锚没有稳定抓底
A.①③ B.①②③
C.②③ D.①②

19. 锚泊中发现本船走锚,值班驾驶员应采取_____的措施。
①正确显示信号;②报告船长;③通知机舱;④加抛另一锚
A.①②③④ B.①②③
C.①②④ D.①④

20. 为了减少偏荡适宜用_____锚泊方法。
A. 单锚泊 B. 一字锚
C. 平行锚 D. 八字锚

21. 在强风中单锚泊的船,以下抑制偏荡措施中错误的一项是_____。
A. 加抛止荡锚 B. 注入压舱水增加首倾
C. 适当使用车舵 D. 放长锚链

22. 在大风中偏荡的锚泊船,辨别走锚的有效方法是_____。
A. 船体周期性偏荡幅度增大,风仅作用于抛锚舷

B. 船体周期性偏荡幅度增大，风仅作用于抛锚舷的对面舷侧
C. 船体周期性偏荡现象消失，风仅作用于抛锚舷
D. 船体周期性偏荡现象消失，风仅作用于抛锚舷的对面舷侧

23. 单锚泊船的值班人员发现走锚时，情况危急，务必立即采取的首要措施是_____。
   A. 松长锚链　　　　　　　　　　B. 缩短锚链
   C. 通知机舱备车移泊　　　　　　D. 抛下另一锚并使之受力

24. 船舶在强风或强流水域单锚泊时_____。
   A. 易发生偏荡，易走锚　　　　　B. 易发生偏荡，不易走锚
   C. 不易发生偏荡，易走锚　　　　D. 不易发生偏荡，不易走锚

25. 走锚的主要原因是_____。
   ①严重偏荡；②松链不够长、抛锚方法不妥；③锚地底质差或风浪突然袭击；④值班人员不负责任，擅自离开岗位
   A. ①②④　　　　　　　　　　　B. ①③④
   C. ①②③　　　　　　　　　　　D. ②③④

26. 在开敞锚地中，观测到前方上风处的锚泊船距你船距离越来越近，此时最佳的措施是_____。
   A. 备车，弃锚
   B. 备车，必要时起锚，使用甚高频和汽笛警告对方并报告港口控制中心
   C. 立即抛下另一只锚并使之受力
   D. 备车，起锚另择锚地

27. 船舶离泊前的准备工作中，下列各项中正确的是_____。
   ①制定离泊方案；②检查系缆情况；③先吊起舷梯，后冲车；④先备车，后单绑
   A. ①②③④　　　　　　　　　　B. ②③④
   C. ②③　　　　　　　　　　　　D. ①②③

28. 船舶离泊前的准备工作中，在冲车之前，驾驶员应确保_____。
   ①所有缆绳受力均匀；②舷梯、吊杆、岸上装卸设备无障碍；③与机舱保持联系；④按规定做好记录
   A. ①②③④　　　　　　　　　　B. ①②④
   C. ③④　　　　　　　　　　　　D. ①②

29. 靠泊的准备工作包括_____。
   ①掌握本船的船舶特性；②掌握外界的客观条件；③做好靠泊部署；④做好应急准备
   A. ①②③④　　　　　　　　　　B. ①②③
   C. ②③④　　　　　　　　　　　D. ①③④

30. 离泊的准备工作包括_____。
   ①掌握本船的船舶特性；②掌握外界的客观条件；③做好离泊部署；④做好应急准备
   A. ①②③④　　　　　　　　　　B. ①②③
   C. ②③④　　　　　　　　　　　D. ①③④

31. 万吨级以下船舶靠泊操纵中，在通常情况下船首抵达泊位中点时船舶最大余速应控制在

_____为佳,拖单锚制动是适当的。
A. 3节以下
B. 2节以下
C. 3节以上
D. 2节以上

32. 一般船舶的靠泊操纵要领是_____。
①控制抵泊余速;②摆好船位;③调整好靠拢角
A. ①②
B. ②③
C. ①②③
D. ①③

33. 静水港空船吹开风靠码头,控制抵泊余速及横距比无风情况下_____。
A. 余速快些,横距小些
B. 余速快些,横距大些
C. 余速慢些,横距小些
D. 余速慢些,横距大些

34. 自力靠泊操纵要领包括_____。
①控制好船速;②调整好横距;③调整好靠拢角度;④适当使用拖船
A. ①②③④
B. ①②③
C. ①③④
D. ①④

35. 对于河口港,为了减小船舶的回旋水域,多采用哪种系浮方法?
A. 用缆绳系单浮
B. 用缆绳系双浮
C. 用锚链系单浮
D. 用锚链系双浮

36. 缆绳系浮筒的准备工作包括_____。
①掌握本船的船舶特性;②掌握外界的客观条件;③做好系泊部署;④做好应急准备
A. ①②③④
B. ①②③
C. ①③④
D. ①④

37. 船舶系浮筒时的注意事项下列哪项不正确?
A. 系泊单浮筒系妥后应将系泊时所抛开锚绞紧
B. 回头缆挽桩时应做八字形挽牢
C. 系离浮筒前应掌握潮流的涨落时间
D. 系泊浮筒前应做好系泊计划

38. 船舶系靠单浮筒时,应_____。
A. 先带单头缆,后带回头缆
B. 单浮筒系妥后应将系泊时所抛开锚绞紧
C. 回头缆应绞紧且均匀受力
D. 单头缆应不受力

39. 船舶系靠单浮筒时,应_____。
①先带单头缆;②后带回头缆;③单头缆应绞紧且均匀受力;④回头缆应绞紧且均匀受力
A. ①②③④
B. ①②③
C. ①②
D. ①②④

40. 船舶系单浮一般应取_____方向驶向浮筒进行系浮操作。
A. 顶风或顶流
B. 顺风或顺流
C. 横风或横流
D. 30°风舷角

41. 船舶系双浮筒时,采取何种方式?
    A. 顶风或顶流,先系船首浮筒,后退再系船尾浮筒
    B. 顺风或顺流,先系船尾浮筒,前进再系船首浮筒
    C. 顶风或顶流,首尾同时系浮筒
    D. 顺风或顺流,首尾同时系浮筒

42. 船舶离双浮,无论顶流还是顺流,均应_____。
    A. 解除下游端的所有缆绳,顶流端只留回头缆
    B. 解除顶流端的所有缆绳,下游端只留回头缆
    C. 解除船首的所有缆绳,船尾只留回头缆
    D. 解除船尾的所有缆绳,船首只留回头缆

43. 拖锚淌航距离与下列哪些因素有关?
    ①排水量;②抛锚时的余速;③锚抓力;④流速
    A. ①②③④   B. ①②③
    C. ①②   D. ②③

44. 操纵中用锚时,锚的抓力取决于_____。
    A. 锚型、锚重、抛锚方法等和风力、水流、海浪
    B. 出链长度、水深、底质、排水量、风力、水流
    C. 锚型、锚重、抛锚方法、排水量、风力、水流
    D. 锚型、锚重、出链长度、水深、底质

45. 拖锚制动时,水深一定,制动力的大小与锚重、出链长度有关,下述正确的是_____。
    ①锚越重,抓力越小;②锚越重,抓力越大;③出链长度越长,抓力越大;④出链长度越长,抓力越小
    A. ①④   B. ①③
    C. ②④   D. ②③

第十节 引航梯的布置方法和要求

1. SOLAS 公约及国际引航协会要求对干舷为_____以上的船舶,必须设置组合梯。
    A. 8 m   B. 9 m
    C. 10 m   D. 5 m

2. SOLAS 公约及国际引航协会对于干舷为 9 m 以上的船舶所设置的引航员软梯要求,下列说法正确的是_____。
    A. 舷梯的设置应朝向船尾方向,舷梯必须紧靠船舷侧,最大坡度不超过 45°,宽至少 600 mm,下端的平台必须保持水平,并离海面至少 5 m 以上
    B. 舷梯的设置应朝向船首方向,舷梯必须紧靠船舷侧,最大坡度不超过 45°,宽至少 600 mm,下端的平台必须保持水平,并离海面至少 5 m 以上
    C. 舷梯的设置应朝向船尾方向,舷梯必须紧靠船舷侧,最大坡度不超过 50°,宽至少 600 mm,下端的平台必须保持水平,并离海面至少 5 m 以上

D. 舷梯的设置应朝向船首方向,舷梯必须紧靠船舷侧,最大坡度不超过 50°,宽至少 600 mm,下端的平台必须保持水平,并离海面至少 5 m 以上

3. SOLAS 公约及国际引航协会对于船舶所设置的引航员软梯要求是_____。
①边索上不得有卸扣、绳结和接头;②踏板必须水平,踏板之间等距离,踏板下的楔子必须紧紧扎牢边索;③踏板应具有有效的防滑表面,不应油漆、弄脏或湿滑;④两根边索必须保持相等间距;⑤软梯最下端不应有各种圈、绳,因存在把人绊倒和缠住引航艇的危险
   A. ①②③⑤   B. ①③④⑤
   C. ①②④⑤   D. ①②③④⑤

4. SOLAS 公约及国际引航协会对引航员登离船入口处的要求是_____。
①两根扶手立柱,紧紧固定在船舶甲板上;②带有一个自亮灯浮的救生圈和一根撇缆绳;③舷墙梯一台,紧固在船舶甲板上,登船入口处无障碍物;④负责接送引航员的驾驶员携带无线电对讲机在登船入口处照料并保持与驾驶台联系;⑤夜间应使引航员软梯及引航员登离船的地方均有足够的照明
   A. ①②③⑤   B. ①③④⑤
   C. ①②④⑤   D. ①②③④⑤

5. 引航员(乘艇)登离船期间,船舶航向航速调整的要求是_____。
   A. 控制船舶的横摇和纵摇幅度   B. 给引航船做下风舷并降低船速
   C. 顶风并保持航速不变   D. 保持风舷角 30°和航速不变

6. 引航员登离装置的安装应由_____进行监督。
   A. 水手长   B. 木匠
   C. 值班驾驶员   D. 船长

7. 干舷为_____ m 以上的船舶,必须设置组合引航梯。
   A. 7   B. 8
   C. 9   D. 10

第十一节　恶劣天气下的船舶操纵

1. 船舶在规则波中做小角度横摇时,船舶的横摇周期与什么有关?
   A. 船长   B. 船宽
   C. 吃水   D. 船首线形

2. 船舶在波浪中的横摇摆幅取决于船舶固有横摇周期和与波浪的遭遇周期,下列说法正确的是_____。
   A. 船舶自由横摇周期越大,横摇摆幅越大
   B. 船舶与波浪的遭遇周期越大,横摇摆幅越大
   C. 船舶自由横摇周期和船舶与波浪的遭遇周期之差越大,横摇摆幅越大
   D. 船舶自由横摇周期和船舶与波浪的遭遇周期之差越小,横摇摆幅越大

3. 船舶正横受浪时,减轻横摇的有效措施是_____。
① 改变航速;② 改变航向;③ 调整吃水差

A. ① B. ②
C. ③ D. ①②和③均无效

4. 船舶的纵摇周期与什么有关?
   A. 船长 B. 船宽
   C. 吃水 D. 船首线形

5. 对于中小型船舶而言,大风浪中船舶顶浪时的纵摇摆幅将_____。
   A. 随船速增高而减小 B. 随船速增高而增大
   C. 与船速变化无关 D. 仅与波长有关

6. 船舶的垂荡周期与什么有关?
   A. 船长 B. 船宽
   C. 吃水 D. 船首线形

7. 大风浪中航行甲板上浪将_____。
   ①影响船舶稳性,危及甲板货;②损坏甲板设备或上层建筑;③恶化工作环境,严寒时会造成冰害
   A. ①②③ B. ①③
   C. ①② D. ②③

8. 船舶在大风浪中航行,甲板上浪,_____。
   A. 将会影响船舶稳性,需适当加速航行
   B. 将不会影响船舶稳性,需适当加速航行
   C. 将会影响船舶稳性,需适当减速航行
   D. 将不会影响船舶稳性,需适当减速航行

9. 船舶顶浪航行中,纵摇、垂荡和拍底严重时,为了减轻其造成的危害而采取措施,下列说法正确的是_____。
   A. 减速措施无效,转向措施有效 B. 减速措施无效,转向措施无效
   C. 减速措施有效,转向措施有效 D. 减速措施有效,转向措施无效

10. 船舶在顺浪或偏顺浪的海况下航行其主要危险有_____。
    ①尾淹和打横;②横稳性降低;③谐摇;④大幅度横摇
    A. ②③④ B. ②④
    C. ①②③④ D. ①②③

11. 顺浪航行时,最易出现打横的情况是_____。
    A. 船速等于波速;航向稳定性好 B. 船速等于波速;航向稳定性差
    C. 船速远大于波速;航向稳定性好 D. 船速远大于波速;航向稳定性差

12. 船舶在顶浪或偏顶浪航行时,其产生的危害主要表现在_____。
    ①拍底;②螺旋桨空转;③甲板上浪;④尾淹
    A. ①②③ B. ①②③④
    C. ②④ D. ③④

13. 当船舶顺浪或偏顺浪航行而发生尾淹时,波浪力的作用可能使船舶发生_____现象,使船舶遭受_____的作用而产生突发性横倾,严重时有船舶倾覆的危险。

A. 打横;横浪 B. 加速;谐摇
C. 纵倾;谐摇 D. 垂荡;拱垂

14. 大风浪来临前的一般准备工作包括哪些?
①确保水密;②空船应适当压载;③确保排水畅通;④加固绑扎活动物;⑤做好应急准备
A. ①②③④⑤ B. ①②③④
C. ②③④⑤ D. ①③⑤

15. 一般来说,船舶顶浪航行,会产生剧烈的纵摇和垂荡,为了保证安全,下述措施哪项措施最有效?
A. 调整吃水差 B. 调整压载水
C. 调整稳性高度 D. 减速和改向

16. 船舶在大风浪中滞航是指船舶_____。
A. 停车随风漂流
B. 顶风慢车航行
C. 顶浪慢车航行
D. 用保持舵效的最小速度并将风浪放在船首2~3罗经点迎浪航行

17. 船舶在海上遇到大风浪,船体剧烈摇摆,拍底严重,甲板大量上浪,螺旋桨打空车,应采取_____措施。
A. 滞航 B. 顺浪
C. 漂滞 D. 迎浪加速

18. 航行中的船舶大风浪中主机故障丧失动力,应采取_____措施。
A. 滞航 B. 顺浪
C. 漂滞 D. 减速

19. 船舶大风浪中顺浪航行与顶浪航行比较,下述哪项正确?
A. 减轻纵摇摆幅,减弱波浪对船体的冲击
B. 加重纵摇摆幅,减弱波浪对船体的冲击
C. 减轻纵摇摆幅,增大波浪对船体的冲击
D. 加重纵摇摆幅,增大波浪对船体的冲击

20. 船舶在大风浪中顺浪航行时,为避免出现尾淹或打横现象,应果断采取_____的措施。
A. 只能改向变速无效 B. 改变航向和改变船速
C. 只能变速改向无效 D. 只能减速不能增速

21. 大风浪中船舶掉头的全过程内都要避免_____。
A. 使用全速和使用满舵角
B. 使用慢速和使用小舵角
C. 操舵引起的横倾与波浪引起横倾的相位相同
D. 操舵引起的横倾与波浪引起横倾的相位相反

22. 船舶在大风浪中从顶浪转顺浪时,转向应在较平静海面到来_____开始。
A. 之时 B. 之前
C. 之后 D. 任何时候

23. 根据风向的变化,可以确定本船在台风路径中的位置,在北半球,下述正确的是_____。
   A. 风向顺时针变化船在左半圆　　　　B. 风向顺时针变化船在右半圆
   C. 风向不变船在台风中心　　　　　　D. 风向不定船在台风进路上

24. 根据风向的变化,可以确定本船在台风路径中的位置,在北半球,下述正确的是_____。
   A. 风向右转,船在危险半圆　　　　　B. 风向右转,船在可航半圆
   C. 风向右转,船在左半圆　　　　　　D. 风向左转,船在右半圆

25. 北半球台风可航半圆内的特点和避航法是_____。
   A. 右半圆、风向右转、左尾受风驶离　　B. 右半圆、风向右转、右首受风驶离
   C. 左半圆、风向左转、右尾受风驶离　　D. 左半圆、风向左转、左首受风驶离

第十二节　船舶进出港操纵

1. 关于船舶进港的控制速度情况,下述哪项正确?
   A. 横风较大时,船速不宜过高;顺风较大时,船速不宜过高
   B. 横风较大时,船速不宜过高;顺风较大时,船速不宜过低
   C. 横风较大时,船速不宜过低;顺风较大时,船速不宜过高
   D. 横风较大时,船速不宜过低;顺风较大时,船速不宜过低

2. 船舶接送引航员时,关于引航梯的放置,应_____。
   A. 根据引航员的要求,通常应放在上风舷侧
   B. 根据船长的决定,通常应放在上风舷侧
   C. 根据引航员的要求,通常应放在下风舷侧
   D. 根据船长的决定,通常应放在下风舷侧

3. 在风浪较大的水域,船舶在航中接送引航员时,应怎样操纵船舶?
   A. 必要时操纵船舶,使引航梯处于下风舷侧
   B. 引航员上下船时,船舶应保持航向但可适当改变航速
   C. 必要时操纵船舶,使引航梯处于上风舷侧
   D. 引航员上下船时船舶应保持航速但可适当变向

4. 在风浪较大的水域,船舶接送引航员时,下列行动哪项正确?
   ①引航梯应当放在下风、浪小的一舷;②必要时操纵船舶,使引航梯处于下风舷侧;③引航员上下船时,船舶应保持航向和航速;④准备好接送引航员的用具,引航梯处应备好应急救生器具
   A. ①②④　　　　　　　　　　　　　B. ①④
   C. ①②③　　　　　　　　　　　　　D. ①②③④

5. 使用直升机接送引航员时,下列行动正确的是_____。
   ①船舶建立保持与直升机通信联络,②按照直升机的要求降速或转向,③悬挂三角旗或风向袋,并能被直升机飞行员清楚地看见,④降落区附近应备妥消防救生装备
   A. ①②③　　　　　　　　　　　　　B. ②③④
   C. ①②④　　　　　　　　　　　　　D. ①②③④

第十三节 特殊水域操纵

1. 关于狭水道对操船的影响,下列各项中哪些正确?
   ①航道狭窄;②水流多变;③来往船舶不多;④航道弯曲
   A. ①②③   B. ①②④
   C. ①③④   D. ②③④

2. 在狭水道中,船舶在富余水深不大的浅水水域通过时,应注意的问题下列哪项正确?
   A. 最好在低潮时通过,必要时应加速航行
   B. 最好在高潮时通过,必要时应加速航行
   C. 最好在低潮时通过,必要时应降速航行
   D. 最好在高潮时通过,必要时应降速航行

3. 在狭水道中,船舶距岸较近高速行驶时,船行波将引发岸边系泊船的剧烈运动,有时导致_____。
   ①系泊船船体受损;②码头设施损坏;③缆绳绷断
   A. ①②③   B. ①③
   C. ①②   D. ②③

4. 在狭水道中航行的船舶,顺流过弯时,舵效较迟钝,为了顺利过弯,可采取_____的措施,以提高舵效。
   A. 提前加车增速,到达湾段前突然停车   B. 提前停车减速,到达湾段前突然加车
   C. 始终以最高速度行驶   D. 始终以维持舵效的最低速度行驶

5. 狭水道操纵,应根据_____确定新航向距离。
   ①船速;②转向角;③操舵时间;④舵角
   A. ①②④   B. ②④
   C. ①③   D. ①②③④

6. 船舶狭水道航行,沿岸有系泊他船时,应_____航行以_____。
   A. 适当加速;减轻船间效应影响   B. 适当降速;减轻船间效应影响
   C. 适当加速;保持足够舵效   D. 适当降速;减少船间作用时间

7. 在大转弯的狭窄航道上顶流过弯,若用舵太迟,受流压的作用产生的情况为_____。
   A. 压首转向凸岸   B. 压首转向凹岸
   C. 使船右转   D. 使船左转

8. 双车船在运河中低速行驶时向右偏转,可采取哪些制止偏转的措施?
   A. 将右车停车,左车停车   B. 将右车加速,左车停车
   C. 将右车停车,左车加速   D. 将右车加速,左车加速

9. 双车船在运河中低速行驶时向右偏转,可采取哪些制止偏转的措施?
   A. 将右车减速,左车减速   B. 将右车减速,左车加速
   C. 将右车减速,左车加速   D. 将右车加速,左车加速

10. 桥区水域的特点包括_____。

①自然环境特殊;②通航水域受限;③风险性大;④交通流密集
A. ①②③
B. ②③④
C. ①②④
D. ①②③④

11. 桥区水域航行,船位应控制在_____。
    A. 航道中心线
    B. 水道中心线
    C. 桥梁中心线
    D. 桥梁法线

12. 桥区水域航行,选择合适通航孔时,应注意_____。
    ①净空高度;②富余水深;③安全间距;④禁航标志
    A. ①②
    B. ④
    C. ①②④
    D. ①②③④

13. 岛礁水域操船,应注意保持连续雷达观测和测深_____。
    A. 并减速、备锚航行
    B. 并减速、不备锚航行
    C. 并加速、备锚航行
    D. 并加速、不备锚航行

14. 对于通过礁盘区的时间最好于_____通过。
    A. 夜间高潮时
    B. 夜间低潮时
    C. 白天高潮时
    D. 白天低潮时

15. 冰量一般以_____分法度量,分为_____级。
    A. 10;8
    B. 8;10
    C. 8;8
    D. 9;9

16. 船舶进入冰区时,为安全起见_____。
    A. 应保持船首与冰缘垂直,并将冲力降到最小
    B. 应保持船首与冰缘垂直,并将冲力增到最大
    C. 应保持船首与冰缘平行,并将冲力降到最小
    D. 应保持船首与冰缘平行,并将冲力增到最大

17. 冰中航行,倒车前应_____。
    A. 左满舵
    B. 右满舵
    C. 正舵
    D. 任意舵角

18. 一般运输船舶跟随破冰船编队通过冰区,编队时把船体强度较差、主机功率较小的船放在_____。
    A. 船队之前,紧跟破冰船
    B. 船队的中部
    C. 船队的前部
    D. 船队的尾部

19. 在分道通航制和交通管制及其附近水域操纵船舶时应注意_____。
    ①严格遵守分道通航制和交通管制等各种航行规定;②近岸航行应减速,防止浪损;③确认船位,走规定的通航分道,尤其在横流地段,更应经常观察前后方物标
    A. ①②③
    B. ②③
    C. ①③
    D. ①②

20. 在分道通航制水域操纵船舶时,航线标绘要顺着船舶的总流向_____。
    A. 并靠近通航分道的中线为宜
    B. 并靠近通航分道的左右侧均可

C.并靠近通航分道的左侧为宜　　　　　　D.并靠近通航分道的右侧为宜

21.分道通航区内船多拥挤,船速快慢不一,受风流影响明显,这就需要值班驾驶员做到认真瞭望和观测,_____。
①切忌偏重定位而疏忽避让;②随时掌握自己的准确船位和他船动态;③及早采取对策,避免险情出现

A.①②③　　　　　　　　　　　　　　　B.①②
C.①③　　　　　　　　　　　　　　　　D.②③

参考答案

第一节　船舶变速性能、旋回性能、航向稳定性和保向性及其影响因素

1. B	2. C	3. C	4. A	5. B	6. A	7. C	8. B	9. B	10. C
11. B	12. B	13. D	14. A	15. B	16. C	17. B	18. D	19. A	20. B
21. D	22. D	23. A	24. D	25. C	26. D	27. D	28. C	29. A	30. A
31. B	32. C	33. B	34. C	35. A	36. C	37. D	38. D	39. B	40. A
41. C	42. D	43. B	44. C	45. D	46. C	47. D	48. A	49. C	50. D
51. A	52. D	53. C	54. D	55. D	56. C	57. C	58. D	59. A	60. A
61. C	62. A	63. B	64. C	65. A	66. A	67. A	68. B	69. A	70. D
71. C	72. D								

第二节　影响旋回圈和冲程的因素

| 1. B | 2. B | 3. A | 4. C | 5. B | 6. C | 7. B | 8. A | 9. B |

第三节　船舶操纵性试验和 IMO 船舶操纵性衡准的基本内容

| 1. A | 2. A | 3. D | 4. A | 5. D | 6. C | 7. A | 8. C | 9. C | 10. A |
| 11. B | 12. C | | | | | | | | |

第四节　风流对操船的影响

1. B	2. C	3. C	4. C	5. D	6. C	7. A	8. C	9. B	10. A
11. A	12. A	13. B	14. D	15. D	16. D	17. C	18. B	19. A	20. D
21. A	22. B	23. D	24. A	25. B	26. C	27. C	28. A	29. D	30. C
31. A	32. C	33. A	34. D	35. D	36. C	37. D	38. C	39. D	

第五节 船舶救生

1. C 2. D 3. A 4. A 5. A 6. A 7. A 8. B 9. B 10. C
11. A 12. B 13. B

第六节 浅水效应

1. C 2. B 3. A 4. A 5. A 6. D 7. D 8. C 9. A 10. B
11. D 12. A 13. A 14. A 15. D 16. A 17. D 18. A 19. A 20. A

第七节 船间效应和岸壁效应

1. A 2. D 3. B 4. A 5. A 6. A 7. A 8. C 9. D 10. D
11. A 12. A 13. B 14. C 15. B 16. A 17. B 18. A 19. A 20. A
21. A 22. D 23. C 24. C 25. C

第八节 螺旋桨、舵设备和系泊设备

1. A 2. A 3. B 4. C 5. B 6. A 7. A 8. A 9. C 10. C
11. A 12. B 13. C 14. A 15. C 16. A 17. B 18. A 19. C 20. C
21. C 22. A 23. C 24. C 25. C 26. A 27. C 28. A 29. A 30. A
31. A 32. C 33. A 34. A 35. B 36. B 37. A 38. D 39. A 40. D
41. B 42. C 43. D 44. A 45. D 46. A 47. D 48. A 49. D 50. A
51. A 52. C 53. B 54. D 55. C 56. A 57. D 58. B 59. D 60. D
61. D 62. D 63. D 64. D 65. D 66. A 67. B 68. D 69. D 70. D
71. A 72. D 73. A 74. C 75. B 76. A 77. C 78. A 79. A 80. B
81. A 82. B 83. A 84. C 85. A 86. A 87. A 88. D 89. B 90. A
91. A 92. B 93. C 94. A 95. C 96. A 97. D 98. A 99. B 100. A
101. A 102. B 103. A 104. B 105. A 106. A 107. D 108. A 109. A 110. B
111. A 112. A 113. B 114. D 115. C 116. A 117. C 118. B 119. C 120. C
121. A 122. A 123. A 124. C 125. A 126. A 127. C 128. A 129. D 130. A
131. B

第九节 锚泊、系泊和系浮筒操作

1. D 2. A 3. C 4. C 5. D 6. B 7. B 8. A 9. D 10. D
11. A 12. D 13. A 14. B 15. C 16. C 17. B 18. C 19. A 20. D

第一章 操纵和操作船舶

21. D　22. C　23. D　24. A　25. C　26. B　27. A　28. A　29. A　30. A
31. B　32. C　33. A　34. B　35. B　36. A　37. A　38. A　39. B　40. A
41. A　42. A　43. A　44. D　45. D

第十节　引航梯的布置方法和要求

1. B　2. A　3. D　4. D　5. B　6. C　7. C

第十一节　恶劣天气下的船舶操纵

1. B　2. D　3. B　4. A　5. B　6. B　7. A　8. C　9. C　10. C
11. B　12. A　13. A　14. A　15. B　16. B　17. B　18. C　19. A　20. B
21. C　22. B　23. A　24. A　25. C

第十二节　船舶进出港操纵

1. C　2. C　3. A　4. D　5. D

第十三节　特殊水域操纵

1. B　2. D　3. A　4. B　5. D　6. B　7. B　8. B　9. B　10. D
11. A　12. D　13. A　14. D　15. A　16. C　17. C　18. C　19. A　20. A
21. A

第一节　船舶变速性能、旋回性能、航向稳定性和保向性及其影响因素

1. B。考核主机启动的安全做法，转速应视船速的逐步提高而逐渐增加。
2. C。在船舶启动进车时，促使船舶产生加速运动的惯性力是推力与阻力之差。
3. C。考核主机启动的安全做法，转速应视船速的逐步提高而逐渐增加。
4. A。考核影响主机启动性能的因素。
5. B。考核影响主机启动性能的因素。
6. A。考核停船距离(冲程)的概念。
7. C。主机停车后，刚开始时，由于船速较高，阻力也大，速度下降率很高；随着船速下降，速度下降率变小，终速为零。

8. B。考核停船距离(冲程)的概念。
9. B。考核最短停船距离的概念,船舶主机全速前进中下令全速倒车,从发令起到船舶对水停止移动所需时间及船舶前冲的距离,称为倒车惯性。这一距离即通常所称的倒车冲程,亦称为最短停船距离或紧急停船距离。
10. C。考核船舶的减速、停车惯性的影响因素。
11. B。考核船舶的减速、停车惯性的影响因素。
12. B。考核停车冲程和初速度的关系。
13. D。考核下令主机倒车直到主机实际倒车启动需要有一个过程。
14. A。吨位、载荷状态等相近的船舶,主机倒车功率越大,紧急停船距离越小;换向时间长,紧急停船距离大。
15. B。浅水中船舶阻力增加,冲程减小。船体污底严重,阻力增加,停车及倒车冲程相应减小。
16. C。常用制动方法:倒车制动法;Z形操纵制动法;满舵旋回制动法;拖锚制动法;拖船协助制动法;辅助装置制动法。
17. B。拖锚制动法一般只适用吨位较小的船舶,而且抛锚时船速仅限于低速(2~3 kn);一般船舶当船速低于5~6 kn时,可根据船舶当时吃水情况配备相应数量的拖船,利用拖船的作用可有效控制船舶进行制动。
18. D。拖船制动多用于低速或港内水域的大型船舶。
19. A。考核船舶做舵旋回时其旋回过程中的运动特征。
20. B。考核船舶做舵旋回时其旋回过程中的运动特征。
21. D。考核船舶做舵旋回时其旋回过程中的运动特征。
22. D。考核船舶做舵旋回时其旋回过程中的运动特征。
23. A。定常旋回阶段,作用于船体的合力矩为零,转头角加速度为零,角速度达到最大值,船舶降速达到最大,船舶外倾也趋于稳定,船舶围绕一固定的回转中心做匀速圆周运动。
27. D。定常旋回外倾角θ_0的大小与船舶定常旋回切线速度(v_τ)、角速度(r)、重心浮心间距GB成正比,与船舶初稳性高度、重力加速度成反比。船舶的旋回直径越小,初稳性高度越低,航速越快,外倾角就越大。
28. C。舵阻力的增加引起船速下降。
29. A。考核操舵对船舶运动的影响。
30. A。船舶旋回过程中船速不断下降,主要是由于船舶斜航阻力的增大,舵阻力的增加,推进器效率的下降等原因都将引起船速下降,旋回中船速下降与相对旋回初径D_T/L密切相关,越小旋回性能越好时,速降越明显,速降系数越小。因此,肥大型船舶旋回中速度下降比瘦削型船舶大。
31. B。转舵阶段,由于时间较短,船舶因运动惯性仍保持直线前进,随后船首出现向转舵一侧回转的趋势,船体开始出现向操舵相反一侧横移,并会产生向转舵一侧少量横倾(内倾),船速也略有下降。
32. B。船舶旋回资料中给出的进距是航向改变90°时的进距。
33. A。船舶旋回资料中给出的横距是航向改变90°时的横距。

第一章 操纵和操作船舶

34. C。旋回初径是指操舵后,船首自初始航向改变180°时,船舶重心所移动的横向距离。

35. A。操舵后,船舶重心向操舵相反一侧横移的距离称为反移量。通常,船舶全速满舵旋回,当船首转过1点左右(约11.25°)时,船舶重心处的反移量达最大值,约为船长的1%。但在实际操船时,更应注意船尾部向操舵相反一侧的船尾反移量,船尾反移量最大值一般为船长的1/10~1/5,比重心处反移量要大得多。

36. B。船舶转舵后绕旋回曲率中心 O 的旋回运动,可以看成是两个方面运动的合成:一方面是船舶以切线速度 v_1 前进,另一方面则是船舶绕自身某一点为中心自转,这一点就是转心 P。从几何学上讲,转心的位置是旋回中某瞬间的旋回中心至船舶首尾线的垂线的垂足点。P 点处漂角为零,横移速度为零。

37. C。转心 P 的位置,在开始操舵时约在重心稍前处,随船舶旋回不断加快,转心 P 位置向前移动,在定常旋回阶段趋于稳定。定常旋回时转心一般在船首柱后 1/5~1/3 船长附近处,漂角大、旋回性能好的船舶,转心越靠前。

38. D。船舶旋回360°所需的时间即为旋回时间。

39. B。船舶旋回过程中船速不断下降,主要是由于船舶斜航阻力的增大,此外,舵阻力的增加、推进器效率的下降等原因都将引起船速下降。

40. A。转舵阶段,由于时间较短,船舶因运动惯性仍保持直线前进,随后船首出现向转舵一侧回转的趋势,船体开始出现向操舵相反一侧横移,并会产生向转舵一侧少量横倾(内倾),船速也略有下降。定常旋回阶段,作用于船体的合力矩为零,转头角加速度为零,角速度达到最大值,船舶降速达到最大,船舶外倾也趋于稳定,船舶围绕一固定的回转中心匀速圆周运动。

42. D。船速越低、排水量越大,旋回所需时间越长。

43. B。船舶前进中旋回时转心在重心之前,因此在旋回时船首向内偏移量比船尾向外偏移量来得小。船舶在后退中回转时,转心位于尾柱之前,大约与前进中回转时转心位置对称。

44. D。考核旋回性能的要素名称。

45. D。反移量的大小与舵角、船速、操舵速度、载重状态、船型等有关。

48. A。在船舶旋回资料中给出的进距是航向改变90°时的进距。

49. C。旋回初径是指操舵后,船首自初始航向改变180°时,船舶重心所移动的横向距离。

50. D。从发令位置起,船舶重心至定常旋回曲率中心的纵向距离,称为滞距,也称心距。

51. A。操舵后,船舶重心向操舵相反一侧横移的距离称为反移量。

52. D。两船对遇时,可用两船进距之和估算最晚施舵点。同样在其他会遇局面中也可相应估算出最晚施舵点。

53. C。航行中发现本船有人落水,应立即向落水者一舷操满舵,使船尾向另一侧摆开,以避免落水者卷入螺旋桨。

54. D。在船首极近距离内发现障碍物或紧急避让时,应首先操舵使船首让开,当船首已经让开而估计有可能与船尾发生碰撞时,应立即操另一舷舵使船尾甩开。

55. A。在实际操船中,船舶操纵人员常常通过增加螺旋桨转速、降低船速来增大螺旋桨的滑失比,进而提高舵效。船舶在静止中进车,螺旋桨排出流的作用能够产生足够的舵效。

56. D。两船对遇时,可用两船进距之和估算最晚施舵点。
57. A。在船首极近距离内发现障碍物或紧急避让时,应首先操舵使船首让开,当船首已经让开而估计有可能与船尾发生碰撞时,应立即操另一舷舵使船尾甩开。
59. A。进距可以用来估算用舵旋回掉头纵向所需水域的大小。旋回初径可以用来估算用舵旋回掉头横向所需水域的大小。
60. A。一般所说的船舶航向稳定性指的就是动航向稳定性,即船舶直线运动稳定性。
61. C。航行中的船舶一般都通过操舵来控制航向,船舶在航向自动舵条件下实现的是方向稳定性;而在人-机系统控制下,通过预配风流压差保证船舶行驶在预定航线上,此时实现的是位置稳定性。
63. B。方形系数较小,长宽比较大的船舶具有较好的航向稳定性。方形系数小的瘦削型船比方形系数大的肥大型船舶旋回性差,旋回圈明显增大。
64. C。方形系数较小,长宽比较大的船舶具有较好的航向稳定性。
65. A。水下船体侧面积的分布影响水动力作用中心的位置,因此对航向稳定性影响也较大。船首侧面积较大的船舶,斜航时水动力作用中心靠近船首,航向稳定性差;反之,船尾侧面积较大的船舶,斜航时水动力作用中心靠近船尾,航向稳定性好。
66. A。方形系数较小,长宽比较大的船舶具有较好的航向稳定性。
67. A。航向稳定性好的船舶,保向性也好。
68. B。船舶保向性与航向稳定性密切相关,但保向性还同时受操船环境因素以及操舵人员的技能及熟练程度、自动舵的控制能力、舵的性能等因素影响。当然,航向稳定性好的船舶,保向性也好。
70. D。方形系数小的瘦削型船舶(L/B 大),回转阻尼力矩大、航向稳定性好,保向性好。
71. C。船舶保向性与航向稳定性密切相关,但保向性还同时受操船环境因素以及操舵人员的技能及熟练程度、自动舵的控制能力、舵的性能等因素影响。当然,航向稳定性好的船舶,保向性也好。其他影响船舶保向性的因素,方形系数、水线下船体侧面积形状、船速、舵角、吃水、舵面积比、纵倾与横倾。水中航行时,回转阻尼力矩增加,航向稳定性和保向性比深水中好。同理船体污底严重时保向性提高。顺风、顺流航行时,保向性下降;顶风、顶流时,保向性提高。

第二节 影响旋回圈和冲程的因素

1. B。船速和倒车拉力相同时,排水量越大,紧急停船距离越长。压载时的倒车冲程为满载时的 40%～50%。应注意压载时的停车冲程约为满载时的 80%。若其他条件相同,船速越大,冲程越大。
2. B。满载时,停船时间长。
3. A。船体污底严重,阻力增加,停车及倒车冲程相应减小。
4. C。若其他条件相同,船速越大,冲程越大。船速和倒车拉力相同时,排水量越大,紧急停船距离越长。压载时的倒车冲程为满载时的 40%～50%。应注意压载时的停车冲程约为满载时的 80%。

5. B。如果船舶在满舵旋回同时从全速前进中停止主机即减速旋回,由于停车后马上失去了螺旋桨排出流速度,舵力大大减小,旋回圈增大。

6. C。船舶从静止或低速状态时加车进行旋回即加速旋回,由于排出流速度立即增大,加之伴流较小,所以舵力较强,旋回圈明显变小。

7. B。船舶在浅水中航行与在深水中比较,操相同舵角时舵力变化不大,但浅水中旋回时阻力明显增加,因此旋回圈变大,漂角减小。当水深与吃水之比小于一定值($H/d \leqslant 2$)时,旋回圈增大趋势明显。

8. A。船舶吃水增加,舵面积比则减小,而且吃水增加时船舶绕重心的转动惯量增加,所以开始阶段船舶旋回缓慢。因此,船舶吃水增加,旋回时进距加大,横距、旋回初径也将有所增加,但反移量有所减小。

第三节 船舶操纵性试验和IMO船舶操纵性衡准的基本内容

1. A。旋回试验的目的是测定船舶旋回圈,从而确定船舶旋回要素,评价船舶旋回的迅速程度和所需水域的大小。

7. A。概念。

8. B。Z形试验的目的是求船舶的操纵性指数 K、T,从而评价船舶的旋回性、追随性和航向稳定性等重要操纵性能。由Z形试验可以判断出船舶用舵后的初始运动及舵效优劣,旋回性能、追随性能和船舶转头惯性。惯性超越角和转首滞后时间可用来评价船舶偏转抑制能力。

12. C。IMO船舶操纵性能衡准指标包括旋回性能、初始回转性能、偏转抑制性能、保向性能、停船性。

第四节 风流对操船的影响

1. B。风力大小与风速 v_a、风舷角 θ、受风面积和形状有关。

3. C。风力作用中心位置 A 点至船首的距离 a,受风舷角 θ、船舶上层建筑形状以及面积分布情况所影响。

4. C。风力作用中心位置 A 点至船首的距离 a,受风舷角 θ、船舶上层建筑形状以及面积分布情况所影响。船舶空载时该压力中心比满载时明显靠前。

5. D。风力大小与风速 v_a、风舷角 θ、受风面积和形状有关。

6. C。风力转船力矩系数大小随船舶种类、载况和船舶受风面积的大小与分布的情况以及风舷角的不同而不同。

7. A。风力作用中心位置 A 点至船首的距离 a,受风舷角 θ、船舶上层建筑形状以及面积分布情况所影响。

8. C。水动力与船和水的相对运动方向(即漂角)有关。

9. B。水动力作用点 W 的位置受漂角、船体水下侧面积形状及分布情况所影响。

10. A。水动力与船和水的相对运动方向(即漂角)有关。

11. A。同一船舶,空载或压载时尾倾较大,水动力中心位置比满载时明显后移,尾机型船更甚。

13. B。船舶在受风作用下偏转运动的方向,决定于风力转船力矩 M_a 和水动力转船力矩 M_w 的合力方向。

14. D。正横前来风,船舶受风作用,边前进边向下风侧产生漂移。当风从正横后吹来时,由于船舶前进的同时受 F_a 作用向下风侧即船首前方斜航。

15. D。船舶停船时,若风从正横前吹来,风动压力力矩 M_a 使船首向下风偏转,同时船身向下风侧漂移。在船舶偏转和漂移的同时,船体水线下部分受到水动压力作用,构成水动压力转船力矩 M_w,M_w 有助于船身向下风偏转,直至变成正横附近受风时 M_a,M_w 趋向为零,停止偏转,并将以接近正横状态向下风漂移。不难分析,如果停船时风从正横后吹来,船舶同样最终也将转至接近正横受风状态并向下风漂移。

17. C。当风从正横后吹来时,使船首逆风偏转。船舶前进中,斜顶风航行时比斜顺风时易于保向。

18. C。根据经验:空船、慢速、尾倾、首受风面积大时,多为顺风偏;反之,满载或半载、快速、尾受风面积大时,多为逆风偏。

19. A。根据经验:空船、慢速、尾倾、首受风面积大时,多为顺风偏;反之,满载或半载、快速、尾受风面积大时,多为逆风偏。

20. D。根据经验:空船、慢速、尾倾、首受风面积大时,多为顺风偏;反之,满载或半载、快速、尾受风面积大时,多为逆风偏。

21. A。船舶前进中,斜顶风航行时比斜顺风时易于保向。

22. B。船舶受风作用下产生向下风漂移,漂移速度在船舶停止时最大,随船速增加,船舶漂移速度反而降低。

23. B。船舶受风作用下产生向下风漂移,漂移速度在船舶停止时最大,随船速增加,船舶漂移速度反而降低。

24. A。船舶停船时,若风从正横前吹来,风动压力力矩 M_a 使船首向下风偏转,同时船身向下风侧漂移。在船舶偏转和漂移的同时,船体水线下部分受到水动压力作用,构成水动压力转船力矩 M_w,M_w 有助于船身向下风偏转,直至变成正横附近受风时 M_a,M_w 趋向为零,停止偏转,并将以接近正横状态向下风漂移。不难分析,如果停船时风从正横后吹来,船舶同样最终也将转至接近正横受风状态并向下风漂移。

26. B。同一条船的不同舵角的保向界限曲线中,舵角大时曲线位置更高一些,这说明压舵角大,保向范围扩大。

27. C。相对风向角对保向界限的影响尽管因船不同而有所差异,一般在 $\theta=80°\sim120°$ 范围内曲线出现最低值,这说明船舶正横附近或稍后受风时,保向最为困难。

28. A。保向性范围总的来说随风速的降低而扩大,随船速降低而减小,增大压舵角可扩大保向范围。

35. D。虽然顶流、顺流时舵力及其转船力矩相同,但舵效不同,因舵效是个对地的概念。顶流时对地船速较顺流时小两倍流速,故使用相同的舵角,顶流时能在较短的距离上使船首转过较大的角度,因此顶流时的舵效比顺流时好。

第一章 操纵和操作船舶

第五节 船舶救生

1. C。人员落水后,应立即抛出救生圈,向落水者一舷满舵,标记落水者位置,并操船驶向落水者,派人登高瞭望,发人落水警报,启动人员落水应急预案。

5. A。人员落水后,应立即抛出救生圈,向落水者一舷满舵,标记落水者位置,并操船驶向落水者,派人登高瞭望,发人落水警报启动人员落水应急预案。人员落水要通知船长和机舱,备好主机,保持观察人员持续观察,尽量保持落水人员在视线内。

6. A。单旋回适用于"立即行动",但不适用于"延迟行动"和"人员失踪"。

7. A。Scharnow 旋回法的特点是耗时比 Williamson 旋回法要少,并可节省 1~2 海里的航程。它适用于上述"人员失踪"的搜寻,但不适用于"立即行动"和"延迟行动"。

8. B。Williamson 旋回操纵要点如下:(1)向落水者一舷操满舵;(2)当转向角达到 60°时操相反一舷满舵;(3)船首距原初始航向的相反方向相差 20°时回正舵;(4)待船舶航向变为初始航向的相反方向时把定,发现落水者适时进行停船接近落水者。

9. B。Williamson 旋回法最适用于上述的"延迟行动",夜间或能见度不良时效果最好。

10. C。Scharnow 旋回法的特点是耗时比 Williamson 旋回法要少,并可节省 1~2 海里的航程。它适用于上述"人员失踪"的搜寻,但不适用于"立即行动"和"延迟行动"。

11. A。它最适用于上述的"延迟行动",夜间或能见度不良时效果最好。对于"立即行动"和"人员失踪"也适用。但该法的所需时间较长。

12. B。单旋回适用于上述的"立即行动",但不适用于"延迟行动"和"人员失踪"。

13. B。Williamson 旋回最适用于上述的"延迟行动",夜间或能见度不良时效果最好。对于"立即行动"和"人员失踪"也适用。

第六节 浅水效应

1. C。驶于浅水域中的船舶,船体周围的水流因空间受限,水流流速加快,因而摩擦阻力增加;此外,浅水域中航行时,船体下沉,吃水增加,纵倾加大,也增加了摩擦阻力;同时船舶在浅水域中航行时,兴波阻力增加;船尾涡流增大,涡流阻力增加;以及由于推进器附近涡流的增强而导致推进器效率下降。所以浅水中航行,船舶在相同转速下船速比深水域低。

3. A。浅水中,舵叶周围的水流发生了变化,伴流、涡流增加使舵力下降。另一方面,由于相同转速时浅水中船速下降,增大了螺旋桨的滑失,又提高了舵力。但总的结果,舵力下降实际上并不大。浅水中航行,舵力下降不大,舵力转船力矩下降也不大。船舶旋回阻矩及虚惯矩均有较大增加,其中旋回阻矩的增加幅度更大。所以,船舶从深水进入浅水中,旋回性变差,而航向稳定性变好。

13. A。船舶进入浅水后,还会出现下列现象:首散波变小,水花声减小;尾波增大,船尾及其两侧由于螺旋桨流作用而致水变混浊;船尾伴流增强,螺旋桨上下桨叶推力之差较深水明显,船体振动加剧。

16. D。计算:$10+10\times10\%-8=3$ m。

17. A。确定富余水深应考虑的因素包括船体下沉和纵倾变化,船舶因波浪引起的摇荡、横摇、纵摇和垂荡使吃水增加,海图水深的测量误差,水位的变化量,为安全操纵应考虑的因素。

18. A。船舶从深水进入浅水中,旋回性变差,而航向稳定性变好。舵力略有下降,舵效下降。

20. A。舵力略有下降,舵效下降。浅水中的船体下沉及纵倾的变化,较深水中更为激烈。

第七节 船间效应和岸壁效应

1. A。船间效应出现的几个现象包括互相吸引、排斥、转头、波荡等。这几种现象可能同时出现。

2. D。船间效应出现的几个现象包括互相吸引、排斥、转头、波荡等。这几种现象可能同时出现。

3. B。两船首快平时,两船船首内侧高压互相排斥,船首各自外转。

4. A。两船横距越小,船间作用力越大。一般说来,当横距小于两船船长之和时就会产生这种作用,当横距小于两船船长之和的一半时,则相互作用明显增加。

5. A。在 A 船首与 B 船尾平时,如图" ",此时如两船距离较近,后船船首外转,前船(B 船)易出现内转,可能挡住后船(A 船)的进路,发生被后船船首触碰的危险。

6. A。当船舶近距离驶过系泊船时,船间的相互作用使得驶过船受到的影响类似于岸壁效应。系泊船也会受到驶过船的船行波及其岸壁反射波的影响。这种影响常表现为船舶的首摇、横荡、纵摇,以及横荡、纵荡及垂荡六个自由度的运动。其中对船舶影响最大的则是纵荡。不良后果是可能造成系泊船靠岸舷侧的擦损和断缆等事故。

8. C。航行船舶近距离驶过系泊船时,系泊船所受影响的大小与下列因素有关:(1)航行船舶排水量越大,航速越高,系泊船所受影响越大;(2)水深越浅,船间距离越小,系泊船所受影响越大;(3)系泊船排水量越小,影响越大;(4)强风急流将助长这种影响。

9. D。当船舶近距离驶过系泊船时,船间的相互作用使得驶过船受到的影响类似于岸壁效应。系泊船也会受到驶过船的船行波及其岸壁反射波的影响。这种影响常表现为船舶的首摇、横荡、纵摇,以及横荡、纵荡及垂荡六个自由度的运动。其中对船舶影响最大的则是纵荡。不良后果是可能造成系泊船靠岸舷侧的擦损和断缆等事故。

11. A。航行船舶近距离驶过系泊船时,系泊船所受影响的大小与下列因素有关:(1)航行船舶排水量越大,航速越高,系泊船所受影响越大;(2)水深越浅,船间距离越小,系泊船所受影响越大;(3)系泊船排水量越小,影响越大;(4)强风急流将助长这种影响。

14. C。两船作用时间长,速度差小,相互作用越大。在追越局面中,尤其当两船速度差较小时,持续时间长,相互作用明显。

15. B。船间效应的大小取决于两船相互作用力、作用时间以及船舶排水量的大小,因此与船间距离、船速、作用时间、船舶大小、水域浅窄等因素有关。两船横距越小,船间作用力越大。船速越大，船体周围压力变化越剧烈，兴波也越激烈，船间相互作用也越大。两船作用时间长，速度差小，相互作用越大。大小相差较大的两船并航时，较小的船受影响较大。在浅窄的受限水域中航行时，相互作用比广阔的深水域中明显。

17. B。当水道宽度受限，船舶偏航接近水道岸壁时，因船体两舷所受水动力不同，而出现的船舶整体吸向岸壁、船首转向航道中央的现象称为岸壁效应，如下图所示。其主要表现为岸推和岸吸现象。

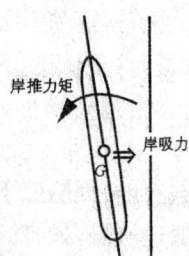

这时需要用一定的舵角来保持航向。岸壁效应的影响因素包括以下几个方面：(1)岸间距越小，岸壁效应越明显。船岸间距达1.7倍船宽时，便可显出岸壁影响。(2)水道宽度越窄，岸壁效应越激烈。(3)航速越高，岸壁效应越激烈。(4)船型越肥大，岸壁效应越明显。(5)水深越浅，岸壁效应越激烈。

第八节 螺旋桨、舵设备和系泊设备

1. A。营运中的船舶所受的阻力总量由基本阻力和附加阻力两部分构成。基本阻力是指新出坞的裸船体(不包括附属体)在平静水面行驶时对船体产生的阻力，由摩擦阻力、兴波阻力、涡流阻力三部分组成，基本阻力的大小主要与船速和吃水有关。附加阻力指船舶营运过程中由于船舶附体的增加、船体表面粗糙度、海况、风以及海流等引起的船舶阻力增量，附加阻力包括：附体阻力、污底阻力、汹涛阻力、空气阻力。附加阻力的大小与风浪大小、船体污底轻重及航道浅窄有关。

3. B。流向螺旋桨盘面的水流称为吸入流，其特点是作用范围较广，流线几乎平行，流速较低；离开螺旋桨的流称为排出流，其特点是流速较快，作用范围较小，水流旋转激烈。

4. C。船舶前进中进车，排出流作用在舵上。船舶后退中倒车时，螺旋桨的排出流打在船体的尾部。排出流，其特点是流速较快，作用范围较小，水流旋转激烈。

6. A。流向螺旋桨盘面的水流称为吸入流，其特点是作用范围较广，流线几乎平行，流速较低；离开螺旋桨的流称为排出流，其特点是流速较快，作用范围较小，水流旋转激烈。

7. A。流向螺旋桨盘面的水流称为吸入流，其特点是作用范围较广，流线几乎平行，流速较低；离开螺旋桨的流称为排出流，其特点是流速较快，作用范围较小，水流旋转激烈。

8. A。当转速一定时，船速越高，推力越小，即推力与船速成反比。

9. C。当滑失比增加时，在增加推力的同时也增加了螺旋桨的转矩，这就需要主机克服更大的转矩，容易使主机超负荷工作而损坏主机。

10. C。当转速一定时，船速越高，推力越小。船速为零时推力最大称为系柱推力；即推力与船速成反比。

11. A。当船速一定时,转速越高,推力就越大,推力的大小与转速的平方成正比;当转速一定时,船速越高,推力越小。船速为零时推力最大称为系柱推力;即推力与船速成反比。

13. C。推力与船速成反比。

14. A。考核滑失比概念。

15. C。滑失比的增大会降低螺旋桨的推进效率并增加螺旋桨负荷,但从船舶操纵角度来看,滑失比的增大有利于提高船舶的转向效率。在实际操船中,船舶操纵人员常常通过增加螺旋桨转速、降低船速来增大螺旋桨的滑失比,进而提高舵效。

16. A。船舶在大风浪中或浅窄水域航行时,因船速下降而导致螺旋桨的滑失增加。

17. B。在实际操船中,船舶操纵人员常常通过增加螺旋桨转速、降低船速来增大螺旋桨的滑失比,进而提高舵效。

18. A。船舶在大风浪中或浅窄水域航行时,因船速下降而导致螺旋桨的滑失增加。

19. C。指克服船舶阻力而保持一定船速所需要的功率,它等于船舶阻力与船速的乘积。

20. C。额定船速也称为最大船速,是指船舶主机按额定输出功率(最大功率)航行时所能达到的最高船速。对应的主机转速称为额定转速。额定船速通常为设计船速,在新船试航时也可通过实船试验测得,应在深水、宽度不受限制,但遮蔽条件较好的水域进行标准操纵性试验。

21. C。港内船速指主机按港内各级转速运转时,在平静深水域中取得的船速。

22. A。主机正车转速常划分为"前进三(Full ahead)"、"前进二(Half ahead)"、"前进一(Slow ahead)"以及"微速前进(Dead slow ahead)"四挡,微进时的主机输出功率和转速,是主机可以输出的最低功率和最低转速。

23. C。投入营运后由于主机的磨损和船体的陈旧,额定船速将会降低。船舶以海速行驶时,只是意味着主机按海上常用输出功率、常用转速运转,由于海上气候多变,船舶装载状态不同,实际海上船速并不是固定不变的。港内船速也称为备车(主机做好随时操纵的准备)速度或操纵速度,船舶以港速行驶时,往往意味着备车航行。由于船舶装载状态以及水深等外界条件不同,实际港内船速并不是固定不变的。

24. C。由沉深横向力产生的机理可以看出,作用在桨叶上的横向力方向(由船尾向前看)总是与螺旋桨的旋转方向相同。对于右旋固定螺距螺旋桨而言,进车时,沉深横向力推尾向右,船首左偏;倒车时相反,推尾向左,船首右偏。

27. C。船舶在前进时,伴流大小与厚度自船首至船尾逐渐扩大,船首最小,船尾最大,离船体越远,伴流越小。螺旋桨处伴流如下图所示,表现为桨轴以上伴流流速大,桨轴以下伴流流速小,且左右对称。

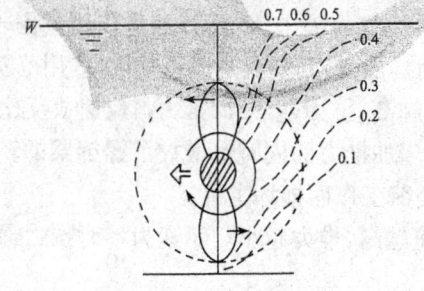

31. A。由伴流横向力产生的机理可以看出,作用在桨叶上的横向力方向(由船尾向前看)总是与螺旋桨的旋转方向相反。对于右旋单桨船而言,前进中进车时,推尾向左,船首右偏;船舶在前进中倒车时相反,伴流横向力推尾向右,船首左偏。上述的船首偏转方向正好与螺旋桨的沉深横向力相反。

34. A。船舶前进中进车,排出流作用在舵上。

35. B。船舶进速较低或船舶后退中倒车时,螺旋桨的排出流打在船体的尾部。

37. A。就右旋FPP单桨船而言,螺旋桨横向力最明显的致偏作用是在低速前进中、静止中或后退中倒车时出现的船首右偏。

38. A。就右旋FPP单桨船而言,螺旋桨横向力最明显的致偏作用是在低速前进中、静止中或后退中倒车时出现的船首右偏。为了在狭小的水域完成掉头180°的操纵,右旋单桨船(FPP)多采取向右掉转的方法。操纵得当应能在两倍船长左右或更小的水域内实现掉转。

39. A。在系靠单浮筒或单点系泊时的自力操船中,通常以右舷浮筒横距为1~1.5倍船宽入泊。在接近浮筒前倒车,这样既可以刹减船速,又可以使船首向右偏转,从而使船首缓慢接近浮筒。

40. D。就右旋FPP单桨船而言,螺旋桨横向力最明显的致偏作用是在低速前进中、静止中或后退中倒车时出现的船首右偏。

41. B。螺旋桨横向力作用如下表所示:

横向力种类	产生条件	量级	影响因素	方向	致偏作用
沉深横向力	$h/D_P<0.65~0.75$或水深较小	较大	h/D_P越小、水深越浅、船速越低、转速越高、横向力越大;空载时作用明显	与螺旋桨旋转方向相同	进车,尾右偏,首左偏倒车,尾左偏,首右偏
伴流横向力	船舶进速、伴流存在	小	船速越高、转速越高,该力越大	与螺旋桨旋转方向相反	进车,尾左偏,首右偏倒车,尾右偏,首左偏
排出流横向力	进车时伴流存在;倒车时排出流能够作用于船体尾部	进车较小倒车较大	排出流速度越大、船尾吃水越浅,该力越大	向左	尾左偏,首右偏
推力中心偏位(垂向)	船舶在前进中,伴流存在	小	船速越高、螺旋桨转速越高,推力中心偏位越明显	推力偏右,拉力偏左	尾右偏,首左偏

42. C。就右旋FPP单桨船而言,螺旋桨横向力最明显的致偏作用是在低速前进中、静止中或后退中倒车时出现的船首右偏。

43. A。就右旋FPP单桨船而言,螺旋桨横向力最明显的致偏作用是在低速前进中、静止中或后退中倒车时出现的船首右偏。左舷靠码头时,一般应调整本船对码头线的靠拢角为(越是倒车偏转特性强的小型船该角度也较高)10°~20°,以备在适当时间倒车时既可将船拉停在码头边,又能使船外转该靠拢角度,正好平行地或近乎平行地停于码头泊位处。右舷靠泊考虑到为了停船必须使用的倒车会使船舶右转,因此应尽量减小靠拢角,而略加大船与码头线的横距,以便倒车时,使船首平稳地接近码头线,然后再采取适当措施解决船尾入泊的问题。

46. D。就右旋FPP单桨船而言,螺旋桨横向力最明显的致偏作用是在低速前进中、静止中或后退中倒车时出现的船首右偏。

47. D。舵机和转舵装置又统称为操舵装置,均装于船尾舵机室内。

48. A。对主辅操舵装置和辅助操舵装置的布置,应满足当它们中的一个失效时应不致使另一个失灵。辅助操舵装置不应属于主操舵装置的任何部分,但可共用其中的舵柄、舵扇或其他等效用途的部件。

49. D。主操舵装置是指在正常航行情况下为驾驶船舶而使舵产生动作所必需的机械、转舵机构、舵机装备动力设备及其附属设备和向舵杆施加转矩的部件(如舵柄或舵扇)。

50. A。电动操舵装置结构简单,操作简便,工作可靠,适用于中小型船舶。

51. A。电动操舵装置工作原理是由操舵装置控制系统来控制电动机,再带动蜗杆和蜗轮。

53. B。根据液压舵机推舵时油缸运动形式的不同,有往复式、转叶式。

54. D。液压操舵装置主要由电动机、油泵、管路、转舵机械组成。

56. A。舵角限位器的作用是防止实舵角太大而超过有效舵角。

58. B。主操舵装置应具有足够的强度并能在最大航海吃水和最大营运前进航速时进行操舵,使舵自一舷的 35° 转至另一舷的 35°,并且于相同条件下自一舷的 35° 转至另一舷的 30° 所需的时间不超过 28 s。

59. D。辅助操舵装置应能满足,具有足够的强度和足以在可驾驶的航速下操纵船舶,并能在紧急时迅速投入工作。能在最大营运前进航速的一半但不小于 7 kn 时进行操舵,使舵自一舷的 15° 转至另一舷的 15°,且所需时间不超过 60 s。

61. B。较大船舶的主操舵装置一般都有两套或两套以上相同的动力设备。

62. B。主、辅操舵装置动力设备的布置应能满足:(1)当动力源发生故障失效后又恢复输送时,能自动再启动。(2)能从驾驶室使其投入工作。(3)任一台操舵装置动力设备的动力源发生故障时,应在驾驶室发出声、光警报。

67. B。采用电力控制装置的船舶都可实现自动操舵、随动操舵和应急操舵的功能,并有独立的操舵系统的线路布置。这两套系统为随动操舵系统和手柄操舵系统(应急)。

68. D。自动舵的优点是自动纠正偏航角、减轻人员的劳动强度,航向精确度高,提高航速,减少燃料消耗,缩短航程。

69. D。自动舵的优点是自动纠正偏航角、减轻人员的劳动强度,航向精确度高,提高航速,减少燃料消耗,缩短航程。

71. A。自适应自动舵能感测载货、航速、风浪流等变化而引起船舶操纵性能变化并按事先设定的性能指标自动确定各项参数,使自动操舵仪保持在最佳状态,因此不但能减少人工操作,提高航行安全性,而且还有明显的经济效益。

72. D。航迹舵的航迹带宽度应根据航行区域与海况确定。

73. A。航迹舵以微机为核心,通过初始人工输入航路数据、位置偏移量及硬件部分连接计程仪、陀螺罗经、定位仪,由上述输入的信号及数据通过微机软件进行计算、分析与处理,然后给出一个指标航向到自动舵组件中去执行,使船能够沿着计划航线航行,并能在预定的转向点上转向,从而达到无人驾驶。航迹舵的航迹带宽度应根据航行区域与海况确定。

76. A。舵的作用主要包括用保持航向、改变航向和紧急避让与旋回。

77. C。舵杆是舵叶转动的轴,并用以承受和传递作用在舵叶上的力及舵给予转舵装置的力。其下部与舵叶连接,上部与转舵装置相连。

78. C。按支承方式的不同,可将舵分为双支承舵、多支承舵、悬挂舵、半悬挂舵。

79. A。按舵杆的轴线位置分类:不平衡舵、平衡舵、半平衡舵。

81. A。流线型舵阻力小,升力大,舵效高。

82. B。流线型舵阻力小,升力大,舵效高。

83. A。舵叶的防腐主要采用舵叶内部灌涂防腐沥青、舵叶外部涂油漆、舵叶外部用锌块(锌块不能油漆)。

84. C。舵力与舵的浸水面积、舵角和舵速等有关,还和下列现象有关:失速现象、空泡现象、空气吸入现象、舵与船体之间相互影响、船舶旋回中舵力下降。

89. B。影响船舶的舵力转船力矩大小的因素是船长、舵叶面积、舵速、舵角、水的密度等。

98. B。影响舵效的因素包括舵角、舵速、船舶的排水量、船舶倾斜、舵机性能、风流及浅水,还与舵的安装位置有关。

126. A。在有流港口,船舶多采用顶流靠泊方式。为了防止船舶靠岸过程中流的影响而后退,因而一般先带头缆,并迅速收紧挽牢。待船体靠岸并就位之后,再带前倒缆、前横缆。尾部先带尾倒缆,然后带尾缆和横缆。

127. B。小型船舶自力离泊时,一般采用尾离方式,特别在静水港或顺流情况下。尾离时,一般借助首倒缆,采用内舷舵、进车将船尾摆开。

128. C。船舶系靠浮筒,一般是先带船首单头各缆,次带船尾单头缆绳再去船首带回头缆,最后带船尾回头缆。

第九节 锚泊、系泊和系浮筒操作

7. B。锚链标记方法:在第1节与第2节之间的连接链环(或卸扣)前后第一个有档链环的撑档上绕金属丝(或白钢环)。并在两链环之间的所有有档链环上涂白漆,连接链环涂红漆,以此表示第1节。在第2节与第3节之间的连接链环前后第二个有档链环撑档上绕金属丝(或白钢环),并在两链环之间的所有有档链环上涂白漆,连接链环涂红漆,以此表示第2节。其余各节类推。从第6节开始,重复第1节的做法进行标记。最后1~2节可涂醒目标记以作为危险警告,以提醒丢锚。

13. A。正确判断船速是选择落锚时机的关键。传统上可用正横附近灵敏度较高的串视物标之间的相对运动来判定。还可充分利用精度较高的DGPS的船速进行判断。此外,长期的海上实践经验表明,当倒车排出流水花抵达船中部时,一般船舶已对水停止运动,即船对地略有退势。但值得注意的是,在有流的影响时,这时船舶对地的速度约等于流速。冲程资料仅可粗略估算船速。

15. C。初始将锚抛入水中时,一般先出短链,视锚链滑出的长度适时将锚机刹车刹紧。这样即可防止锚链堆积过多,又可缩短拖锚距离,迫使锚很快抓底。可根据水深情况确定短链长度,一般抛出2~2.5倍水深的短链长度时,应将锚链刹住,利用船后退的拉力使锚爪啮入海底。

16. C。锚链方向通常用整点时钟表示,例如,"12 clock"表示锚链指向正前方;"3 clock"表示指向右正横;"6 clock"表示指向正后方,以此类推。

18. C。如果锚链绷紧之后短时间内变得松弛,即露出水面的锚链长度缓慢缩短,锚链成自然悬垂状态,则说明锚已经稳定抓底;反之,如果锚链长时间处于绷紧状态或锚链绷紧时抖动,则说明锚没有稳定抓底,而处于走锚状态。

19. A。走锚的应急措施:(1)单锚泊船一旦发现走锚,切不可松长锚链,因为松长锚链不利于锚的二次抓底,反而会增大偏荡。应立即抛出另一舷首锚并使之受力,防止船舶由于走锚距离过大而发生搁浅、碰撞等事故。(2)通知机舱备车、报告船长、悬挂及鸣放"Y"信号,并用VHF等通信手段及时报告有关当局和发出航海警告。(3)主机备妥后动车顶风流,必要时起锚择地重新抛锚。

20. D。减轻偏荡的措施,增加船舶吃水和调整纵倾状态,加抛止荡锚,改变锚泊方式,采用车、舵等手段抑制偏荡。由单锚泊改为八字锚泊方式可有效防止偏荡的产生。

22. C。走锚的判断:(1)锚泊时,根据锚地锚泊船的密度、和气象水文情况设置雷达和GPS等定位系统的"警戒圈"范围,使之能在锚泊船走锚时发出报警。也可根据周围其他锚泊船,特别是下风、下游的船舶的相对位置变化来判断是否走锚。(2)仔细观察锚泊船的偏荡运动,如果周期性偏荡运动突然停止,船舶变为一舷受风,锚链处于上风舷侧,且风舷角基本保持不变,则可断定发生了走锚。(3)条件允许时,派人到船头观察锚链的受力情况。偏荡运动中,锚链应周期性地张弛。如发现锚链始终处于绷紧状态或发生间歇性的剧烈抖动,即可判断有走锚可能。

25. C。锚泊船走锚的根本原因是外力大于锚泊力。具体讲走锚是由多种原因造成的,这些原因包括锚地底质不佳、出链长度不足、外力增大(大风、急流、浮冰等)以及偏荡运动等等。其中重要原因是剧烈的偏荡。

27. A。离泊准备:(1)离泊前,应实地观察风、流及泊位前后情况,前后有无动车余量、锚链方向及长度,系缆的角度及受力状态,以及泊位水域内来往船舶的动态。凡不适宜部分应做必要的调整。(2)制定离泊方案。应根据气象、潮汐、泊位特点、船舶动态、装载情况,按照本船实际操纵性能,正确决定离泊时机、离泊方案,并于出航前的会议上向有关人员进行布置。(3)如有拖船协助,应交代协助操纵方案,以便使其主动配合。(4)机舱试车前,驾驶员应到船尾察看系缆及推进器是否清爽,舷梯、吊杆及岸上装卸设备是否有碍,在确认无碍后方可试车。另外试舵、试声光信号,并按规定悬挂信号。(5)备车和拖船就位后再做单绑。使用倒缆摆首或甩尾时必须确保其强度,里档锚不应与码头护舷齐平,突出部位或触岸部位应垫好碰垫,等水面清爽时即可实施离泊操纵。

29. A。靠泊准备工作:船舶进港靠泊之前,应做好充分的准备工作,包括了解港口水域环境、水文气象条件以及本船的操纵性能等方面的信息;制订周密的靠泊操纵计划等。

32. C。靠泊操纵要领包括惯性余速、抵泊横距、抵泊方向、靠拢角度、靠拢速度等。

33. A。重载船舶的惯性余速应比压载船舶略低;压载船舶有横风影响时,惯性余速不宜过低;顺流时的惯性余速应比顶流时略低;横风较大时,船速不宜过低;顺风较大时,船速不宜过高;船舶在静水港内靠泊时比有流港控速、倒车及拖锚时机一般均早。

40. A。系单浮一般应取顶风或顶流方向驶向浮筒进行系浮操作。当船舶顺风或顺流进港抵达单浮时,可在浮筒下风或下游侧掉头或抛锚后再行顶风或顶流系浮筒;风流同时在时应参考泊位附近载重状态相近船舶的船首向,顶风流的合力方向驶近浮筒。

41. A。船舶系双浮筒时,应将两浮筒连线比作码头,顶风或顶流驶向上端浮筒,驶向上端浮筒的方法与系单浮筒时相同。系好船首浮筒后,船舶后退再系船尾浮筒。
42. A。无论顶流离还是顺流离均应解除下游端的所有缆绳,顶流端只留回头缆。用拖船向顶流方向沿 30°~50°方向起拖,以顶流端摆出两浮筒连线为度,然后解掉顶流端回头缆,进车做舵并保持船身与流向约成 20°(满载、流急时该角度不可过大),使船舶驶离浮筒连线。
43. A。拖锚制动距离与船舶的排水量、抛锚时船舶的余速、船体阻力、拖锚抓力,以及流速等诸多因素有关。

第十节 引航梯的布置方法和要求

2. A。对干舷为 9 m 以上的船舶,必须设置组合梯,其要求如下:(1)舷梯的设置应导向船尾,舷梯必须紧靠船舷侧,最大坡度不超过 45°,宽至少 600 mm,下端的平台必须保持水平,并离海面至少 5 m 以上,舷梯和平台两边均应装有立柱和坚固的栏杆;(2)软梯自舷梯下端平台还需向上延伸 2 m 以上,其中平台以上 1.5 m 的软梯必须紧靠船舷侧,软梯和该下端平台之间的水平距离应在 0.1 m 和 0.2 m 之间,引航员所需要攀爬的软梯长度在 1.5~9 m 之间。
5. B。根据引航员的要求,调整航向,通常将引航员梯或舷梯放在下风舷侧,以利用船体的遮蔽作用减小下风舷侧的风浪。在引航员上下船时,应保持航向和航速。

第十一节 恶劣天气下的船舶操纵

1. B。船舶的横摇周期和船宽、初稳心高度有关。
2. D。横摇大小主要取决于横摇周期 T_θ 与波浪遭遇周期 T_E 的比值:当 $T_\theta/T_E<1$ 时,横摇较快,很少上浪,但船体受惯性力大。当 $T_\theta/T_E>1$ 时,横摇较慢,角度不大,但甲板上浪较多。当 $T_\theta/T_E \approx 1$ 时,横摇最激烈,横摇角越摇越大,船舶横摇将出现最大横摇摆幅,严重时将导致船舶倾覆,这种现象称为谐摇。
3. B。减轻横摇的措施包括调整船舶的横摇周期,改变航向、航速以减轻横摇。但应注意:当 $\varphi=90°$ 或 270°,即正横受浪时,船舶横摇剧烈,仅改变航速是无效的,只有改变航向才能取得减轻横摇的效果。
5. B。影响纵摇摆幅的因素:(1)波长与船长之比。它对纵摇摆幅影响最大,当 $\lambda/L<3/4$,即 $L>1.3\lambda$ 时,纵摇角较小,船长越大,越趋平稳。$L \leq \lambda$ 纵摇摆幅急剧增大,正如小船遇长波,不论航速如何,无法避免纵摇。(2)纵摇周期 T_p 与波浪遭遇周期 T_E 的比值。当 $T_p/T_E<1$ 时,即船首迎长浪航行或航速很低,或顺浪航行时,船随波而摇,沿波面运动,纵摇摆幅较小;当 $T_p/T_E>1$ 时,即船首迎短浪航行或航速大时,纵摇较小;当 $T_p/T_E \approx 1$ 时,发生谐摇,纵摇激烈,容易发生打空车、甲板上浪或拍底现象。(3)船速。纵摇摆幅一般随航速增大而增大,但船长短,航速快时反而减小,$v \approx 0$ 时纵摇较小,船身以波浪周期纵摇。(4)航向。船舶顶浪航行,纵摇剧烈。(5)货载相对集中船首、尾时,纵摇激烈。

7. A。航行中甲板上浪,海水不易排出,打在甲板上的海水可看作是自由液面对稳性的影响;严寒时还会结冰,将使 GM 减小。同时,浪的冲击还会使甲板设备、上层建筑遭到破坏。特别是装有甲板货时,易造成货损和货物移动,将危及船舶安全。

8. C。甲板上浪与船首干舷高度、航速及波高等因素有关。船首干舷越低,波高越高,航速越高,上浪越厉害。因此,为了减少甲板上浪,首先要降低航速,其次是适当调整航向。

10. C。顺浪航行中,当船尾陷入波谷,而波速高于航速时,波浪打上船尾甲板,称为尾淹。顺浪航行时,船与浪的相对速度很小,波通过船的时间较长,尾上浪的机会越多。当 $\lambda \approx L$,即波速约等于航速时,尾淹最为激烈,且易打横。顺浪航行时,当船尾处于追波的前倾斜面时,会出现航向不稳定状态,甚至突然产生首摇而横于波浪中,称为打横。打横时船舶横摇激烈,将出现危险横倾,甚至倾覆。航速接近等于波速及航向稳定性较差的船容易出现打横。顺浪航行时,如出现尾淹、打横现象,应果断采取变速措施,使航速与波速产生较大差异;同时,应尽可能采取措施,以提高航向稳定性。

14. A。大风浪航行的准备工作包括确保水密,确保排水畅通,固定活动物体,确保船舶稳性,空船压载,做好应急准备,及时收听气象预报,接收气象传真图,分析沿途可能遇到的天气情况。

16. D。所谓滞航,是指以保持舵效的较低航速将风浪放在船首左或右舷 2~3 个罗经点方位上斜迎浪航行的操船方法。此时,船舶实际上多处于慢进状态,个别船由于轻载或受风面积较大等原因处于不进甚至是微退的状态。滞航有利于缓解船舶纵摇、横摇、拍底和甲板上浪等现象,滞航时容易保持船首对波浪的姿势,以等待海况好转。由于船首迎浪,不能完全避免拍底和甲板上浪。船长较长或船首干舷较高,且下风处海域不太充裕时,采用此法最为有利。滞航中采取的航速和航向,应根据风浪的变化进行调整,保持最佳的风浪舷角,保证有足够的舵效,有效控制首向,以免被打成横浪。

18. C。船舶停止主机随风浪漂流,称为漂滞。主机或舵发生故障将被迫漂滞。滞航中不能顶浪、顺航中保向性差以及船体衰老的船可采取主动漂滞。

19. A。顺航时,降低了波对船的相对速度,大大缓解波浪对船舶的冲击。而且,由于可以保持较高的航速有利于摆脱风浪区。

21. C。大风浪中掉头,当船身转至横浪时,若回转中的横倾与波浪引起的横倾相位一致,则过大的横倾角危及船舶的安全,并且横向受浪时,容易出现横摇谐摇。因此掉头时需仔细观察波浪的规律,选择适当时机掉头。一般情况下几个大浪过后,随着就有几个较小的浪。当前面一组的最后一个大浪刚刚过去就立即开始掉头,要抓紧海面比较平静的一段时间,度过横风横浪的危险阶段,并争取在下一组第一个大浪到来之前掉头完毕。

23. B。从气象变化来看,在北半球的操船者可根据下列方法进行判断:(1)风向右转,本船处于台风区的右半圆,称为危险半圆(南半球则为左半圆)。(2)风向左转,本船处于台风区的左半圆,称为可航半圆(南半球则为右半圆)。(3)风向无明显变化,本船可能处于台风路径附近。气压逐渐降低,本船处于台风的路径之前;气压逐渐升高,本船处于台风的路径之后。(4)无风、气压值最低,并可见晴天而海面呈现三角巨浪,则说明本船已处于台风眼内。

25. C。在北半球,台风路径的左半圆(可航半圆),风向与台风移动路径相反,风力比右半圆小,风向逐渐向左转变(逆时针方向),其危险性比右半圆小。处于可航半圆时,应使右尾受风驶离台风中心,直到风力由大变小,气压由低变高。如果下风方向有陆地或水域受限,无法驶离时,可以采取右首顶风滞航,以等待台风过境,随着台风中心的移动而避离台风区。

第十二节　船舶进出港操纵

4. D。根据引航员的要求,调整航向,通常将引航员软梯或舷梯放在下风舷侧,以利用船体的遮蔽作用减小下风舷侧的风浪。在引航员上下船时,应保持航向和航速。

第十三节　特殊水域操纵

4. B。在顺流中过弯,船舶应保持在航道中央,使船尾坐着流,沿着凹岸弯势依次操舵转过。顺流中速度不易控制,舵效比较迟钝,为保证顺利过弯;可以在抵弯曲水道以前提前停车减速行驶,在到达弯段时采用突然加车的操作,以提高舵效。

7. B。如下图所示,一旦用舵太迟、舵角过小或过早回舵,就会使船首内侧受流而外偏,此时,应迅速加车用舵纠正。

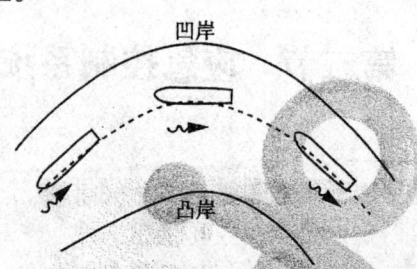

16. A。如不得不通过冰区,应正确选择适当的地点、时机和方法进入。(1)适当的地点:应选于冰原的下风侧,并应在舌状突出之间的较平坦处进入。其原因是,上风侧冰块密集,积层较厚,容易损坏船体,而下风处受浪影响较小。(2)适当的时机:应等待微风缓流或无流的高潮时进入。涨潮时冰易聚集、增厚,退潮时积冰碎裂,浮冰漂流快,因而对船舶不利。当涌浪较强或有 5 级以上横风时则不宜进入;当冰量在 6/10 以上、冰厚在 30 cm 以上时,应争取破冰船导航;冰量达 7/10 以上若无破冰船护航,不宜盲目进入。(3)适当的方法:进入时保持船首与边缘垂直,将抵冰缘的余速降至最低程度(3~5 kn),减小对船首柱的冲击力,并避免首侧旁板、船尾车舵受损;待船首顶住冰块时再逐渐增加车速,分割并推开冰块,驶向选好的航路。

18. B。一般编队时把船壳较弱、功率较小的船放在船队中部。

第二章 操舵控制系统

第一节 随动操舵系统

1. 随动操舵控制系统的特点有_____。
   ①转动舵轮可随之转出舵角;②舵轮停转,舵角不变;③舵轮转动角度(指针对应度数)与舵叶偏转的角度相等;④有舵角反馈发送器
   A. ①②④   B. ①③④
   C. ②③④   D. ①②③④

第二节 应急控制系统

1. 手柄操舵的基本方法是_____。
   ①左舵左扳;②右舵右扳;③到达所需舵角时,立即松开手柄
   A. ①②   B. ①③
   C. ②③   D. ①②③

2. 只有在_____的情况下才在舵机间使用应急操舵。
   A. 自动操舵失灵   B. 随动操舵失灵
   C. 自动舵和随动操舵失灵   D. 驾驶室不能进行操舵控制

第三节 自动舵的操舵转换方式

1. 各种类型自动操舵仪都应和罗经组合,并具有_____三种操舵方式。
   A. 自动、液压、应急   B. 随动、辅助、揿钮
   C. 应急、电动、机械   D. 自动、随动、非随动

2. 在使用自动舵时,在下列哪些情况下应转换成人工操舵?
   ①在避让时和雾航时;②大风浪航行时;③狭水道航行时;④航行于渔区,礁区等复杂海区时
   A. ①②③④   B. ②③④
   C. ①②④   D. ①②③

3. 在下列哪些情况下应将自动舵转为人工操舵?

①避让和雾航时；②备车进出港航行时；③大风浪中；④过转向点时
A．①②③ B．②③④
C．①③④ D．①②③④

第四节　使用自动舵的注意事项

1. 使用自动舵航行时应_____检查手操舵装置一次。
   A．至少每 8 小时 B．每 1 小时
   C．每天 D．每个航行班次

2. 使用自动舵应进行适当的设置,其中偏航报警设定值是_____。
   A．操舵舵角的最大值 B．偏离航向的最大值
   C．船舶航速的最大值 D．偏航角速度的最大值

3. 使用自动舵期间,负责航行值班的高级船员应确保_____。
   ①自动舵正操作在正确的航向上；②自动舵至少每班手动测试一次；③使舵工就位并及时改为手动操舵以使潜在危险局面转危为安的必要性；④使用自动舵航行期间,值班驾驶员可以是唯一瞭望人员
   A．①②③④ B．③④
   C．①② D．①②③

4. 关于自动舵的使用下列说法错误的是_____。
   A．使用自动舵必须根据航区、海况和气象等条件决定
   B．船长或值班驾驶员可以随时下令改用手操舵,操舵水手必须坚决执行
   C．操舵水手可以自己决定将手操舵转换为自动舵
   D．操舵水手和驾驶员应正确和熟练的进行自动舵与手操舵的转换操作

第一节　随动操舵系统

1. D

第二节　应急控制系统

1. D 2. D

第三节　自动舵的操舵转换方式

1. D 2. A 3. D

第四节　使用自动舵的注意事项

1. D　2. B　3. D　4. C

答案解析

第一节　随动操舵系统

1. D。随动操舵系统:当操舵者发出舵角指令时,不仅可使舵叶按指定方向转动,而且在舵叶转到指令舵角后还能自动停止操舵系统。

第三章

国际海上避碰规则

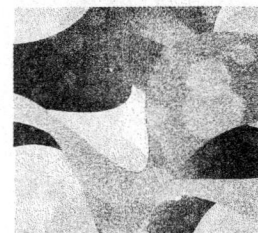

第一节　适用范围

1.《国际海上避碰规则》适用的水域是指_____。
   A. 海洋
   B. 与海洋连接的并可供海船航行的一切水域
   C. 公海以及与公海相连接并可供海船航行的一切水域
   D. 连接于公海,并可供海船航行的一切感潮水域

2.《国际海上避碰规则》适用于_____。
   A. 船舶能够到达的一切水域
   B. 领海,并与之相连接的内河、江海、湖泊、港口、港外锚地以及一切内陆水域
   C. 公海以及与公海相连接并可供海船航行的一切水域
   D. 可供海船航行的一切水域

3.《国际海上避碰规则》适用的船舶是指_____。
   A. 在公海上的一切船舶
   B. 在公海以及连接公海而可供海船航行的一切水域中的在航船舶和锚泊船
   C. 除内河船舶之外的任何船舶
   D. 在公海以及连接公海可供海船航行的一切水域中的一切船舶

4.《国际海上避碰规则》除适用于公海之外,还适用于_____。
   A. 沿海水域
   B. 领海,并与之相连接的内河、江海、湖泊、港口、港外锚地以及一切内陆水域
   C. 港口当局所管辖的一切水域
   D. 与公海相连接、可供海船航行的一切水域

5.《国际海上避碰规则》适用的船舶包括_____。
   ①在水面航行的水上飞机;②超低空飞行的飞机;③拖航中的钻井平台
   A. ①　　　　　　　　　　　　　B. ②
   C. ①③　　　　　　　　　　　　D. ①②③

6.《国际海上避碰规则》适用于_____。
   A. 公海

B. 公海和与公海相连接并可供海船航行的一切水域

C. 国家主权管辖以外的任何水域

D. 一切水域

7. 下列哪一种船舶应执行《国际海上避碰规则》驾驶和航行规则?

　A. 在海面超低空飞行的水上飞机　　B. 脱离水面处于非排水状态下的气垫船

　C. 在海面以下潜行的潜水艇　　　　D. 在船坞修理的海船

8. 下述哪一项不正确?

　①在战争时期,军用舰艇可以不执行《国际海上避碰规则》的任何规定;②在执行公务时,政府公务船可以不执行《国际海上避碰规则》的任何规定;③军用舰艇和政府公务船在本国领海内不受《国际海上避碰规则》规定的约束

　A. ③　　　　　　　　　　　　　　B. ②③

　C. ①②　　　　　　　　　　　　　D. ①②③

9. 在《国际海上避碰规则》适用的水域内,下列哪种船舶需执行《国际海上避碰规则》?

　①政府公务船;②军舰;③渔船

　A. ①　　　　　　　　　　　　　　B. ①②

　C. ②　　　　　　　　　　　　　　D. ①②③

10. 在《国际海上避碰规则》适用的水域内,下列哪种船舶无须执行《国际海上避碰规则》?

　①在海面以下潜航的潜水艇;②战争发生时的军舰;③搁浅的船舶

　A. ①　　　　　　　　　　　　　　B. ①②

　C. ①②③　　　　　　　　　　　　D. ①③

11. 以下哪种船舶不适用《国际海上避碰规则》?

　A. 战争中的军舰　　　　　　　　　B. 执行公务的政府公务船

　C. 我国的非机动船　　　　　　　　D. 引航船

12. 关于《国际海上避碰规则》适用的水域,下列说法错误的是_____。

　A. 不限于公海和各沿海国家的领海

　B. 包括各沿海国家的海港水域

　C. 包括可供海船航行的内河

　D. 不包括内陆湖泊,即使该湖泊与海连通并可供海船航行

13. 关于《国际海上避碰规则》的适用范围,下列说法正确的是_____。

　A. 不适用内河(可供海船航行)航行的内河船舶

　B. 在适用水域内,适用范围不限于海船

　C. 不包括适用水域内的内河船舶

　D. 仅适用于海船的避碰,但不适用海船与内河船之间的避碰

14. 我国的非机动船在我国管辖海上水域航行时,应遵守_____。

　A.《国际海上避碰规则》

　B. 享有航行的自由,无须遵守任何规则

　C.《中华人民共和国非机动船舶海上安全航行暂行规则》

　D. 根据海员通常做法航行即可

15. 在我国管辖的水域内,我国的哪种船舶可免受《国际海上避碰规则》的约束?
    A. 政府公务船在执行公务时　　　　B. 从事捕鱼的船舶
    C. 我国的非机动船　　　　　　　　D. 自航式钻井平台

16. 《中华人民共和国非机动船舶海上安全航行暂行规则》中的非机动船是指_____。
    A. 使用人力的船舶　　　　　　　　B. 使用人力、风力的船舶
    C. 使用人力、拖力的船舶　　　　　D. 使用人力、风力、拖力的船舶

17. 属于《中华人民共和国非机动船舶海上安全航行暂行规则》所指非机动船的是_____。
    A. 划桨船　　　　　　　　　　　　B. 机帆并用船舶
    C. 一船主机故障处于被拖航中　　　D. 一船主机故障后停车漂航

18. 根据我国加入避碰规则公约时的保留,我国非机动船在我国海上水域航行时_____。
    ①免受《国际海上避碰规则》约束;②不应妨碍机动船舶;③应给机动船舶让路;④免受任何规则约束
    A. ①②③④　　　　　　　　　　　B. ②③④
    C. ①　　　　　　　　　　　　　　D. ②③

19. 在某国制定有地方规则的港口水域航行的船舶应遵守_____。
    A. 《国际海上避碰规则》
    B. 该国有关主管机关制定的地方规则
    C. 《国际海上避碰规则》或地方规则
    D. 《国际海上避碰规则》,但《国际海上避碰规则》与地方规则不一致时,应优先遵守地方规则

20. 在我国沿海某港口水域航行的船舶应遵守_____。
    A. 《国际海上避碰规则》
    B. 该港的港章
    C. 除遵守该港的港章外,还应遵守《国际海上避碰规则》
    D. 船员根据需要选择遵守《国际海上避碰规则》或港章

21. 你船到达一国港外锚地,发现该国港外锚地的相关规定与《国际海上避碰规则》相冲突,则你船应怎么办?
    A. 执行该国港外锚地的相关规定
    B. 执行《国际海上避碰规则》
    C. 综合该港外锚地规则与《国际海上避碰规则》,折中执行
    D. 不执行任何规则

22. 有关主管机关可在_____水域制定特殊规定。
    ①江河;②湖泊;③内陆水道;④领海、毗连区
    A. ①②　　　　　　　　　　　　　B. ①③
    C. ①②③　　　　　　　　　　　　D. ①②③④

23. 有关主管机关可在_____水域制定特殊规定。
    ①港口;②港外锚地;③内陆水道;④专属经济区
    A. ①②　　　　　　　　　　　　　B. ①③
    C. ①②③　　　　　　　　　　　　D. ①②③④

24. 有关主管机关可在_____制定特殊规定。
   A. 沿海水域,包括毗连区和专属经济区
   B. 领海及毗连区
   C. 有关主管机关确定的水域,包括毗连区和专属经济区
   D. 港口、江河、湖泊、港外锚地和内陆水道

25. 关于特殊的避碰规则或规定,下列说法正确的是_____。
   ①必须由沿海国政府统一制定;②可由某水域的主管机关制定;③必须由IMO统一制定;④特殊的避碰规则或规定不适用外籍船舶
   A. ①③   B. ②
   C. ①③④   D. ②③④

26.《国际海上避碰规则》不妨碍各国政府为_____制定额外的队形灯、信号灯或号型。
   A. 军舰及护航下的船舶
   B. 结队从事捕鱼的渔船
   C. 军舰及护航下的船舶或结队从事捕鱼的渔船
   D. 特殊构造或用途的船舶

27.《国际海上避碰规则》不妨碍各国政府为_____制定额外的队形灯、信号灯、笛号或号型。
   A. 军舰及护航下的船舶
   B. 结队从事捕鱼的渔船
   C. 军舰及护航下的船舶或结队从事捕鱼的渔船
   D. 特殊构造或用途的船舶

28.《国际海上避碰规则》不妨碍_____为军舰及护航下的船舶制定额外的队形灯、信号灯、笛号或号型。
   A. 有关的主管机关   B. IMO授权的组织
   C. 各国政府   D. 船级社

29.《国际海上避碰规则》不妨碍各国政府为军舰及护航下的船舶和结队从事捕鱼的渔船制定额外的队形灯、信号灯或号型,这些额外的队形灯、信号灯、号型应_____。
   A. 尽可能与规则规定的信号、号灯或号型一致
   B. 在结构和设置方面应符合《国际海上避碰规则》附录的有关要求
   C. 可以任意设置
   D. 尽可能不致被误认为《国际海上避碰规则》其他条文所规定的任何号灯、号型或信号

30. 对某种特殊构造和用途的船舶所制定的有关号灯、号型的数量、位置、能见距离等的另行规定,应_____。
   A. 尽可能符合《国际海上避碰规则》的规定
   B. 尽可能不致被误认为《国际海上避碰规则》其他条文的规定
   C. 不受《国际海上避碰规则》的限制
   D. 根据实际需要自行确定

31. 关于特殊构造或用途船舶的特殊规定,下列哪项正确?
   A. 各国主管机关有权制定

B. 各国政府有权制定
C. 各国政府必须得到 IMO 的授权才能制定
D. 各国主管机关必须得到 IMO 的授权才能制定

32. 某国在其沿海水域制定的分道通航制,如 IMO 未采纳,则下列哪些说法是正确的?
①《规则》第 10 条不适用该分道通航制;②《规则》各条均不适用该分道通航制;③船舶不必遵守该分道通航制的任何规定;④该分道通航制的管理规定不适用国际航行船舶
   A. ①   B. ①②
   C. ②③④   D. ④

33. 某国在其沿海水域制定的分道通航制,如 IMO 已采纳,则下列哪些说法是正确的?
①《规则》第 10 条适用该分道通航制;②主管机关不应为该分道通航制制定任何特殊避碰规定;③主管机关为该分道通航制制定任何规定,不应妨碍《规则》第 10 条的实施;④船舶仍应遵守主管机关为该分道通航制制定的有关规定
   A. ①   B. ①④
   C. ①③   D. ②④

第二节 责任

1. 《国际海上避碰规则》各条不免除_____的疏忽所产生的各种后果的责任。
①船舶所有人;②船长;③船员
   A. ①②③   B. ①②
   C. ①③   D. ②③

2. 《国际海上避碰规则》第 2 条责任条款适用的对象是_____。
①任何船舶;②船舶所有人;③船长和/或船员;④船舶代理人
   A. ①②③④   B. ①②③
   C. ①③④   D. ①②④

3. 因船员对海员通常做法要求的戒备的疏忽而导致碰撞事故的发生,则根据责任条款,下列说法正确的是_____。
   A. 船长不承担任何责任
   B. 船东不承担任何责任
   C. 当时船员承担一切责任
   D. 当事船员、船长、船舶所有人均应对碰撞后果承担相应的责任

4. 《国际海上避碰规则》责任条款中关于疏忽的规定适用对象,下列说法正确的是_____。
   A. 船舶或船舶所有人如果没有过错,则不适用
   B. 船长如果不在驾驶台或没有过错,则不适用
   C. 仅适用于当事海员
   D. 适用于船舶或者船舶所有人、船长或船员

5. 《国际海上避碰规则》各条不免除_____的疏忽所产生的各种后果的责任。
①船舶所有人;②船长;③船舶;④船员

A. ①②③   B. ①②④
C. ②③④   D. ①②③④

6. 某船对号灯损坏未发现或未及时发现,而导致碰撞,应属于哪种疏忽?
   A. 对遵守《国际海上避碰规则》条款的疏忽
   B. 对海员通常做法可能要求任何戒备上的疏忽
   C. 对当时特殊情况可能要求的任何戒备上的疏忽
   D. 不属于规则所指的疏忽

7. 船舶在航行中,值班驾驶员忙于定位,在海图室停留时间太长,以致发现来船太晚而避让不及,发生碰撞事故,是属于＿＿＿＿。
   A. 对遵守《国际海上避碰规则》条款的疏忽
   B. 对海员通常做法可能要求任何戒备上的疏忽
   C. 对特殊情况可能要求的任何戒备上的疏忽
   D. 一种特殊情况

8. 在雾中航行,未进行雷达标绘或与其相当的系统观测,是属于＿＿＿＿。
   A. 对遵守《国际海上避碰规则》条款的疏忽
   B. 对海员通常做法可能要求任何戒备上的疏忽
   C. 对特殊情况可能要求的任何戒备上的疏忽
   D. 一种通常做法

9. 在雾中,仅把雷达放在 12 海里挡,而未发现近距离来船,是属于＿＿＿＿。
   A. 对遵守《国际海上避碰规则》条款的疏忽
   B. 对海员通常做法可能要求任何戒备上的疏忽
   C. 对特殊情况可能要求的任何戒备上的疏忽
   D. 遵守规则的做法

10. 在采取避让行动时,对航向做了一连串的小变动的做法,是属于＿＿＿＿。
    A. 对遵守《国际海上避碰规则》条款的疏忽
    B. 对海员通常做法可能要求任何戒备上的疏忽
    C. 对特殊情况可能要求的任何戒备上的疏忽
    D. 一种良好船艺的做法

11. 在狭水道内,企图追越的船在鸣放追越声号后,未听到被追越船的声号而强行追越,这是属于＿＿＿＿。
    A. 对遵守《国际海上避碰规则》条款的疏忽
    B. 对海员通常做法可能要求任何戒备上的疏忽
    C. 对特殊情况可能要求的任何戒备上的疏忽
    D. 遵守规则的正常做法

12. 能见度不良时锚泊船没有注意他船的动态,没有鸣放相应的雾号,是属于＿＿＿＿。
    A. 对遵守《国际海上避碰规则》条款的疏忽
    B. 对海员通常做法可能要求任何戒备上的疏忽
    C. 对特殊情况可能要求的任何戒备上的疏忽

D. 一种通常做法

13. 在雾中,船舶未鸣放规定的雾号,是属于_____。
    A. 对遵守《国际海上避碰规则》条款的疏忽
    B. 对海员通常做法可能要求的任何戒备上的疏忽
    C. 对特殊情况可能要求的任何戒备上的疏忽
    D. 视周围是否有他船而定

14. 直航船未鸣放"五短声"怀疑警告声号,即独自采取操纵行动,以避免碰撞的做法,属于_____。
    A. 对遵守《国际海上避碰规则》条款的疏忽
    B. 对海员通常做法可能要求的任何戒备上的疏忽
    C. 对特殊情况可能要求的任何戒备上的疏忽
    D. 该做法并无违背《国际海上避碰规则》之处,是符合通常做法的

15. 直航船在发觉单凭让路船采取行动已不能避免碰撞时,直航船仍保速保向消极等待的做法,是属于_____。
    A. 对遵守《国际海上避碰规则》条款的疏忽
    B. 对海员通常做法可能要求的任何戒备上的疏忽
    C. 对特殊情况可能要求的任何戒备上的疏忽
    D. 遵守规则的做法

16. 某轮在能见度不良的水域中航行,没有将主机做好随时操纵的准备而导致碰撞,其行为是_____。
    A. 对遵守《规则》各条的疏忽
    B. 对海员通常做法可能要求的任何戒备上的疏忽
    C. 对特殊情况可能要求的任何戒备上的疏忽
    D. 船长和驾驶员责任性太差

17. 在避让过程中,驾驶员相互交接班的做法,是_____。
    A. 对遵守《国际海上避碰规则》条款的疏忽
    B. 对海员通常做法可能要求的任何戒备上的疏忽
    C. 对特殊情况可能要求的任何戒备上的疏忽
    D. 一种正常行为

18. 在狭水道航行或在进出港时未备车备锚,是属于_____。
    A. 对遵守《国际海上避碰规则》条款的疏忽
    B. 对海员通常做法可能要求的任何戒备上的疏忽
    C. 对特殊情况可能要求的任何戒备上的疏忽
    D. 遵守港章的疏忽

19. 在避让中采用自动舵进行避让,这样的做法是属于_____。
    A. 对遵守《国际海上避碰规则》条款的疏忽
    B 对海员通常做法可能要求的任何戒备上的疏忽
    C. 对特殊情况可能要求的任何戒备上的疏忽

D. 为保持正规瞭望的正确做法

20. 对舵令不复诵,不核对的做法,是属于_____。
    A. 对遵守《国际海上避碰规则》条款的疏忽
    B. 对海员通常做法可能要求的任何戒备上的疏忽
    C. 对特殊情况可能要求的任何戒备上的疏忽
    D. 遵守驾驶台规则的疏忽

21. 在不了解周围环境的情况下进行交接班的做法,是属于_____。
    A. 对遵守《国际海上避碰规则》条款的疏忽
    B. 对海员通常做法可能要求的任何戒备上的疏忽
    C. 对特殊情况可能要求的任何戒备上的疏忽
    D. 遵守值班规则的疏忽

22. 船长和船舶的驾驶员对本船的船舶操纵性能不了解,是属于_____。
    A. 对遵守《国际海上避碰规则》条款的疏忽
    B. 对海员通常做法可能要求的任何戒备上的疏忽
    C. 对特殊情况可能要求的任何戒备上的疏忽
    D. 一种特殊情况

23. 在强风强流中没有远离他船舶抛锚,并未送出足够的链长而导致走锚与他船发生碰撞,是属于_____。
    A. 对遵守《国际海上避碰规则》条款的疏忽
    B. 对海员通常做法可能要求的任何戒备上的疏忽
    C. 对特殊情况可能要求的任何戒备上的疏忽
    D. 不属于规则所指的疏忽

24. 下列情况中属于对当时特殊情况可能要求的任何戒备上的疏忽的是_____。
    A. 没按规定鸣放声号   B. 夜间不保持正规瞭望
    C. 没想到他船可能背离规则   D. 在不了解周围情况下交接班

25. 在狭水道或通航密度大的水域中行驶,与其他两船同时构成碰撞危险这种情况缺乏戒备是属于_____。
    A. 对遵守《国际海上避碰规则》条款的疏忽
    B. 对海员通常做法可能要求的任何戒备上的疏忽
    C. 对特殊情况可能要求的任何戒备上的疏忽
    D. 不适用规则的特殊情况

26. 对主机、舵机、操舵系统突然故障缺乏戒备是属于_____。
    A. 对遵守《国际海上避碰规则》各条的疏忽
    B. 对海员通常做法可能要求的任何戒备上的疏忽
    C. 对特殊情况可能要求的任何戒备上的疏忽
    D. 不属于规则所指的疏忽

27. 背离《国际海上避碰规则》的条件是_____。
    ①危险确实存在;②危险必须是紧迫的;③背离是合理的

A.①② B.①②③
C.②③ D.①③

28. 关于"背离"的说法哪些是正确的?
①是违反《规则》;②是《规则》灵活性的体现;③是《规则》所期望的
A.① B.①②
C.③ D.①②③

29. 下列关于"背离"的说法中正确的是_____。
A."背离"《规则》实际就是可以不遵守《规则》的规定
B."背离"《规则》是有严格的条件限制的
C. 只要未发生碰撞,任何背离《规则》都是合理的
D. 只要存在碰撞危险,就可以背离《规则》

30. 为避免紧迫危险,船舶可以背离_____。
A.《规则》所有条款的规定
B. 仅仅是《规则》中有关船舶航行规则和采取避碰行动的强制性规定
C. 除号灯、号型、声响和灯光信号外,《规则》的其他任何条款
D. 有时也可背离海员通常做法

31. 船舶可以背离《国际海上避碰规则》以避免的危险包括_____。
①航行中的紧迫危险;②与他船碰撞的紧迫危险;③与他船的碰撞危险
A.① B.②③
C.①② D.①②③

32. 船舶需要考虑背离《国际海上避碰规则》采取行动以避免紧迫危险的因素或情况包括_____。
①航行的危险;②碰撞的危险;③本船的限制条件
A.① B.②③
C.①② D.①②③

33. 船舶需要考虑背离《国际海上避碰规则》采取行动以避免紧迫危险的情况包括_____。
①同时有多船会遇并构成碰撞危险;②他船背离规则采取行动;③临近的碍航物
A.① B.②③
C.①② D.①②③

34. 根据"责任"条款规定,船舶应当考虑可能导致背离《规则》采取行动的危险包括_____。
①搁浅的危险;②触礁的危险;③倾覆的危险;④碰撞的危险
A.①② B.①②③
C.①②③④ D.④

35. 根据"责任"条款规定,关于船舶应当考虑的可能导致背离《规则》采取行动的危险和特殊情况,下列哪项说法是正确的?
A. 包括当事船舶的条件限制在内 B. 指同时存在特殊情况和紧迫危险
C. 仅限于紧迫危险 D. 不包括碰撞的危险

36. "背离规则"采取行动的目的是_____。

A. 避免碰撞危险的形成　　　　　B. 避免紧迫局面的形成
C. 避免紧迫危险　　　　　　　　D. 避免两船的行动的不协调

37. "背离规则"采取行动的目的是_____。
A. 避免碰撞危险　　　　　　　　B. 避免紧迫局面
C. 避免紧迫危险　　　　　　　　D. 协议避让

38. 为避免紧迫危险，船舶可以背离_____。
A.《规则》所有各条
B. 除号灯、号型、声响和灯光信号外,《规则》的其他任何各条
C.《规则》有关避碰行动的规定的各条
D. 国际避碰规则与地方规则各条规定

39. 为避免紧迫危险,船舶通常不可以背离_____。
①瞭望条款；②有关号灯、号型、声响和灯光信号的规定；③安全航速条款
A. ①②　　　　　　　　　　　　B. ①②③
C. ②③　　　　　　　　　　　　D. ①③

40. 为避免紧迫危险,船舶通常不可以背离_____。
①碰撞危险条款；②互见中的行动规则；③有关号灯、号型、声响和灯光信号的规定
A. ①②　　　　　　　　　　　　B. ①②③
C. ②③　　　　　　　　　　　　D. ①③

41. 船舶在"背离规则"采取行动时应当考虑_____。
①运用良好的船艺；②采取的行动应是有效的合理的；③背离规则的行动是必要的；④积极及早地采取行动
A. ①②③④　　　　　　　　　　B. ③④
C. ①②　　　　　　　　　　　　D. ①②③

第三节　一般定义

1. 一艘正在用机器慢速推进且在用曳绳钓捕鱼的船,属于_____。
A. 操纵能力受到限制的船　　　　B. 从事捕鱼的船
C. 在航机动船　　　　　　　　　D. 从事捕鱼的船或机动船

2. 下列哪种船不属于"一般定义"上的船舶？
A. 离开水面一段距离飞行的地效船　　B. 离开水面飞行的水上飞机
C. 处于排水状态的气垫船　　　　D. 排筏

3. 《国际海上避碰规则》第3条"一般定义"中提及的"机动船"一词应是指_____。
A. 用机器推进的任何船舶　　　　B. 任何装有推进器的船舶
C. 任何正在用机器推进的船舶　　D. 任何可用机器推进的船舶

4. "从事捕鱼的船舶"是指使用_____从事捕鱼的船舶。
A. 网具、绳钓、拖网或其他使其操纵性能受到限制的渔具
B. 任何渔具

C. 网具、曳绳钓、拖网或其他渔具
D. 任何妨碍其他船舶的渔具

5. "水上飞机"包括_____。
①为能在水面操纵而设计的任何航空器；②气垫船；③地效船
A. ①　　　　　　　　　　　　B. ①③
C. ②③　　　　　　　　　　　D. ①②③

6. 地效船是指_____。
A. 所有贴近水面航行的船舶
B. 所有贴近水面航行的非排水船舶
C. 其主要操作方式是利用表面效应贴近水面飞行的各种船艇
D. 利用表面效应贴近水面飞行的各种船艇

7. 在《规则》第3条"一般定义"中,"船舶"一词包括_____。
①政府公务船；②军舰；③非排水船舶；④地效船
A. ①②③④　　　　　　　　　B. ①②③
C. ①②　　　　　　　　　　　D. ①

8. 在《规则》第3条"一般定义"中,"船舶"一词包括_____。
①海船；②内河船；③非机动船；④非商业用途的私人游艇
A. ①　　　　　　　　　　　　B. ①②
C. ①②③　　　　　　　　　　D. ①②③④

9. 《国际海上避碰规则》第3条"一般定义"中提及的"机动船"一词应是指_____。
A. 用机器推进的任何船舶
B. 除失去控制的船舶、操纵能力受到限制的船舶、从事捕鱼的船舶以外任何装有推进器的船舶
C. 除失去控制的船舶、操纵能力受到限制的船舶、从事捕鱼的船舶以外任何使用推进器的船舶
D. 除失去控制的船舶、操纵能力受到限制的船舶、从事捕鱼的船舶以外用机器推进的任何船舶

10. 某船用帆行驶,同时用机器推进,并使用曳绳钓捕鱼,该船属于《国际海上避碰规则》所指的_____。
A. 在航帆船　　　　　　　　　B. 在航机帆船
C. 在航机动船　　　　　　　　D. 从事捕鱼船舶

11. "从事捕鱼的船舶"包括_____。
①所有渔船；②正在从事拖网作业的渔船；③所有正在捕鱼的渔船
A. ①③　　　　　　　　　　　B. ②
C. ②③　　　　　　　　　　　D. ①②③

12. "水上飞机"一词_____。
A. 包括在水面上操纵的飞机
B. 是指在水面上操纵的任何航空器

C. 包括为能在水面操纵而设计的任何航空器

D. 是指在水面上的为能在水面操纵而设计的任何航空器

13. 什么情况下地效船应视为"一般定义"中的船舶?

①在贴近水面起飞;②在贴近水面降落;③贴近水面掠水飞行

A. ①② B. ②③

C. ①②③ D. ②

14. 失去控制的船舶是指由于_____而不能按本规则要求进行操纵,因而不能给他船让路的船舶。

A. 工作性质 B. 操纵性能受限

C. 某种异常情况 D. 不论任何原因

15. 操纵能力受到限制的船舶是指由于_____使其按照本规则条款的要求进行操纵的能力受到限制,因而不能给他船让路的船舶。

A. 某种异常情况 B. 工作性质

C. 操纵性能不良 D. 任何原因

16. 限于吃水的船舶是指由于吃水和可航水域的水深及宽度的关系,致使其驶离航向的能力严重地受到限制的_____。

A. 船舶 B. 机动船

C. 深吃水船 D. 在航船舶

17. 失去控制的船舶是指由于某种异常情况,_____的船舶。

A. 不能按本规则要求进行操纵,因而不能给他船让路

B. 驶离其航向的能力严重受到限制

C. 按照本规则条款的要求进行操纵的能力受到限制,因而不能给他船让路

D. 不能按本规则条款的要求进行操纵

18. 船舶在航中遇到下列哪种情况不能视作失去控制的船舶?

A. 主机损坏,失去动力 B. 舵机损坏,无法保持航向

C. 船舶遇到大风浪 D. 帆船处于无风遇急流

19. 失去控制的船舶存在于_____。

A. 锚泊中 B. 搁浅中

C. 在航中 D. 锚泊或在航中

20. 船舶处于下列哪种情况下属于失去控制的船舶?

A. 自动操舵系统发生故障,而正在使用"应急舵"的船舶

B. 罗经、雷达等导航设备均处于无法正常使用的船舶

C. 船上发生火灾,正在按灭火要求进行操纵时

D. 船舶正在从事疏浚航道

21. 操纵能力受到限制的船舶是指由于工作性质,使其_____的船舶。

A. 驶离其航向的能力严重受到限制

B. 按照本规则条款的要求进行操纵的能力受到限制,因而不能给他船让路

C. 按照本规则条款的要求进行操纵的能力受到限制

D. 不能按照本规则条款的要求进行操纵,因而不能给他船让路

22. 下列船舶中可能不属于操纵能力受到限制的船舶的是_____。
    A. 正在从事拖带作业船　　　　　　B. 正在从事清除水雷作业船
    C. 正在从事疏浚作业船　　　　　　D. 正在从事水下作业的船舶

23. 操纵能力受到限制的船舶包括_____。
    A. 正在从事拖带作业的船舶　　　　B. 在航中从事补给的船舶
    C. 限于吃水的船舶　　　　　　　　D. 失火中的船舶

24. 下列各船中,哪一种是操纵能力受到限制的船舶?
    A. 正在从事拖带作业的船舶
    B. 在航中正在转运人员的船舶
    C. 限于吃水的船舶
    D. 正在接送有关人员上锚泊船进行检验的船舶

25. 限于吃水的船舶是指由于吃水和可航水域的水深及宽度的关系,致使其_____的机动船。
    A. 操纵性能受到限制
    B. 驶离航向的能力严重地受到限制
    C. 驶离航向的能力严重地受到限制,因而不能给他船让路
    D. 使其不能按照本规则条款的要求进行操纵

26. 限于吃水的船舶的驶离航向的能力之所以严重受到限制是由于_____。
    A. 吃水太深　　　　　　　　　　　B. 吃水与可航水域的水深的关系
    C. 吃水与可航水域的宽度的关系　　D. 吃水与可航水域的水深与宽度的关系

27. 判断一船是否为限于吃水的船舶的依据是_____。
    A. 船舶的长度　　　　　　　　　　B. 船舶的吨位
    C. 船舶的吃水　　　　　　　　　　D. 船舶驶离所驶航向的能力

28. 下列哪项不属于"失控船"?
    A. 主机发生故障　　　　　　　　　B. 舵叶严重损坏
    C. 锚泊船走锚后,但主机尚未备妥之前　D. 自动舵故障

29. "在航"一词,指船舶_____。
    A. 不在系泊中或锚泊中　　　　　　B. 正常航行中
    C. 不在锚泊、系岸或搁浅　　　　　D. 对水移动

30. 《国际海上避碰规则》定义的船舶"长度"是指_____。
    A. 船舶水线处的长度　　　　　　　B. 载重线证书中登记的长度
    C. 总长度　　　　　　　　　　　　D. 垂线间长

31. 下列情况中的船舶,属于在航的是_____。
    A. 用锚掉头中的船舶　　　　　　　B. 与另一锚泊船并靠中的船舶
    C. 船底部分坐浅海底的船舶　　　　D. 第一根缆已带上码头的船舶

32. 走锚中的船属于_____。
    A. 锚泊　　　　　　　　　　　　　B. 在航
    C. 操纵能力受到限制的船舶　　　　D. 搁浅

33. 下列情况中的船舶,不属于在航的是_____。
    A. 停车并已不对水移动   B. 与另一锚泊船并靠中的船舶
    C. 走锚中的船舶   D. 起浮后的搁浅船

34. 《国际海上避碰规则》定义的船舶"长度"是指_____。
    A. 两柱间长   B. 夏季载重水线长度
    C. 最大载重水线长度   D. 总长度

35. 《国际海上避碰规则》定义的船舶"宽度"是指_____。
    A. 船舶重心处的横向宽度   B. 最大宽度
    C. 登记宽度   D. 船中处水线面宽度

36. 下列哪种情况属于互见?
    ①一船能用望远镜看到他船时;②雾中两船接近到一船能看到另一船;③能见度不良时,两船接近到相互看见时
    A. ①②   B. ①②③
    C. ②③   D. ①③

37. 互见的定义是_____。
    A. 两船以视觉相互看到时,应认为两船在互见中
    B. 两船能以视觉相互看到时,应认为两船在互见中
    C. 两船中一船能自他船以视觉看到时,应认为两船在互见中
    D. 两船中一船能自他船以视觉看到模糊轮廓时,应认为两船在互见中

38. 下列哪种情况不属于互见?
    A. 一船能用望远镜看到他船时
    B. 在雾中一船能看到另一船的前后桅灯、舷灯
    C. 能见度不良时,两船接近到相互看见时
    D. 一船仅通过 VHF、AIS 得到他船动态

39. 下列哪种情况属于互见?
    A. 一船能用雷达测得他船时
    B. 一船能用望远镜看到他船时
    C. 能见度不良时,一船听到他船的雾号时
    D. 一船仅通过 VHF、AIS 得到他船动态

40. 互见存在于_____。
    A. 能见度良好的情况   B. 能见度不良的情况
    C. 任何能见度情况   D. 良好的天气条件中

41. 能见度不良是指包括_____等原因使能见度受到限制的情况。
    ①雾;②来自岸上的烟雾;③伸手不见五指的黑夜
    A. ①   B. ①②
    C. ①②③   D. ①③

42. 下列说法哪项不正确?
    A. 当一船能被他船以视觉看到时,通常应认为两船是在互见中

B. 当小船能发现大船的灯光,而大船不能看到小船灯光时不能认为是互见
C. "互见"并不以相互看见为必备条件
D. "互见"也包括用雷达瞭望到他船

第四节 号灯与号型

1. 号灯和号型可在一定程度上用来表示_____。
   ①船舶的大小;②船舶的种类;③船舶的动态;④船舶的工作性质
   A. ①②③④   B. ①②③
   C. ①②   D. ①

2. 号灯和号型不能用来表示_____。
   ①船舶的实际吃水大小;②船舶的实际航向、航速;③船舶正在进行的作业
   A. ①②   B. ②③
   C. ①②③   D. ①③

3. 在显示号灯时间内,不应显示的灯光,是指_____。
   ①会被误认为是本规则订明的灯光;②会削弱号灯能见距离或显著特性的灯光;③会妨碍正规瞭望的灯光
   A. ①   B. ①②
   C. ②③   D. ①②③

4. 有关"号型的作用",下列说法中错误的是_____。
   A. 表明船舶的工作性质   B. 能判明是否存在碰撞危险
   C. 判断一船的动态   D. 判断一船的种类

5. 白天能见度不良时,船舶应_____。
   A. 只显示规定的号型   B. 显示规定的号灯或号型
   C. 显示规定的号型,也可显示规定的号灯 D. 显示规定的号灯和号型

6. 应同时显示号灯、号型的时机是_____。
   ①晨昏朦影;②能见度不良的白天;③能见度良好的夜间;④月光明亮的夜间
   A. ①   B. ①②
   C. ①②③   D. ①②④

7. 白天在能见度不良水域航行时_____。
   ①应打开航行灯;②可视需要开启航行灯;③应显示号型;④可视需要显示号型
   A. ①③   B. ②③
   C. ①④   D. ②④

8. 能见度良好的情况下,应显示号灯的时间是_____。
   A. 从日没到日出   B. 白天
   C. 从日出到日没   D. 夜间

9. 显示号灯的时间包括_____。
   ①晨昏朦影;②从日没到日出;③其他认为有必要的情况

A. ① B. ①②
C. ①③ D. ①②③

10. 有关号型显示的时间,下列正确的是_____。
    ①能见度良好的夜晚;②从日出到日没;③晨昏朦影
    A. ③ B. ①②③
    C. ①② D. ②③

11. 尾灯的水平光弧显示范围为_____。
    A. 360 度 B. 正横后
    C. 正后方到每一舷正横前 22.5 度 D. 正后方到每一舷正横后 22.5 度

12. 桅灯的水平光弧显示范围为_____。
    A. 360 度 B. 225 度
    C. 180 度 D. 135 度

13. 红舷灯的水平光弧显示范围为_____。
    A. 112.5 度 B. 225 度
    C. 180 度 D. 135 度

14. 舷灯的水平光弧显示范围为_____。
    A. 360 度 B. 正横前
    C. 正前方到各自一舷正横前 22.5 度 D. 正前方到各自一舷正横后 22.5 度

15. 尾灯的水平光弧显示范围为_____。
    A. 360 度 B. 225 度
    C. 180 度 D. 135 度

16. 关于号灯的颜色,下列说法正确的是_____。
    ①桅灯为白色;②尾灯为白色;③左舷舷灯为红色,右舷舷灯为绿色;④拖带灯颜色与尾灯相同
    A. ①④ B. ①②③
    C. ①②③④ D. ③

17. 关于号灯的颜色,下列说法正确的是_____。
    ①闪光灯为白色;②尾灯为白色;③环照灯为白色;④拖带灯颜色与尾灯相同
    A. ①③④ B. ②
    C. ①②③④ D. ③

18. 拖带灯适用于_____。
    A. 尾拖船 B. 傍拖船
    C. 尾拖或傍拖船 D. 顶推船

19. $L \geq 50$ m 船舶的桅灯最小能见距离为_____。
    A. 5 n mile B. 3 n mile
    C. 6 n mile D. 1 n mile

20. $L \geq 50$ m 船舶的舷灯最小能见距离为_____。
    A. 5 n mile B. 3 n mile

C. 2 n mile   D. 1 n mile

21. $L \geqslant 50$ m 船舶的尾灯、环照灯最小能见距离为_____。
    A. 5 n mile   B. 3 n mile
    C. 2 n mile   D. 1 n mile

22. 12 m $\leqslant L < 20$ m 船舶的舷灯最小能见距离为_____。
    A. 5 n mile   B. 3 n mile
    C. 2 n mile   D. 1 n mile

23. 12 m $\leqslant L < 20$ m 船舶的环照灯最小能见距离为_____。
    A. 5 n mile   B. 3 n mile
    C. 2 n mile   D. 1 n mile

24. 对于 $12 \leqslant L < 20$ m 船舶,下列号灯中哪个最小能见距离是不对的?
    A. 桅灯 5 n mile   B. 舷灯 2 n mile
    C. 尾灯 2 n mile   D. 拖带灯 2 n mile

25. $L < 12$ m 船舶的桅灯最小能见距离为_____。
    A. 5 n mile   B. 3 n mile
    C. 2 n mile   D. 1 n mile

26. $L < 12$ m 船舶的舷灯最小能见距离为_____。
    A. 5 n mile   B. 3 n mile
    C. 2 n mile   D. 1 n mile

27. 不易察觉、部分淹没的被拖船或物体的白色环照灯的最小能见距离为_____。
    A. 5 n mile   B. 3 n mile
    C. 2 n mile   D. 1 n mile

28. 船长不小于 20 m 而小于 50 m 船舶的桅灯、尾灯的最低标准能见距离分别为_____。
    A. 5 n mile、3 n mile   B. 6 n mile、3 n mile
    C. 5 n mile、2 n mile   D. 2 n mile、2 n mile

29. 长度为 50 m 的船舶,其拖带灯的最小能见距离应为_____。
    A. 4 n mile   B. 3 n mile
    C. 2 n mile   D. 1 n mile

30. 长度为 26 m 的船舶其环照灯的最小能见距离应为_____。
    A. 1 n mile   B. 2 n mile
    C. 3 n mile   D. 4 n mile

31. 号型的基本种类包括_____。
    ①球体;②菱形体;③圆锥体;④圆柱体
    A. ①②③   B. ①②③④
    C. ②③④   D. ①②④

32. 根据《国际海上避碰规则》规定,船舶号型基本种类有_____。
    ①球体;②圆锥体;③圆柱体;④两个圆锥体底面连接而成的菱形体
    A. ①②③④   B. ①②③

C. ①②
D. ①②④

33. 黄色闪光灯通常用于_____。
    A. 非排水状态中的气垫船
    B. 贴近水面起飞、降落和飞行的地效船
    C. 水面航行潜水艇
    D. 执行任务的引航船

34. 机动船在航不对水移动时应_____。
    A. 显示舷灯、尾灯、桅灯
    B. 显示舷灯尾灯
    C. 关闭舷灯与尾灯
    D. 不必显示尾灯

35. 机帆并用的在航船舶，在夜间应显示_____。
    A. 上红下绿环照灯
    B. 舷灯、尾灯
    C. 桅灯、舷灯、尾灯
    D. 舷灯、尾灯，上红下绿环照灯

36. 机帆并用的在航船舶，在夜间应显示_____。
    A. 上红下绿环照灯
    B. 舷灯
    C. 与机动船相同
    D. 桅灯、舷灯与尾灯，不对水移动时关闭舷灯和尾灯

37. 船长大于等于50 m 的在航机动船应显示_____。
    A. 舷灯、尾灯、一盏桅灯
    B. 前后桅灯、舷灯、尾灯，不对水移动时关闭桅灯
    C. 舷灯、尾灯、前后桅灯
    D. 前后桅灯、舷灯、尾灯，不对水移动时关闭舷灯、尾灯

38. A 船看见前方 B 船显示如图号灯，B 船为_____。
    A. 非拖网渔船
    B. 帆船
    C. 地效船
    D. 非排水状态下的气垫船

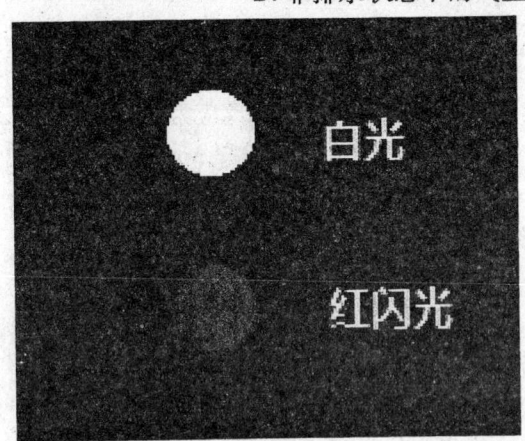

39. 在航时显示1盏红色闪光灯的在航船是_____。
    A. 气垫船
    B. 地效船
    C. 水翼船
    D. 水上飞机

40. 夜间，某机帆并用的在航船舶（船长大于50 m）正在使用曳绳钓捕鱼，该船应显示的号灯

为_____。
A. 舷灯、尾灯
B. 前后桅灯、舷灯、尾灯,不对水移动时关闭
C. 舷灯、尾灯、前后桅灯
D. 上红下白环照灯、舷灯、尾灯,不对水移动时关闭舷灯、尾灯

41. 从事顶推的机动船在航不对水移动时应显示_____。
    A. 舷灯、尾灯及拖带灯
    B. 舷灯、尾灯及拖带灯,用两盏桅灯代替前桅灯或后桅灯
    C. 舷灯、尾灯
    D. 舷灯、尾灯,并用两盏桅灯代替前桅灯或后桅灯

42. 你船与一拖带长度大于 200 m 的拖船对遇,你会见到他的垂直白灯最多为_____。
    A. 1 盏   B. 2 盏
    C. 3 盏   D. 4 盏

43. 当机动船从事拖带时,当拖带长度小于等于 200 m 时,应_____。
    A. 用垂直两盏桅灯代替前桅灯   B. 用垂直两盏桅灯代替后桅灯
    C. 用垂直两盏桅灯代替前桅灯或后桅灯   D. 用垂直两盏桅灯代替前后桅灯

44. 机动船当拖带时,其拖带长度是指_____。
    A. 拖船船尾至被拖物体后端的水平距离
    B. 拖船船尾水线处至被拖物体后端水线处的水平距离
    C. 拖船船首至被拖物体后端的水平距离
    D. 拖船船尾至被拖物体前端的水平距离

45. 当你在海上航行,看到来船的垂直四盏白灯和红绿舷灯,则他船为_____。
    A. 驶离航向能力严重受到限制的拖带船
    B. 长度一定小于 50 m,拖带长度超过 200 m 的拖船
    C. 长度大于 200 m 的限于吃水的船舶
    D. 长度可能大于等于 50 m,拖带长度超过 200 m 的拖船

46. 夜间,见到前方上黄下白两盏号灯,则该船为_____。
    A. 处于贴近水面飞行中的地效船   B. 操纵能力受限船
    C. 从事拖带作业的船舶   D. 非排水状态的气垫船

47. 悬挂一菱形体号型,应是_____。
    A. 拖带长度大于 200 m 的拖船   B. 一船正从事捕鱼作业
    C. 水下有潜水员   D. 拖带长度≤200 m 的被拖船

48. 一艘被拖带的船舶在航不对水移动时应显示_____。
    A. 左右舷灯   B. 白色环照灯一盏
    C. 舷灯、尾灯   D. 桅灯、舷灯和尾灯

49. 一艘被顶推船夜间在航时应显示_____。
    A. 舷灯   B. 舷灯、尾灯
    C. 桅灯、舷灯、尾灯   D. 舷灯,不对水移动时关闭

50. 一艘被顶推船在航时夜间应显示_____。
   A. 左右舷灯   B. 白色环照灯一盏
   C. 舷灯、尾灯   D. 不必显示号灯

51. 一艘被傍拖船在航时应显示_____。
   A. 左右舷灯   B. 白色环照灯一盏
   C. 舷灯、尾灯   D. 尾灯

52. 一艘被旁拖的船舶在航不对水移动时应显示_____。
   A. 左右舷灯   B. 白色环照灯一盏
   C. 舷灯、尾灯   D. 关闭舷灯与尾灯

53. 一艘不易察觉、部分淹没的被拖船,其宽度为 25 m 以上,如在夜间,应在两舷最宽处另加_____。
   A. 2 盏环照白灯   B. 2 盏环照黄灯
   C. 4 盏环照白灯   D. 4 盏环照黄灯

54. 吊拖船队的拖船长 80 m,拖带长度 230 m,在夜间应显示桅灯几盏?
   A. 3 盏   B. 2 盏
   C. 1 盏   D. 4 盏

55. 关于被拖带的船舶应显示的号灯,下列说法正确的是_____。
   A. 在航对水移动时应显示舷灯与尾灯
   B. 在航不对水移动时不应显示舷灯与尾灯
   C. 在航对水移动时应显示桅灯、舷灯与尾灯
   D. 任何数目的船同时被拖带时按照一条船显示号灯

56. 在海上,看到来船号灯如下图所示则他船为_____。
   A. 驶离航向能力严重受到限制的拖带船
   B. 长度一定小于 50 m,拖带长度超过 200 m 的拖船
   C. 长度大于 200 m 的限于吃水的船舶
   D. 长度可能大于等于 50 m,拖带长度超过 200 m 的拖船

57. 机帆并用的船舶,在白天应在船的前部最易见处悬挂一个_____。

A. 尖端向上的圆锥体 B. 菱形体
C. 尖端向下的圆锥体 D. 圆柱体

58. 悬挂尖端向下的圆锥体的船舶是_____。
   A. 从事捕鱼作业船 B. 机动船
   C. 渔具外伸长度超过150 m的船 D. 挖泥船

59. 夜间在海上看到他船垂直显示上红下绿两盏号灯以及下方另一盏红灯,则下列说法正确的是_____。
   ①他船为在航帆船;②他船正在从事捕鱼;③他船失去控制;④他船一定在航且对水移动
   A. ③④ B. ①②③
   C. ① D. ②③④

60. 长度为18 m的帆船,可选择的号灯显示方式是_____。
   ①桅灯、上红下绿环照灯、舷灯、尾灯;②上红下绿环照灯、舷灯、尾灯;③由两盏舷灯和一盏尾灯合成的三色灯
   A. ① B. ①或②
   C. ②或③ D. ①或③

61. 《规则》对下列哪一种船有显示桅灯的规定?
   A. 从事拖网作业的捕鱼船,且船长大于等于50 m
   B. 从事非拖网作业的捕鱼船,且船长大于等于50 m
   C. 失去控制的船舶
   D. 执行引航任务的在航机动船

62. 从事非拖网作业的捕鱼船在白天当有外伸渔具,其从船边伸出的水平距离大于150 m时,应朝渔具的方向悬挂_____。
   A. 两个尖端对接的圆锥体号型 B. 一个尖端向上的圆锥体号型
   C. 一个尖端向下的圆锥体号型 D. 一个锚球

63. 在海上,当你看到他船的号灯为绿、白、白垂直三盏号灯时,他船为_____。
   A. 船长大于等于50 m的非拖网渔船
   B. 在航对水移动的拖网渔船,船长可能大于等于50 m
   C. 锚泊中的拖网渔船
   D. 在航对水移动的拖网渔船,船长一定小于50 m

64. 在海上,当你看到他船的号灯为白、绿、白垂直三盏号灯和红、绿舷灯时,他船一定为_____。
   A. 船长大于等于50 m的非拖网渔船在航对水移动
   B. 在航对水移动的拖网渔船
   C. 在航对水移动的非拖网渔船
   D. 在有流水域锚泊中作业的拖网渔船

65. 白天,看到两个尖顶对接的圆锥体号型时,则_____。
   ①该船可能为从事拖网作业的渔船;②该船可能为从事非拖网作业的渔船;③该船一定为从事捕鱼的非机动船
   A. ① B. ②

C.①② D.②③

66. 夜间,你在海上看到号灯中有一组上红下白两盏灯,则该船为_____。
   A. 操纵能力受到限制的船舶 B. 执行引航任务的船舶
   C. 从事拖网作业的船舶 D. 从事非拖网作业捕鱼的船舶

67. 如图,该船属于下列哪种船舶?
   A. 操限船 B. 非拖网渔船
   C. 拖网渔船 D. 失控船

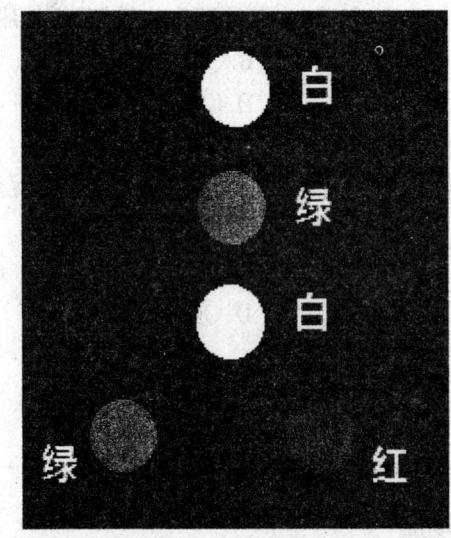

68. 夜间在海上看到他船显示如下图所示的号灯,则下列说法正确的是_____。
   ①他船为在航对水移动中从事捕鱼的船舶;②他船为拖网渔船;③他船船长一定小于50 m;④他船可能在航不对水移动
   A.④ B.②③④
   C.① D.②③

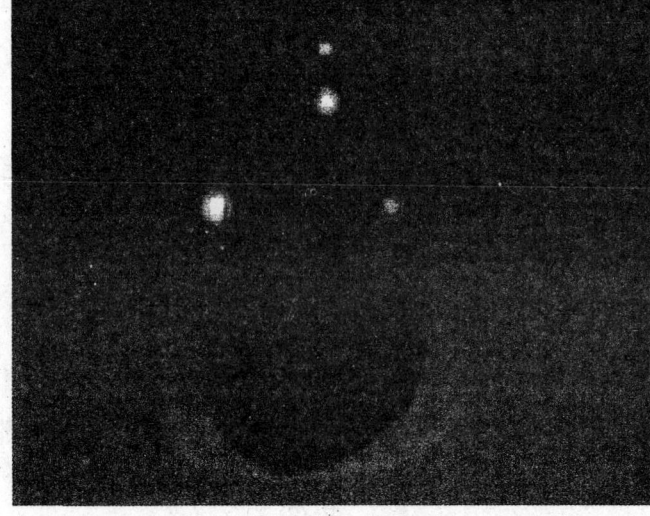

69. 夜间垂直悬挂2盏红光环照灯的船舶不可能是下列哪种?
    A. 失控船   B. 疏浚工程船
    C. 限于吃水的船   D. 从事捕鱼的船

70. 某船垂直悬挂的2盏灯正在交替显示着黄光,则该船一定是_____。
    A. 拖船船队   B. 从事围网捕鱼的渔船
    C. 从事非拖网作业的渔船   D. 气垫船

71. 失去控制的船舶,夜间除显示2盏垂直环照红灯外_____。
    A. 不应再显示其他号灯
    B. 应显示舷灯和尾灯
    C. 对水移动时,还应显示舷灯和尾灯,不对水移动时关闭
    D. 对水移动时,还应显示桅灯,舷灯和尾灯,不对水移动时关闭

72. 在海上,当你看到来船的号灯仅为垂直两盏红灯,则来船为_____。
    A. 搁浅船舶
    B. 操纵能力受到限制的船舶在航对水移动
    C. 失去控制的船舶不对水移动
    D. 失去控制的船舶对水移动

73. 在海上,当你看到来船的号灯仅为红、红垂直两盏灯和红、绿舷灯,则来船为_____。
    A. 从事捕鱼的船舶当渔具被障碍物挂住时
    B. 失去控制的船舶对水移动
    C. 失去控制的船舶不对水移动
    D. 失去控制的船舶在航

74. 在海上,当你看到来船的号灯仅为红、红、白垂直三盏灯,则该船最可能为_____。
    A. 从事捕鱼的船舶   B. 失去控制的船舶对水移动
    C. 失去控制的船舶不对水移动 D. 失去控制的船舶在锚泊中

75. 失去控制的船舶在白天应悬挂的号型是_____。
    A. 垂直两个圆锥体   B. 一个黑球加上锚球
    C. 垂直两个黑球   D. 垂直三个黑球

76. 你船夜间全速前进时,主机突然失控,船仍有余速,应_____。
    A. 立即关闭舷灯尾灯
    B. 立即关闭桅灯,并显示两盏红灯
    C. 立即关闭桅灯、舷灯和尾灯,并显示两盏环照红灯
    D. 立即显示两盏环照红灯

77. 你船夜间航行时,主机失控,应采取的措施是_____。
    A. 立即关闭舷灯尾灯
    B. 立即关闭桅灯,并显示两盏红灯,船舶停止对水移动时,关闭舷灯与尾灯
    C. 立即关闭舷灯和尾灯,并显示两盏环照红灯
    D. 立即显示两盏环照红灯,关闭航行灯

78. 你船夜间全速前进时,发现舵叶丢失,船仍有余速,应_____。

A. 立即关闭舷灯尾灯
B. 立即关闭桅灯,并显示垂直两盏环照红灯
C. 立即关闭桅灯、舷灯、尾灯,并显示垂直两盏环照红灯
D. 立即显示垂直两盏环照红灯

79. 从事清除水雷作业的船舶在航不对水移动时,夜间应显示_____。
A. "红、白、红信号灯",因为该船是一艘"操纵能力受到限制的船舶"
B. 三盏品字形环照绿灯
C. 桅灯、舷灯、尾灯
D. 桅灯、舷灯、尾灯,三盏品字形环照绿灯

80. 下列哪种船锚泊时,不应显示锚灯?
A. 从事清除水雷船在锚泊中作业时
B. 从事补给船在锚泊中作业时
C. 操纵能力受到限制的从事水下作业船在锚泊中作业时
D. 帆船

81. 在航不对水移动中从事疏浚作业的船舶,操纵能力受到限制时,在夜间应显示_____。
A. 红、白、红垂直三盏环照灯
B. 可通过的一舷,垂直两盏环照红灯
C. 存在障碍物一舷,垂直两盏环照绿灯
D. 红、白、红垂直三盏环照灯,桅灯、舷灯与尾灯

82. 从事疏浚作业的船舶,操纵能力受到限制时,在白天应显示_____。
A. 球、菱形、球垂直三个号型
B. 可通过的一舷,垂直两个球体
C. 存在障碍物一舷,垂直两个菱形体
D. A旗的硬件复制品

83. 在锚泊中从事清除水雷作业的船舶,白天应显示_____。
A. 同其他"操纵能力受到限制的船舶"
B. 在桅顶或接近桅顶处显示三个品字形黑球
C. 锚球,在桅顶或接近桅顶处显示三个品字形黑球
D. 锚球

84. 夜间在海上,你船看到他船的号灯为品字形三盏绿灯,且在中间这盏绿灯下方还有一盏白灯,则说明驶近该船_____ m 以内是危险的。
A. 10000
B. 5000
C. 1000
D. 500

85. 如图示号灯,该船_____。
A. 可能为正在收放航空器的船舶
B. 可能为在航对水移动的挖泥船
C. 可能为从事清除水雷作业的船舶
D. 可能为锚泊中从事水下作业的工程船

86. 操纵能力受到限制的疏浚船不对水移动时,不应显示_____。
    A. 桅灯、舷灯、尾灯   B. 舷灯、尾灯
    C. 桅灯   D. 红白红三盏环照红灯

87. 白天看到他船状态及号型如下图所示,则下列判断正确的是_____。
    ①他船正从事潜水作业;②他船可能处于锚泊;③他船可能在航;④他船正从事引航任务
    A. ①②④   B. ①②③
    C. ③④   D. ②③

88. 限于吃水的船舶在航时显示_____。
    A. 同长度机动船规定的号灯,另应显示垂直环照红灯三盏
    B. 同长度机动船规定的号灯,垂直环照红灯两盏
    C. 同长度机动船规定的号灯,另可显示垂直环照红灯三盏
    D. 同长度机动船规定的号灯,另可显示垂直环照红灯三盏,不对水移动时,关闭舷灯与尾灯

89. 限于吃水的船舶在航时显示的号型为_____。
    A. 一个圆锥体尖端向下   B. 一个圆锥体尖端向上
    C. 两个圆锥体尖端对接   D. 一个圆柱体

90. 限于吃水的船舶夜间在航不对水移动时,应显示_____。
    A. 桅灯、舷灯与尾灯

B. 垂直三盏红灯代替机动船的桅灯,舷灯与尾灯
C. 桅灯、舷灯与尾灯,另可显示垂直环照红灯三盏
D. 垂直三盏环照红灯,关闭舷灯与尾灯

91. 夜间看到垂直显示的三盏环照红灯,表明该船是_____。
    A. 失控船   B. 搁浅船
    C. 限于吃水船   D. 操限船

92. 白天在看到他船状态和号型如下图所示,则下列判断正确的是_____。
    ①他船驶离航向的能力受到限制;②他船一定在航;③他船可能处于锚泊;④无法从号型判断其在航或锚泊
    A. ①②   B. ②③
    C. ①③   D. ①②③④

93. 夜间看到他船显示的号灯如下图所示,则下列判断正确的是_____。
    ①他船一定在航;②他船驶离航向的能力受到限制;③他船船长一定大于 50 m;④他船如果停止对水移动应当关闭桅灯、舷灯与尾灯
    A. ①③   B. ①②
    C. ②③   D. ②④

94. 在航中执行引航任务的船舶应显示的号灯是_____。
    A. 垂直环照上绿下白灯,桅灯、舷灯、尾灯
    B. 垂直环照上红下绿灯,舷灯、尾灯
    C. 垂直环照上白下红灯,桅灯、舷灯、尾灯
    D. 垂直环照上白下红灯,舷灯、尾灯

95. 锚泊中执行引航任务的船舶($L<100$ m)应显示的号灯是_____。
    A. 垂直环照上白下红灯、锚灯   B. 垂直环照上红下白灯
    C. 垂直环照上白下红灯、锚灯、甲板灯   D. 锚灯

96. 执行引航任务的船舶应显示的两盏环照灯是_____。
    A. 垂直环照上绿下白灯   B. 垂直环照上红下绿灯
    C. 垂直环照上白下红灯   D. 垂直环照上红下白灯

97. 夜间,你看到他船显示垂直白、红两盏环照灯与红绿舷灯,则他船是_____。
    A. 从事拖网作业的渔船   B. 机帆船机帆并用时
    C. 执行引航任务的引航船在航   D. 执行引航任务的引航船在航且对水移动

98. 执行任务的引航船在航对水移动时显示的号灯为_____。
    A. 桅灯、左右舷灯、尾灯、"上白下红"环照灯
    B. "上白下红"环照灯
    C. 舷灯、尾灯、上白下红环照灯
    D. 舷灯、"上白下红"环照灯

99. 执行任务的长度为 56 m 的引航船锚泊时,应显示_____。
    A. 前后锚灯   B. 上红下白灯
    C. 前后锚灯,上红下白环照灯   D. 前后锚灯,上白下红环照灯

100. 长度大于等于_____ m 的锚泊船,应当用工作灯或同等的灯照明甲板。
    A. 50   B. 100
    C. 150   D. 200

101. $L=90$ m 的机动船在锚泊时,在夜间应显示_____。
    A. 前锚灯   B. 后锚灯
    C. 前、后锚灯,还可显示甲板工作灯   D. 前、后锚灯,还应显示甲板工作灯

102. 长度为 120 m 的锚泊船在白天应显示_____。
    A. 前后锚球
    B. 除前后锚球外,每隔 100 m 另加若干锚球
    C. 一个锚球
    D. 可显示也可不显示锚球

103. 搁浅船($L \geq 12$ m)应显示的号灯为_____。
    A. 前后锚灯、甲板灯,两盏垂直环照红灯   B. 锚灯,两盏垂直环照红灯
    C. 甲板灯,两盏垂直环照红灯   D. 两盏垂直环照红灯

104. 搁浅船($L \geq 12$ m)_____。
    A. 除应显示前后锚灯、甲板灯之外,另应显示两盏垂直环照红灯

B. 除按同等长度船舶显示锚灯之外,另应显示两盏垂直环照红灯

C. 除按同等长度船舶显示号型之外,另应外加挂垂直三个球体

D. 除按同等长度船舶显示号型之外,另应悬挂一面"A"字旗

105. 搁浅船($L \geq 12$ m)在白天应显示的号型是_____。

A. 一个锚球和最易见处垂直三个黑球　　B. 最易见处垂直三个黑球

C. 一个锚球和最易见处垂直两个黑球　　D. 最易见处垂直两个黑球

106. 当你看到一船显示三个垂直黑球,它表示该船_____。

A. 试图通信联络　　B. 正在从事疏浚作业

C. 失控　　D. 搁浅

107. 船舶搁浅时(船长≥12 m),哪项号灯显示符合《规则》要求?

A. 锚灯　　B. 锚灯、甲板工作灯

C. 锚灯、垂直两盏环照红灯　　D. 锚灯、甲板工作灯、垂直两盏环照红灯

108. 夜间在海上看到一船垂直显示两盏红灯和前后各一盏白灯,表示该船为_____。

A. 限于吃水的船舶在航不对水移动　　B. 失去控制的船舶在航对水移动

C. 搁浅的船舶　　D. 网被障碍物挂住的拖网渔船

109. 在海上看到他船显示如图所示号型,表示该船为_____。

A. 限于吃水的船舶　　B. 失去控制的船舶

C. 搁浅的船舶　　D. 拖带长度超过200 m的船舶

110. 长度为110 m的船舶夜间搁浅,夜间应显示_____。

①垂直两盏环照红灯;②锚灯;③甲板灯

A. ②　　B. ①②

C. ①③　　D. ②③

第五节 声响与灯光信号

1. $L \geqslant 100$ m 的船舶，应配备_____。
   A. 一面号锣、一个号钟
   B. 一个号钟、一个号笛
   C. 一面号锣、一个号笛
   D. 一面号锣、一个号钟以及至少一个号笛

2. 根据《1972 年国际海上避碰规则》2001 年修正案的规定，有关船舶声号设备的配备，下列说法正确的是_____。
   A. 长度大于等于 20 m 但小于 100 m 的船舶应配备一个号笛和一个号钟
   B. 长度大于等于 20 m 但小于 100 m 的船舶应配备一个号笛和一面号锣
   C. 长度大于等于 20 m 但小于 100 m 的船舶应配备一面号锣和一个号钟
   D. 长度大于等于 20 m 但小于 100 m 的船舶应配备一个号笛

3. 关于《1972 年国际海上避碰规则》要求配备的声号设备，下列说法正确的是_____。
   A. 要求随时能以手动鸣放
   B. 不可用其他设备代替
   C. 如果音调相同，可以配备其中的一种
   D. 号锣可以用声音特性相同的其他设备代替，号钟不可以

4. 补充操纵声号的灯号，前后信号的间隔时间应不少于_____。
   A. 5 s   B. 10 s
   C. 15 s   D. 20 s

5. 补充操纵声号的灯号是环照白灯，它的能见距离应至少为_____。
   A. 6 n mile   B. 5 n mile
   C. 3 n mile   D. 2 n mile

6. 下列说法中正确的是_____。
   A. 行动声号表示本船即将可能采取的操纵行动
   B. 行动声号表示本船即将采取的操纵行动的意图
   C. 行动声号意味着将要求他船也采取同样的行动
   D. 行动声号表示本船正在进行的操纵行动

7. 船舶在互见中，听到他船二短声，则表示_____。
   A. 他船正在向左转向   B. 他船正在向右转向
   C. 他船将要向左转向   D. 他船将要向右转向

8. 船舶在互见中，听到他船三短声，则表示_____。
   A. 他船已经停车，并已经不对水移动   B. 他船正在向后推进
   C. 他船将要向后推进   D. 他船已经具有后退速度

9. 操纵声号表示_____。
   A. 正在操纵的行动   B. 准备操纵的行动

C. 已经操纵的行动 D. 要求他船采取的行动

10. 下列哪些声号可用灯光信号作补充?
    A. 至少五声短而急的声号 B. 一长声
    C. 两长一短 D. 四短声

11. 下列哪些声号可用灯光信号作补充?
    ①操纵声号;②警告声号;③追越声号
    A. ① B. ①②
    C. ①②③ D. ②③

12. 下列哪些声号可以用灯光信号作补充?
    ①一长声;②三短声;③四短声;④至少五声短而急的声号
    A. ①②③ B. ②③④
    C. ②④ D. ①③

13. 下列哪些声号可以用灯光信号作补充?
    ①怀疑警告声号;②操纵声号;③后船发出的征求前船意见的追越声号
    A. ①② B. ①②③
    C. ②③ D. ①③

14. 互见中一船重复显示"三闪"的灯光信号,表示_____。
    A. 他船已停车不对水移动 B. 他船将向右转向
    C. 他船正向后推进 D. 他船警告附近的船舶

15. 在互见中,一船重复显示"一闪"的灯光信号,则表示_____。
    A. 他船正在向左转向 B. 他船正在向右转向
    C. 他船将要向左转向 D. 他船将要向右转向

16. 关于操纵灯光信号,下列说法正确的是_____。
    ①不应重复使用,以免被误解;②可以重复,前后信号的间隔时间应不少于10秒;③只有机动船可以使用;④任何船舶均可以使用
    A. ②④ B. ②③④
    C. ①③ D. ②

17. 当船舶处于互见中,狭水道内企图追越他船的船舶,下列情况_____应鸣放追越声号。
    A. 任何情况
    B. 大船追小船
    C. 小船追大船
    D. 只有在被追越船必须采取行动以允许安全通过时

18. 企图追越的船舶鸣放追越声号后,如被追越的船舶未鸣放声号,则_____。
    A. 后船应假定前船默许追越 B. 后船即可实施追越
    C. 后船应认为前船不同意追越 D. 免除追越船让路责任

19. 在狭水道内当前船听到后船企图追越的声号后,如对能否安全追越有怀疑,则下面说法正确的是_____。
    A. 应鸣放至少五声短而急的声号

B. 鸣放至少五声短而急的声号不符合良好船艺的要求

C. 可鸣放至少五声短而急的声号

D. 采取必要的行动以保证安全追越

20. 下列说法正确的是_____。

   A. 追越声号表示追越船正在追越

   B. 追越声号表示一船追越的企图

   C. 在《规则》所适用的水域内,任何追越船均应鸣放追越声号以表明本船的追越企图

   D. 追越声号适用于任何能见度

21. 下列说法正确的是_____。

   A. 追越声号应在追越中鸣放

   B. 追越声号应在追越前鸣放

   C. 当一船鸣放完追越声号后,即可独自采取行动

   D. 当一船鸣放完追越声号后,避免碰撞的行动由被追越船采取

22. 下列说法正确的是_____。

   A. 互见中在《规则》所适用的水域中,追越船在企图追越时,应鸣放追越声号

   B. 在狭水道或航道内互见时,任何追越船均应鸣放相应的追越声号

   C. 在狭水道或航道内互见时,只有在需要被追越船采取行动才能安全追越时,企图追越的船才须鸣放追越声号

   D. 在狭水道或航道内,只有在需要被追越船采取行动才能安全追越时,追越船才须鸣放追越声号

23. 被追越船同意追越时,应鸣放_____。

   A. 一长声   B. 两长声

   C. 一长声一短声一长声一短声   D. 两长声一短声

24. 互见中在狭水道中后船欲从前船的左舷追越,在需要鸣放声号时,则应鸣放_____。

   A. 两长一短的声号   B. 两长两短的声号

   C. 一长两短的声号   D. 一长一短一长一短的声号

25. 互见中在狭水道中后船欲从前船的右舷追越,在需要鸣放声号时,则应鸣放_____。

   A. 两长一短的声号   B. 两长两短的声号

   C. 一长两短的声号   D. 一长一短一长一短的声号

26. 在狭水道内,如不需要被追越船采取行动就能安全追越,则追越船_____。

   A. 可以直接追越

   B. 一边鸣放追越声号一边追越

   C. 鸣放追越声号征得被追越船同意后再进行追越

   D. 鸣放警告信号后进行追越

27. 下述提法中正确的是_____。

   A. 在狭水道或航道内,一艘企图追越他船的船舶,应按规定鸣放相应的追越声号

   B. 在狭水道或航道内,任何企图追越他船的船舶均应鸣放相应的追越声号

   C. 在狭水道或航道内,不论是否互见,追越船是否应鸣放追越声号,仅取决于追越船船长对

当时是否能安全通过所做出的判断

D. 互见时,在狭水道或航道内,不管当时情况如何,企图追越前船的船舶,鸣放相应的追越声号,是一种良好船艺的表现

28. 互见中在狭水道中后船欲从前船的左舷追越,当前船听到两长两短的声号后,如同意追越,则应鸣放_____。
   A. 两长一短   B. 两长两短
   C. 一长声   D. 一长一短一长一短

29. 互见中,在狭水道或航道内企图追越他船的船舶,_____。
   A. 若需要对方协助配合时,应鸣放追越声号
   B. 鸣放追越声号以征询被追越船的意见
   C. 不必鸣放追越声号,可自行追越
   D. 鸣放追越声号之后即可追越

30. 在狭水道互见中,一艘操纵能力受限制的船企图从左舷追越一艘机动船,如需被追越船采取行动,则操纵能力受限制的船_____。
   A. 不必鸣放任何声号   B. 应鸣放一长声
   C. 应鸣放两长一短   D. 应鸣放两长两短

31. 在狭水道内,当将要被追越的船舶对是否能安全追越有怀疑时,可鸣放_____。
   A. 一长声   B. 至少五声短而急的声号
   C. 一长一短一长一短的声号   D. 不可鸣放任何声号

32. 《规则》第34条4款规定的怀疑信号_____。
   A. 该信号仅适用于互见中的在航机动船
   B. 该信号也可用于船舶在驶近可能被居间障碍物遮蔽他船的水道或航道的弯头或地段
   C. 该信号仅适用于互见中的直航船发现让路船显然没有按本规则要求采取行动时
   D. 该信号适用于互见中的船舶相互驶近时,任何一船对他船的行动或意图持有怀疑时

33. 互见中相互驶近的船舶,无法了解对方的意图时,应鸣放_____。
   A. 至少五短声   B. 四短声
   C. 三短声   D. 二短声

34. 下列哪些情况下应鸣放警告声号?
   ①互见中任何一船无法了解驶近他船的行动;②互见中任何一船无法了解驶近他船的意图;③互见中怀疑驶近他船的行动是否足够
   A. ①   B. ①②
   C. ②③   D. ①②③

35. 互见中的船舶相互驶近,一船无法了解他船的意图时,则应立即鸣放_____表示这种怀疑。
   A. 至少五声短而急的声号   B. 不应超过五声短而急的声号
   C. 四声短而急的声号   D. 三声短而急的声号

36. 警告声号适用的船舶为_____。
   A. 任何能见度中的任何船舶   B. 互见中的在航机动船
   C. 互见中的任何船舶   D. 互见中任何机动船

37. 有关《规则》第34条4款的怀疑警告信号的说法,下列正确的是_____。
   A. 该信号不适用于非互见中
   B. 该信号也适用于船舶在驶近可能被居间障碍物遮蔽他船的水道或航道的弯头或地段
   C. 该信号适用于互见中的船舶相互驶近时,任何一船对他船的行动或意图持有怀疑时
   D. 该信号仅适用于互见中的机动船相互驶近时,任何一船对他船的行动或意图持有怀疑时

38. 海上看到他船使用5次以上短而急的闪光信号,表示_____。
   A. 他船遇险需要救助
   B. 他船正向右转向
   C. 他船正向后推进
   D. 他船警告附近的船舶

39. 当你听到从右首舷弯道后面传来一长声声号,你应_____。
   A. 回答一长声,并向左转向
   B. 回答一长声,保持在水道右侧行驶
   C. 回答一长声,并向右转向
   D. 回答三短声,并倒车

40. 船舶在驶近可能被居间障碍物遮蔽他船的狭水道的弯头或地段时,鸣放一长声,居间障碍物后方听到该声号的任何来船应回答_____。
   A. 一长声
   B. 五短声
   C. 两长声
   D. 三短声

41. 《规则》第34条(操纵和警告信号)5款规定的一长声的信号,除其他条文另有规定外_____。
   A. 表示一船发现在航道或水道的弯头另一侧水域的船舶情况
   B. 表示在驶近可能被居间障碍物遮蔽他船的水道或航道的弯头或地段的一船所发出的一种警告他船的声号
   C. 适用于互见中
   D. 适用于任何能见度

42. 能见度良好条件下,一船全速倒车,由船坞退到航道,由于码头建筑物遮蔽无法发现航道中来船时,该船应鸣放什么声号?
   A. 三短声
   B. 四短声
   C. 五短声
   D. 一长声

43. 当你听到从狭窄弯道前方传来的一长声声号,你应_____。
   A. 回答一长声,并向左转向
   B. 回答一长声,船位保持在水道右侧
   C. 回答一长声,并向右转向
   D. 回答三短声,并倒车

44. 《1972年国际海上避碰规则》第34条5款规定的过弯道信号(一长声),适用于_____。
   A. 互见中
   B. 能见度良好
   C. 任何能见度
   D. 能见度不良

45. 过弯道时,当听到从右舷传来一长声时,你应_____。
   A. 回答一长声,并向左转向
   B. 回答一长声,保持在水道右侧
   C. 回答一长声,并向右转向
   D. 回答三短声,并倒车

46. 根据《1972年国际海上避碰规则》,在驶近可能被居间障碍物遮蔽他船的水道或航道的弯头或地段应鸣放一长声信号的船舶包括_____。
   ①帆船;②机动船;③限于吃水的船舶;④机帆船

A. ①②③ B. ①②④
C. ②③④ D. ①②③④

47. 下列说法正确的是_____。
   A. 行动声号适用于互见中在航机动船当按本规则准许或要求进行操纵时
   B. 行动声号仅适用于能见度良好,相遇两船为避免碰撞而采取行动时
   C. 任何在航船舶,只要处于互见中,为避免碰撞而采取操纵行动时,就必须按规定鸣放操纵声号
   D. 行动声号仅适用于任何能见度,相遇两船为避免碰撞而采取行动时

48. 使用操纵声号的时机是_____。
   A. 任何能见度 B. 能见度良好时
   C. 能见度良好时的互见中 D. 任何能见度情况下的互见中

49. 在航机动船在按《规则》要求或准许采取行动时是否应鸣放操纵声号,应取决于_____。
   A. 两船的距离 B. 当时的能见度
   C. 是否处于互见中 D. 是否存在碰撞危险

50. 下列哪项正确?
   A. 行动声号适用于互见中在航机动船当按本规则准许或要求进行操纵时
   B. 行动声号仅适用于在能见度良好时,相遇两船为避免碰撞而采取操纵行动时
   C. 只要两船处于互见之中,为避免碰撞而采取的操纵行动时,就必须按规定鸣放相应的声号
   D. 行动声号是否鸣放,应取决于当时的能见度情况如何

51. 操纵声号适用于_____。
   A. 任何能见度中的任何船 B. 处于互见中的任何机动船舶
   C. 处于互见中的任何船舶 D. 处于互见中的任何在航机动船

52. 行动声号仅适用于在航机动船_____。
   A. 在互见中按本规则准许或要求进行操纵时
   B. 在非互见中按本规则准许或要求进行操纵时
   C. 能见度不良时按本规则准许或要求进行操纵时
   D. 能见度良好时按本规则准许或要求进行操纵时

53. 有关《规则》第34条4款的怀疑警告信号的说法,下列正确的是_____。
   A. 该信号适用于非互见中的任何船舶
   B. 该信号适用于非互见中的任何机动船
   C. 该信号适用于互见中的任何船舶
   D. 该信号适用于互见中的任何机动船

54. 当两船在能见度不良的水域中相互看见时,应_____。
   A. 中断鸣放"能见度不良时使用的声号"
   B. 如采取避让行动,应停止雾号的鸣放,而按章鸣放"互见中的行动声号"
   C. 继续鸣放雾号的同时,如采取避让行动,则应正确地鸣放"互见中的行动声号"
   D. 不应鸣放任何声号,而显示"操纵信号灯"表明行动意图

55. "能见度不良时使用的声号"适用于_____。

A. 在能见度不良的水域中

B. 在能见度不良的水域中或其附近航行、锚泊或搁浅时

C. 在能见度不良的水域中或其附近相互看不见时

D. 在能见度不良的水域中或其附近航行时

56. 当两船在能见度不良的水域中相互看见时,应_____。

    A. 不再鸣放雾号

    B. 继续鸣放雾号,如采取行动,则还应鸣放操纵声号

    C. 如采取行动,应停止鸣放雾号,鸣放操纵声号

    D. 不应鸣放任何声号

57. 在能见度不良的水域中或其附近,下列说法正确的是_____。

    A. 任何船舶在航对水移动应以不超过两分钟的间隔鸣放一长声声号

    B. 任何船长不小于20米的船舶锚泊时均应鸣放钟号

    C. 在航、锚泊或搁浅的船舶均应按要求鸣放能见度不良时的声号

    D. 如果没有确定周围存在他船,可以不鸣放声号

58. 在互见中,听到一机动船鸣一短声,则表示_____。

    A. 他船正在向左转向   B. 他船正在向右转向

    C. 他船将要向左转向   D. 他船将要向右转向

59. 互见中一机动船鸣放三短声笛号,表示_____。

    A. 他船已停车不对水移动   B. 他船将向右转向

    C. 他船正向后推进   D. 他船警告附近的船舶

60. 雾中用曳绳钓捕鱼的机动渔船,对水移动时,每2分钟应鸣放_____。

    A. 一长声   B. 两长声

    C. 一长两短声   D. 一长三短声

61. 能见度不良的水域中,一驶帆同时使用机器推进的船舶在航,应以不超过2分钟的间隔鸣放_____。

    ①对水移动时一长声;②不对水移动时两长声;③对水移动时一长声接两短声;④不对水移动时两长声接两短声

    A. ①②   B. ②③④

    C. ①③   D. ③④

62. 你轮在能见度不良水域航行,显示两盏桅灯、两盏舷灯和一盏尾灯,对水移动时,应鸣放_____。

    A. 一长声   B. 两长声

    C. 三短声   D. 四短声

63. 你轮在能见度不良水域航行,显示两盏桅灯、两盏舷灯和一盏尾灯,不对水移动时,应鸣放_____。

    A. 一长声   B. 两长声

    C. 三短声   D. 四短声

64. 你轮在能见度不良水域航行,听到他船鸣放一长声信号,则他船可能是_____。

A. 机动船 B. 限于吃水船
C. 帆船 D. 失控船

65. 你轮在能见度不良水域航行,听到他船鸣放两长声信号,则他船可能是_____。
    A. 机动船在航不对水移动 B. 限于吃水船在航不对水移动
    C. 帆船在航不对水移动 D. 失控船在航不对水移动

66. 一牢固组合体(使用机器推进),在能见度不良水域中航行(对水移动),应以不超过2分钟的间隔连续鸣放_____。
    A. 两长声 B. 一长声
    C. 一长两短声 D. 一长三短声

67. 从事非拖网作业捕鱼的船舶在航不对水移动,在雾中应鸣放的声号是_____。
    A. 一长声 B. 两长声
    C. 一长两短 D. 五短声

68. 限于吃水的船舶在航对水移动,在雾中应鸣放的声号是_____。
    A. 一长声 B. 两长声
    C. 一长两短 D. 五短声

69. 从事拖带作业的机动船在航时雾中应鸣放的声号是_____。
    A. 一长声 B. 两长声
    C. 一长两短 D. 五短声

70. 你驾驶的机动船在雾中航行,当听到来船的一长两短的笛号后,在可用视觉发现来船之后可认定_____。
    A. 来船是一艘直航船 B. 你船是一艘让路船
    C. 双方一定负有同等的避让责任和义务 D. 双方可能不负有同等的避让责任和义务

71. 帆船在航不对水移动在雾中应鸣放的声号是_____。
    A. 一长两短声 B. 一长声
    C. 两长声 D. 五短声

72. 限于吃水船在雾中在航不对水移动应鸣放的声号是_____。
    A. 一长声 B. 两长声
    C. 五短声 D. 一长两短声

73. 在雾中听到一长三短的笛号,则他船为_____。
    A. 失去控制的船舶 B. 帆船
    C. 操纵能力受到限制的船舶 D. 一被拖船

74. 在能见度不良的水域中,多艘被拖船的最后一艘,如配有船员,应以每次不超过_____的间隔连续鸣放_____的声号。
    A. 2分钟;一长两短 B. 1分钟;一长两短
    C. 2分钟;一长三短 D. 1分钟;一长三短

75. 能见度不良时,一船尾部拖带有三条被拖船,试问中间一条驳船应使用哪种声号?
    A. 不必鸣放声号
    B. 每次不超过2分钟的间隔鸣放一长声

C. 每次不超过 2 分钟的间隔鸣放一长二短声

D. 每次不超过 2 分钟的间隔鸣放一长三短声

76. 雾中一机动船拖带着三条船,试问最前一条驳船应使用哪种声号?

　　A. 每次不超过 2 分钟的间隔鸣放一长声

　　B. 不必鸣放声号

　　C. 每次不超过 2 分钟的间隔鸣放一长二短声

　　D. 每次不超过 2 分钟的间隔鸣放一长三短声

77. 在雾中先听到一长二短声、紧接着又听到一长三短声,下列判断正确的是_____。

　　A. 来船是拖带船队　　　　　　　B. 来船是顶推船队

　　C. 来船是在航引航船　　　　　　D. 来船是操限船

78. 能见度不良下,长度 120 米的操纵能力受到限制的船舶在锚泊中作业时应鸣放_____。

　　A. 一长声继以两短声　　　　　　B. 急敲号钟

　　C. 二长声　　　　　　　　　　　D. 先急敲号钟后急敲号锣各约 5 秒

79. 下述哪种船在雾中不使用一长两短声雾号?

　　A. 失去控制的船舶　　　　　　　B. 搁浅船

　　C. 锚泊中从事捕鱼的船舶　　　　D. 限于吃水的船舶

80. 下列哪种船舶在雾中锚泊时可鸣放"一长两短"代替锚泊雾号?

　　①失去控制的船舶;②拖带船;③从事捕鱼的船舶

　　A. ①　　　　　　　　　　　　　B. ①②

　　C. ①②③　　　　　　　　　　　D. ③

81. 锚泊中从事捕鱼的船舶雾中应鸣放的声号是_____。

　　A. 一长声　　　　　　　　　　　B. 两长声

　　C. 一长两短　　　　　　　　　　D. 五短声

82. 锚泊中从事疏浚作业的船舶在雾中应鸣放的雾号是_____。

　　A. 一长声　　　　　　　　　　　B. 两长声

　　C. 一长两短声　　　　　　　　　D. 五短声

83. 雾中,听到紧急敲钟前后各有分隔而清晰的号钟三下,则他船为_____。

　　A. 搁浅船　　　　　　　　　　　B. 操纵能力受到限制的船舶

　　C. 失去控制的船舶　　　　　　　D. 限于吃水的船舶

84. 你船雾中锚泊于海上,听到他船的雾号越来越响,并构成碰撞危险时,你船除了鸣放规定的钟号、锣号外,还可使用下述哪种信号来表示你船的存在?

　　A. 汽笛发出至少五声短而急的声号　B. 汽笛发出一短一长一短号

　　C. 汽笛发出一长两短声号　　　　　D. 无其他可鸣放的特殊信号

85. 锚泊中的船舶,在能见度不良时,如认为必要,可以鸣放_____。

　　A. 二短一长声　　　　　　　　　B. 一短一长一短声

　　C. 四短声　　　　　　　　　　　D. 五声短

86. 在雾航中,听到一船鸣放"两长声"又鸣放"四短声",该船为_____。

　　A. 被拖船　　　　　　　　　　　B. 失去控制的船舶

C. 执行引航任务的引航船　　　　　　D. 在航不对水移动的机动船警告本船

87. 在能见度不良的水域听到他船重复鸣放一长声接四短声的声号,下列判断正确的是_____。
   A. 他船为一被拖船或多艘被拖船的最后一艘
   B. 他船一定在航对水移动
   C. 他船一定在航不对水移动
   D. 他船可能处于锚泊

88. 能见度不良水域中,引航船在航执行引航任务时,除鸣放同等长度机动船的信号以为,还可鸣放_____。
   A. 一长声　　　　　　　　　　　　B. 两长声
   C. 三短声　　　　　　　　　　　　D. 四短声

89. 能见度不良水域中,引航船锚泊中执行引航任务时,除鸣放同等长度机动船的信号以外,还可鸣放_____。
   A. 一长声　　　　　　　　　　　　B. 两长声
   C. 三短声　　　　　　　　　　　　D. 四短声

90. 雾中发放声号的时间间隔每次不超过_____。
   A. 号笛、号钟、号锣均为2分钟　　　B. 号笛、号钟、号锣均为1分钟
   C. 号笛为2分钟,号钟、号锣均为1分钟　D. 号笛、号钟为2分钟,号锣为1分钟

91. 在能见度不良的水域中,锚泊的(我国)非机动船_____。
   A. 在锚泊期间,连续发放有效的响声
   B. 在听到来船雾号时,立即有间隔地急促地发放响声,直到他船驶过为止
   C. 在锚泊期间,在易被看见的地方,悬挂一盏明亮的白色环照灯,而无须发放声响信号
   D. 在看到来船时,立即有间隔地急促地发放响声,到来船在视线中消失为止

92. 能见度不良条件下,下述提法正确的是_____。
   A. 锚泊船可鸣放一短一长一短的声号作为一种警告驶近的他船注意本船的声号
   B. 搁浅船应按同等长度的锚泊船鸣放相应的声号
   C. 引航船在锚泊执行引航任务时,只能鸣放规定的四短声识别信号
   D. 长度小于7米的小船在任何地方锚泊都不必鸣放任何的声响信号

93. 雾中听到每隔约50秒急敲号钟约5秒的声号,则该船是_____。
   A. 被拖船　　　　　　　　　　　　B. 搁浅船
   C. 漂流船　　　　　　　　　　　　D. 锚泊船

94. 关于在能见度不良的水域中锚泊船应鸣放的声号,下列说法正确的是_____。
   A. 任何船舶均应鸣放规定或有效的声号　B. 任何船舶均应鸣放规定或有效的钟号
   C. 锚泊的声号与在航的声号相同　　　D. 所有船舶的声号应相同

95. 下列情况中可使用招引他船注意的信号的是_____。
   ①本船发现他船航行灯熄灭;②本船发现他船驶近危险物;③本船正在寻找落水者
   A. ①　　　　　　　　　　　　　　B. ①②③
   C. ②③　　　　　　　　　　　　　D. ①②

96. 在下列哪些情况下可以使用《规则》规定以外的声响和灯光信号以引起他船注意?
①本船发现遇险的落水者;②本船发现他船驶近渔船网具;③发现碍航物;④本船失去动力和电力
A. ②③④ B. ①②③④
C. ①③ D. ②④

97. 在下列哪些水域船舶可以使用《规则》规定以外的声响和灯光信号以引起他船注意?
①能见度不良的水域;②狭水道;③航行密集区;④分道通航制水域
A. ②③④ B. ①③
C. ②④ D. ①②③④

98. 关于招引他船注意的信号,下列说法正确的是_____。
①如需招引他船注意,任何船舶均可使用;②一艘通常不从事拖带作业的普通机动船在从事拖带另一艘遇险或需要救助的船时,应采取《规则》第36条准许的措施表明拖带船与被拖带船之间关系;③招引他船注意的信号只应使用探照灯;④只适用于在航船舶
A. ②③④ B. ①③
C. ②④ D. ①②

99. 关于招引他船注意的信号,下列说法正确的是_____。
①招引信号可以与《规则》条款信号相似,只要有不同之处即可;②招引信号可以与助航标志相似,只要有所不同即可;③应避免使用频闪灯
A. ①② B. ②③
C. ①②③ D. ③

100. 为招引他船注意,船舶可使用下列哪些声响或灯光信号?
①探照灯;②频闪灯;③与附近助航标志相区别的高亮旋转灯光;④与附近助航标志相区别高亮间歇灯光
A. ②③④ B. ①
C. ②④ D. ①②③④

101. 关于为招引他船注意的声响或灯光信号,下列说法正确的是_____。
①可以以任意的方式使用探照灯;②只要不与附近助航标志相混,可以使用频闪灯;③不应使用高亮的旋转灯光;④不应使用高亮的间歇灯光
A. ③④ B. ①
C. ②④ D. ①②③④

102. 关于为招引他船注意声响或灯光信号,下列说法正确的是_____。
①不应被误认是《规则》要求或准许的信号;②不应妨碍他船;③不应被误认为是助航标志;④不应使用高亮的间歇灯光和旋转灯光
A. ③④ B. ②④
C. ①②③④ D. ①②

103. 关于"使用招引注意信号的要求",下列说法中错误的一项是_____。
A. 不致被误认为本规则其他条款所准许的任何信号
B. 不致妨碍任何其他船舶;

C. 不致被误认为是任何助航标志的灯光
D. 应尽量使用诸如频闪灯这样高亮度的间歇灯或旋转灯

104. 船舶在下列什么情况下可以使用雾号连续发声?
①在能见度不良的水域锚泊;②发现他船驶近航行危险物;③船体严重倾斜需要救助;④船舶火灾需要救助
A. ①②③④ B. ②④
C. ①②   D. ③④

105. 你船在海上航行,用望远镜看到前方船显示上面一个球体,下面一面方旗的信号,它表示什么意义?
A. 他船失控
B. 从事敷设电缆的船舶正在作业
C. 遇险船需要救助
D. 从事清除水雷作业的船舶警告来船接近是危险的

106. 下列信号中属于遇险信号的是_____。
①每隔1分钟鸣放爆炸信号一次;②船上的火焰;③以雾号器具连续发声
A. ①   B. ①②
C. ②③   D. ①②③

107. 以下哪个是遇险信号?
A. 红色烟雾信号   B. 橙色烟雾信号
C. 红色闪光信号   D. 黄色闪光信号

108. 下列信号中哪些是遇险信号?
①连续不断燃放火光;②任何雾号器具连续发声;③每隔1分钟鸣放爆炸信号一次;④橙色烟雾信号
A. ①②③④   B. ②④
C. ①②③   D. ③④

109. 下列信号中哪些是遇险信号?
①每隔1分钟鸣放号钟或号锣5秒;②一长声笛号;③红色突耀火光;④将海水染成橙色
A. ①②③④   B. ②④
C. ①②③   D. ③④

110. 关于遇险信号,下列说法正确的是_____。
A. 不论是一起或分别使用或显示,均表示遇险需要救助
B. 只有以一定周期重复使用时,才表示遇险需要救助
C. 船舶在演习时可以短时间使用或显示
D. 船舶在演习时可以使用或显示

111. 下列属于遇险信号的是_____。
①由无线电示位标发出的信号;②以雾号器具连续发声;③至少五次短而急的闪光;④橙色烟雾信号
A. ①②③   B. ①②④

C.②③④ D.①②③④

第六节 瞭望

1. "瞭望"的目的是_____。
   ①对当时的局面做出充分的估计;②对碰撞危险做出充分的估计;③确定不存在碰撞危险的时间,以从事其他的驾驶工作
   A.① B.①③
   C.①② D.①②③

2. "瞭望"的目的是_____。
   A.对当时的局面及碰撞危险做出充分的估计
   B.及早发现来船,并对其是否与本船构成碰撞危险做出系统的分析
   C.避免紧迫局面
   D.避免紧迫危险

3. 保证船舶海上安全航行的首要做法是_____。
   A.保持正规瞭望 B.使用安全航速
   C.判断碰撞危险 D.采取避让行动

4. 瞭望条款的适用范围是_____。
   A.夜间,一切船舶 B.能见度不良时的一切船舶
   C.能见度良好时的任何船舶 D.任何能见度情况下的每一船舶

5. 下列哪些船舶应保持正规瞭望?
   ①独木舟;②锚泊中从事非拖网作业的非机动船;③失去控制的船舶
   A.① B.①③
   C.②③ D.①②③

6. 下列哪些船舶应保持正规的瞭望?
   ①在航船舶;②锚泊船;③搁浅船
   A.①②③ B.①②
   C.① D.②③

7. 下列说法哪个正确?
   A.锚泊船的瞭望可以比在航船的瞭望要求低些
   B.锚泊船只要保持定时的瞭望即可
   C.锚泊船应与在航船一样保持不间断的瞭望
   D.船舶不是在航道、狭水道或其他船舶密集区域锚泊时,可以不保持瞭望

8. 下列哪些船舶应保持正规的瞭望?
   ①将要离码头的船舶;②开阔水域航行的船舶;③失去控制的船舶;④正在执行公务的船舶
   A.①②③ B.②③④
   C.①②④ D.①②③④

9. 根据《国际海上避碰规则》,瞭望的目的是_____。

A. 对当时的局面和碰撞危险做出充分的估计
B. 及早发现来船,并对其是否与本船构成碰撞危险做出系统的分析
C. 避免紧迫局面
D. 避免紧迫危险

10. 船舶在雾中航行,如天气条件许可,则瞭望人员应尽可能增设在下列哪个位置?
A. 船舶驾驶台   B. 驾驶台顶上
C. 船的前部高处   D. 驾驶台两翼

11. 下列说法中哪个正确?
A. 在小船上,在操舵位置上能无阻碍地看到周围情况且不存在夜视障碍时,则舵工可以被视为瞭望人员
B. 若船上人员编制受限制,则舵工被视为瞭望人员是符合《规则》精神的
C. 只要进入开阔水域行驶,值班驾驶员可以被视为唯一的瞭望人员
D. 在能见度不良的水域中航行,只要业已派出"瞭头人员"就无须在驾驶台设置专职的雷达观测人员

12. 船舶在哪些情况下应安排足够的瞭望人员?
①狭水道航行;②进出港口;③通航密度很大的水域航行时;④白天大洋航行时
A. ①②③④   B. ①②③
C. ①②④   D. ②③④

13. 关于瞭望的人员,下列说法正确的是_____。
A. 驾驶员不应是唯一的瞭望人员
B. 舵工是唯一的瞭望人员
C. 舵工不操舵时是唯一的瞭望人员
D. 瞭望人员不得从事影响其瞭望的其他任务

14. 《国际海上避碰规则》第5条瞭望的适用对象包括_____。
①值班驾驶员;②值班水手;③船头瞭望人员;④负责雷达瞭望的人员
A. ①②③   B. ②③④
C. ①②④   D. ①②③④

15. 船舶在哪些情况下应安排足够的瞭望人员?
①狭水道航行;②进出港航行;③通航密度很大的水域航行;④白天大洋航行时;⑤锚泊时
A. ①②③④   B. ②③④
C. ①②③⑤   D. ①②③④⑤

16. 关于保持正规的瞭望,下列说法正确的是_____。
①应根据当时的环境和情况配备足够、称职的瞭望人员;②瞭望时使用适合当时环境和情况下的一切可以使用的手段;③瞭望应该是连续的、不间断的;④瞭望应该是全方位的
A. ①②③   B. ②③④
C. ①②④   D. ①②③④

17. 关于保持正规的瞭望,下列说法正确的是_____。
①瞭望人员的位置应尽量保证能获得最佳的瞭望效果;②瞭望应包括对本船的舵设备及助航

设备进行观察;③瞭望可因为定位、转向、海图作业等工作受到影响;④瞭望应该是全方位的
   A. ①②③
   B. ②③④
   C. ①②④
   D. ①②③④

18. 关于正规瞭望,下列最佳的说法是_____。
   A. 保持正规的瞭望,就意味着在任何时候,每一船舶应使用雷达进行不间断的观察
   B. 保持正规的瞭望,就意味着在任何时候,每一船舶应采取适合当时环境和情况下一切有效的手段保持系统的观察
   C. 保持正规的瞭望,就意味着在任何时候,每一船舶应使用视觉进行不间断的观察
   D. 保持正规的瞭望,就意味着在任何时候,每一船舶应使用听觉进行不间断的观察

19. 船舶在浓雾中航行,则船舶的瞭望人员_____。
   A. 只须保持雷达瞭望和听觉瞭望
   B. 除保持雷达瞭望和听觉瞭望外,还应保持不间断的视觉瞭望
   C. 应用适合当时环境和情况的一切有效手段保持不间断的瞭望
   D. 应保持视觉、听觉和雷达瞭望即可

20. 雷达的最大的优点是_____。
   A. 能提供海区内船舶的通航及分布情况
   B. 简易直观
   C. 能够获得碰撞危险的早期警报
   D. 准确可靠

21. 船舶在能见度不良水域航行时,瞭望人员的下列哪种做法是错误的?
   A. 应利用一切有效手段保持正规瞭望
   B. 除保持雷达瞭望和听觉瞭望外,还应保持视觉瞭望
   C. 及时用雷达瞭望替代视觉瞭望
   D. 应加强听觉和雷达瞭望

22. 正规瞭望应包括_____。
   ①雷达标绘;②对驾驶台设备和仪器的监控;③对海面障碍物的观察
   A. ①
   B. ①②③
   C. ②③
   D. ①③

23. 正规瞭望的手段包括_____。
   ①视觉;②听觉;③雷达
   A. ①
   B. ①②
   C. ①③
   D. ①②③

24. 通常认为,保持正规瞭望的手段和内容,除视觉、听觉外,还包括_____。
   ①对船舶现有设备和仪器的有效使用;②守听 VHF;③经常检查本船的号灯和号型是否正常显示
   A. ①
   B. ①③
   C. ②③
   D. ①②③

25. 正规瞭望的最基本手段是_____。
   A. 视觉
   B. 听觉
   C. 雷达
   D. AIS

26. 关于瞭望的手段,下列说法正确的是_____。
    A. 使用的手段应适合当时的环境和情况
    B. 只需要使用一种手段,只要是有效的
    C. 应同时使用所有的手段,不论是否有效
    D. 如果没有确定存在碰撞危险,可以使用任何手段

27. 保持正规瞭望最基本的和最主要的手段是_____。
    A. 视觉   B. 听觉
    C. 雷达   D. 无线电通信

28. 最简易、方便、直观的瞭望的手段是_____。
    A. 听觉瞭望   B. 雷达瞭望
    C. VHF 瞭望   D. 视觉瞭望

29. 正规瞭望的手段包括_____。
    ①听觉瞭望;②雷达观测和雷达标绘;③视觉瞭望;④守听 VHF 信息
    A. ①②③   B. ②③④
    C. ①②④   D. ①②③④

30. 船舶在浓雾中航行时,最有效的瞭望手段是_____。
    A. 视觉瞭望   B. 听觉瞭望
    C. 雷达瞭望   D. VHF 瞭望

第七节 安全航速

1. 所谓的"安全航速"是指_____。
    A. 备车、并以缓慢的速度行驶
    B. 与他船构成碰撞危险时,采用微速前进
    C. 允许有充分时间,以便能采取适当而有效的行动(包括把船停住)以避免碰撞的速度
    D. 只要来得及采取行动,不至于最后发生碰撞的速度

2. 狭水道内航行采用的安全航速是指_____。
    A. 备车航速
    B. 地方限速
    C. 前进三变为前进一
    D. 能够采取适当而有效的行动避免碰撞并能在适合当时环境和情况的距离内把船停住的速度

3. 对安全航速的正确解释是_____。
    A. 允许有时间采取适当而有效的行动避免碰撞并能在适合当时环境和情况的距离内把船停住的速度
    B. 能维持舵效的速度
    C. 在能见距离一半的距离内能把船停住的速度
    D. 保证不出事故的速度

4. 下列说法正确的是_____。
   A. 慢速船比快速船安全
   B. 安全航速是主机额定转速下的速度
   C. 某种情况下速度太低也会造成事故
   D. 所有的碰撞事故均是由于速度过高引起的

5. 下列哪种观点正确?
   A. 使用安全航速,就意味着每一船舶应坚持缓速行驶
   B. 只要来得及避免紧迫危险的形成,则该航速即可认为是安全航速
   C. 安全航速的规定,意味着一船当发现与他船构成碰撞危险后应立即采取大幅度的减速行动
   D. 能使一船采取适当而有效的避碰行动并能在适合当时环境和情况的距离内把船停住的航速,即为安全航速

6. 根据《规则》的规定,某船所采取的速度是否属于安全航速,应考虑的因素包括_____。
   ①是否属于高速航行;②当发生碰撞危险时能否在安全的距离内把船停住;③能否采取适当有效的行动
   A. ①②   B. ①③
   C. ②③   D. ①②③

7. 在能见度良好时,_____均应使用安全航速。
   A. 每一机动船在任何时候
   B. 每一船舶在任何时候
   C. 通航密集水域中的任何船舶
   D. 除操纵能力受到限制的船舶外的任何船舶在任何时候

8. 安全航速条款适用于_____。
   A. 每一船舶在互见中   B. 每一机动船在任何能见度
   C. 每一机动船在能见度不良时   D. 每一船舶在任何时候

9. 下列哪些船舶应以安全航速行驶?
   ①将要靠码头的船舶;②刚起锚欲驶往航道的船舶;③从事使其驶离航向的能力严重受到限制的作业的船舶
   A. ①   B. ①③
   C. ②③   D. ①②③

10. 关于安全航速条款的适用范围,下列说法正确的是_____。
    A. 只适用于用机器推进的船舶   B. 不适用失去控制的船舶
    C. 不适用操纵能力受到限制的船舶 D. 适用于任何在航的船舶

11. 在决定安全航速时,应考虑的首要因素是_____。
    A. 是否装有雷达   B. 能见度情况
    C. 船舶的操纵性能   D. 航道条件

12. 在决定安全航速时,应考虑的因素包括_____。
    ①能见度情况;②风、浪和流的情况以及靠近航海危险物的情况;③通航密度
    A. ①   B. ①③

117

C.①②   D.①②③

13. 在能见度不良的水域中航行,对装有可使用雷达的船舶在决定安全航速时的首要因素是_____。
    A. 雷达的特性   B. 能见度情况
    C. 航道条件   D. 通航密度

14. 在决定"安全航速"时,下列说法正确的是_____。
    A. 经济因素将是决定性的因素
    B. 船长应以船公司的指令为依据
    C. 船长首先应考虑航行的区域是否宽敞或为狭窄水道,并将其视为首要因素
    D. 不但应全面考虑当时的环境及情况,还应注意本船的操纵性能与可使用的雷达性能

15. 在确定安全航速时,应考虑的因素包括_____。
    ①能见度情况;②吃水与可用水深;③通航密度;④本船操纵性能
    A.①②③   B.②③④
    C.①②④   D.①②③④

16. 对于装有可使用雷达的船舶,在确定安全航速时,应考虑的因素包括_____。
    ①雷达设备的局限性;②所选用的雷达距离标尺;③雷达的生产商;④天气对雷达探测的影响
    A.①②③   B.②③④
    C.①②④   D.①②③④

第八节 碰撞危险

1. 每一船舶应用适合当时环境和情况的一切有效手段断定是否存在碰撞危险,如有怀疑,应_____。
   A. 认为不存在碰撞危险   B. 等一等,视具体情况再定
   C. 认为存在碰撞危险   D. 利用所得的资料重新推断

2. 关于碰撞危险,下列说法正确的是_____。
   A. 如果条件受到限制,只能根据不充分的资料做出推断,是《国际海上避碰规则》所允许的
   B. 虽经系统的观测,但所掌握的资料仍不充分,因而只能假定存在碰撞危险,这种做法是符合《国际海上避碰规则》精神的
   C. 如果条件受到限制,没有充分的资料,则不能做出任何推断
   D. 如果没有充分的资料,则不能做出存在碰撞危险的推断

3. 在判断碰撞危险时,正确的说法有_____。
   ①来船雾号有明显的方位变化,说明该船与本船没有碰撞危险;②如果没有充分的观测资料,则不能认为存在碰撞危险;③如果条件受到限制,无法获得充分的观测资料,应认为存在碰撞危险
   A.③   B.②
   C.①②   D.①③

4. 如果条件受到限制,所获得的观测资料是不充分的,则_____。

A. 应假定不存在碰撞危险
B. 不能做出存在碰撞危险的推断
C. 不能做出任何推断
D. 假定存在碰撞危险,是符合《国际海上避碰规则》精神的

5. 关于碰撞危险,下列说法正确的是_____。
①如两船间的 DCPA 小于安全的会遇距离,则说明两船构成碰撞危险;②如两船构成碰撞危险,则两船若保持航向、航速不变就势必发生碰撞;③判断两船是否构成碰撞危险,不仅应当考虑两船间的 DCPA,而且还必须考虑两船的 TCPA
A. ① B. ②
C. ③ D. ②③

6. 在下列哪些情况下船舶应用适合当时环境和情况的一切有效手段判断是否存在碰撞危险?
①将要靠码头;②刚起锚欲驶往航道;③从事使其偏离航向的能力严重受到限制的作业
A. ①② B. ②③
C. ①③ D. ①②③

7. 在下列哪些情况下船舶应用适合当时环境和情况的一切有效手段判断是否存在碰撞危险?
①正在进行操纵性试验;②正在进行测速;③大风浪中航行
A. ①② B. ②③
C. ①③ D. ①②③

8. 在判断碰撞危险时,下列哪种资料是不充分的?
①相对方位的变化;②凭雾号获得的资料;③利用雷达两次测得数据进行标绘的资料
A. ①③ B. ②③
C. ①② D. ①②③

9. 《国际海上避碰规则》第7条碰撞危险判断依据的不充分信息包括_____。
①观测数据不准确;②观测次数少;③仅凭雾号来判断来船的位置和动态
A. ① B. ①②
C. ②③ D. ①②③

10. 判断是否存在碰撞危险的根本性因素是_____。
①最近会遇距离;②船舶密度;③能见度;④到达最近会遇距离点的时间
A. ①② B. ②③
C. ①④ D. ②④

11. 下列属于判断船舶之间是否存在碰撞危险因素的是_____。
①DCPA;②TCPA;③船速
A. ①② B. ②③
C. ①③ D. ①②③

12. 如果两船的 DCPA=0,说明_____。
A. 两船保向保速必将导致碰撞 B. 两船保向保速可能导致碰撞
C. 两船保向保速不会导致碰撞 D. 两船存在碰撞危险

13. 在判断碰撞危险时,不充分的资料包括_____。

①观测数据不准确;②观测次数少;③仅凭雾号来判断来船的位置
A. ①②   B. ②③
C. ①③   D. ①②③

14. 判断碰撞危险时,如果来船的罗经方位没有明显变化,则应认为存在这种危险,"罗经方位"可以是_____。
①磁罗经方位;②陀螺罗经方位;③物标舷角
A. ①   B. ①③
C. ①②   D. ①②③

15. 判断是否存在碰撞危险时,考虑的因素是来船方位的变化情况,该方位是指_____。
A. 罗经方位   B. 相对方位
C. 舷角   D. 真方位

16. 判断碰撞危险时,如果来船的罗经方位没有明显变化,则应认为存在这种危险。"罗经方位"是指_____。
A. 真方位   B. 相对方位
C. 磁罗经或陀螺罗经方位   D. 舷角

17. 能见度良好时,以下判断碰撞危险的方法中最准确的是_____。
A. 舷角判断法   B. 距离判断法
C. 桅灯水平张角判断法   D. 罗经方位判断法

18. 在《国际海上避碰规则》第7条中,"如果来船的罗经方位没有明显变化,则应认为存在这种危险",此处的"罗经方位"是指_____。
A. 真方位   B. 相对方位
C. 磁罗经或陀螺罗经方位   D. 主罗经方位

19. 判断碰撞危险时,与罗经方位判断法相比,舷角判断法明显的缺点是_____。
A. 不能测定来船的距离   B. 易受船首偏荡的影响
C. 不够直观   D. 操作复杂

20. 在能见度不良的水域中,判断碰撞危险最有效的方法是_____。
A. 雷达标绘法   B. 根据他船鸣放的雾号的方位变化
C. 在雷达上观测来船方位的变化   D. 利用VHF询问他船航向航速

21. 在能见度不良的水域中,判断碰撞危险最有效的方法是_____。
A. 利用AIS获得他船的航行信息   B. 根据他船鸣放的雾号的种类和声音大小
C. 雷达标绘法   D. 利用VHF联系他船

22. 关于判断碰撞危险的手段,下列说法正确的是_____。
A. 使用的手段是否有效,应根据当时的环境和情况确定
B. 如果没有确定存在碰撞危险,不必使用任何手段
C. 应同时使用所有的手段,不论是否有效
D. 只需要使用一种手段,只要是有效的

23. 下列做法中,不属于正确使用雷达的是_____。
A. 把所有的按钮调整到最佳状态

B. 选择合适的雷达距离标尺和显示方式
C. 定期观测雷达回波方位,不用雷达标绘或与其相当的系统观察
D. 利用雷达观测的物标距离估计当时的能见度

24. 若雷达显示有回波且存在碰撞危险,但视觉观察未发现来船或其目标,则应_____。
    A. 认为是假回波   B. 调整增益和干扰抑制将回波消除
    C. 假设不存在碰撞危险   D. 假设存在碰撞危险

25. 根据《国际海上避碰规则》规定,正确使用雷达应做到_____。
    ①对能见距离做出更确切估计;②采用合适的显示方式;③进行雷达标绘或相当的系统观察;④获得碰撞危险的早期警报
    A. ①③④   B. ①②③
    C. ①②③④   D. ③④

26. 根据《国际海上避碰规则》规定,正确使用雷达应做到_____。
    ①选择适当的量程;②远距离扫描;③进行雷达标绘或相当的系统观察
    A. ①②   B. ①②③
    C. ①③   D. ②③

27. 船舶装有可使用的雷达,应正确使用,包括_____。
    ①远距离扫描并对测到的物标进行标绘;②远距离扫描并进行的系统观察;③利用两次回波方位距离进行标绘
    A. ①②   B. ②③
    C. ①③   D. ①②③

28. 船舶装有可使用的雷达,应正确使用,包括_____。
    ①熟悉雷达的性能、效率与局限性;②根据当时的环境和情况选合适的雷达显示方式和量程;③由胜任人员对雷达保持系统、连续不间断、有规律的观测
    A. ①②   B. ②③
    C. ①③   D. ①②③

29. 船舶装有可使用的雷达,应正确使用,包括_____。
    ①熟悉雷达存在的误差,并掌握消除误差的方法;②熟悉雷达控制面板上各种开关、按钮的功能及作用,并将面板上的旋钮调到最佳位置;③远距离扫描,以便能获得碰撞危险的早期警报
    A. ①②   B. ②③
    C. ①③   D. ①②③

30. 下列说法_____正确。
    A. 对 ARPA 雷达保持不间断的观察,应认为是一种与雷达标绘相当的系统观察
    B. 在判断是否存在碰撞危险时,只有 ARPA 雷达才是一种可信任的有效手段
    C. 《国际海上避碰规则》将要求任何装有雷达的船舶均必须进行"雷达标绘",否则,将被认为是一种不正规的瞭望
    D. 在进行雾中避让时,"雷达标绘"是不符合"海员通常做法"的一种做法

31. 在海上,用雷达来协助避碰时,通常把雷达放在_____海里挡上进行标绘。
    A. 24   B. 12

C. 6					D. 3

32. 进行雷达标绘,应当系统观测来船回波方位、距离,通常情况下为标绘同一个矢量,应当观测至少_____。
    A. 两次或三次以上			B. 三次或三次以上
    C. 四次或四次以上			D. 六次或六次以上

33. 下列哪种方法可以认为是与雷达标绘相当的系统观察?
    A. 对 ARPA 雷达保持连续观察		B. 连续观察他船的 AIS 信息
    C. VHF 守听他船动态			D. 根据来船雾号判断

34. 下列可以认为是与雷达标绘相当的系统观察的是_____。
    ①在 ARPA 上保持连续系统的观察;②利用电子方位线对物标进行连续的跟踪观测和分析;③连续观测他船的回波方位、距离,根据"方位-距离变化率表"来进行判断;④连续观察他船的 AIS 信息
    A. ①②③				B. ②③④
    C. ①②④				D. ①②③④

35. 来船方位即使有明显变化,有时也可能存在碰撞危险是指_____。
    ①驶近一艘很大的船;②驶近拖带船组;③近距离驶近他船
    A. ①					B. ①③
    C. ①②				D. ①②③

36. 来船的罗经方位有明显的变化,也可能存在碰撞危险的情况有_____。
    ①驶近一艘很大的船;②驶近拖带船组;③近距离驶近他船;④来船正在做一连串小转向
    A. ①					B. ①③
    C. ①②③				D. ①②③④

37. 舷角判断法的最大的缺点是_____。
    A. 易受船首偏荡的影响,不够准确		B. 费时
    C. 不直观				D. 可操作性差

38. 来船的罗经方位有明显的变化,也可能存在碰撞危险的情况是_____。
    ①驶近一艘很大的船;②来船正在对航向或航速做一连串的小变动;③近距离驶近来船
    A. ①②				B. ②③
    C. ①③				D. ①②③

39. 来船的罗经方位有明显的变化,也可能存在碰撞危险的情况是_____。
    ①驶近一艘很大的船;②驶近拖带船队;③近距离驶近他船;④来船正在对航向做一连串的小变动;⑤来船速度较快
    A. ①②③④⑤				B. ②③④⑤
    C. ①②④				D. ①②③④

40. 对于本船右舷的来船,当其罗经方位明显减小时,说明_____。
    A. 将从本船的船首前方通过		B. 将从本船的船尾后方通过
    C. 存在碰撞危险			D. 没有碰撞危险

41. 对于本船右舷的来船,当其罗经方位明显增大时,说明_____。

A. 将从本船的船尾后方通过　　　　B. 将从本船的船首前方通过
C. 存在碰撞危险　　　　　　　　　D. 没有碰撞危险

42. 对于本船左舷的来船,当其罗经方位明显减小时,说明_____。
A. 将从本船的船首前方通过　　　　B. 将从本船的船尾后方通过
C. 存在碰撞危险　　　　　　　　　D. 没有碰撞危险

43. 对于本船左舷的来船,当其罗经方位明显增大时,说明_____。
A. 将从本船的船尾后方通过　　　　B. 将从本船的船首前方通过
C. 存在碰撞危险　　　　　　　　　D. 没有碰撞危险

第九节　避免碰撞的行动

1. 为避免碰撞的任何行动,如当时环境许可,应是积极地并及早地进行和运用良好船艺,它的先决条件是_____。
   A. 在互见中
   B. 按照驾驶和航行《规则》各条规定采取
   C. 没有任何先决条件
   D. 能够导致在安全距离驶过的行动

2. 互见中存在让路船和直航船的情况下,应及早采取行动,以避免紧迫局面的形成是_____。
   A. 让路船的责任
   B. 直航船的责任
   C. 让路船和直航船共同的责任
   D. 当让路船不履行时,由直航船履行

3. 为避免碰撞的任何行动,应根据本章(驾驶和航行规则)各条规定采取,如当时环境许可,应是积极地,并及早地进行和运用良好船艺。关于"及早"的规定适用于_____。
   A. 互见中构成碰撞危险的船舶
   B. 能见度不良时任何构成碰撞危险的船舶
   C. 任何能见度情况下的任何负有避让责任的船舶
   D. 任何能见度情况下的任何构成碰撞危险的船舶

4. "为避免碰撞的任何行动,应根据本章(驾驶和航行规则)各条规定采取,如当时环境许可,应是积极地并应及早地进行……",该款规定(第8条1款)适用于_____。
   A. 让路船
   B. 直航船
   C. 任何负有避让责任的船舶
   D. 互见中任何负有避让责任的船舶

5. 《国际海上避碰规则》第8条避免碰撞的行动这一条适用于_____。
   A. 互见中
   B. 能见度良好时
   C. 能见度不良的互见中
   D. 任何能见度情况

6. 为避免碰撞的任何行动,应根据本章(驾驶和航行规则)各条规定采取,如当时环境许可,应是积极地并及早地进行和运用良好船艺。这是对下列哪些船舶所提出的要求?
   A. 所有的让路船
   B. 所有的让路船和直航船
   C. 任何构成碰撞危险的船舶
   D. 任何负有避让责任的船舶

7. 为避免碰撞的任何行动,应根据本章(驾驶和航行规则)各条规定采取,如当时环境许可,应是积极地并及早地进行和运用良好船艺。这一规定适用于_____。
   A. 互见中
   B. 能见度不良时
   C. 能见度良好时
   D. 任何能见度情况

8. 下列关于避碰行动的说法正确的是_____。
   A. 任何避碰行动均应及早地进行
   B. 任何船舶均应及早采取避碰行动
   C. 直航船不需要采取任何避碰行动
   D. 让路船应及早地采取避碰行动

9. 在海上用雷达协助避让时,如用降速,应至少降速多少才能作为宽让?
   A. 降至原航速的 1/4
   B. 降至原航速的 1/3
   C. 视原航速的大小而定
   D. 与当时的会遇局面、会遇两船的船速等有关,应能导致在安全距离驶过并使他船用雷达观测时容易察觉到

10. 采取避碰措施中,最忌讳的是_____。
    A. 大幅度左转
    B. 大幅度减速
    C. 对航向、航速做一连串小变动
    D. 大幅度加速

11. 交叉相遇局面中,让路船为避让其右舷角 50°的来船采取转向措施,最容易被直航船用视觉察觉的行动是_____。
    A. 向右转向 10°
    B. 向右转向 20°
    C. 向左转向 20°
    D. 向右转向使船头对准他船船尾

12. 互见中,最容易被他船用视觉察觉的避让行动通常是_____。
    A. 大幅度转向
    B. 大幅度减速
    C. 小角度转向
    D. 停车,把船停住

13. 转向避让时,为获得相同的避让效果,慢船应比快船_____。
    A. 转得早、转得大
    B. 转得早、转得小
    C. 一样
    D. 转得大、转得晚

14. 为避免碰撞而做的航向和(或)航速上的任何改变,如当时环境许可,应_____。
    A. 大得足以使他船用视觉观测时容易察觉到
    B. 大得足以使他船用雷达观测时容易察觉到
    C. 大得足以使他船用视觉或雷达观测时容易察觉到,并能导致两船在安全距离上通过
    D. 大得足以使他船用视觉或雷达观测时容易察觉到,并不至于形成紧迫危险

15. 当你在雷达上观测到他船位于本船的船首附近,并与本船航向相反,来船的哪种动态最易从相对运动线上被发现?
    A. 大幅度减速
    B. 航速和航向的一系列的小变动
    C. 大幅度转向
    D. 将速度降为原来的一半

16. 在确定避碰行动是否满足大幅度的要求时,下列说法正确的是_____。
    A. 应考虑当时具体的环境和情况
    B. 主要考虑船舶的操纵性能
    C. 主要考虑他船是否装备雷达
    D. 主要考虑能否避免碰撞

17. 为避免碰撞所采取的行动应能导致_____。

A. 避免紧迫危险的形成 B. 在安全距离上驶过
C. 各自从他船的左舷驶过 D. 各自从他船的右舷驶过

18.《国际海上避碰规则》规定，为避免与他船碰撞而采取的行动应能_____。
A. 导致紧迫危险的消失 B. 导致让清他船
C. 导致在安全距离上驶过 D. 避免碰撞

19.《国际海上避碰规则》对为避免碰撞所采取的行动的结果的要求是_____。
A. 不致发生碰撞
B. 最大限度减少碰撞损失
C. 避免紧迫局面的形成，能导致两船在安全的距离上驶过
D. 避免紧迫危险的形成

20.《国际海上避碰规则》规定的为避免碰撞所采取的行动，其目的是_____。
A. 避免船舶发生碰撞 B. 最大限度减少碰撞损失
C. 导致两船在安全的距离驶过 D. 避免紧迫危险的形成

21. 为避免碰撞而采取的行动，应能导致在安全的距离上驶过，该规定适用的船舶包括_____。
①对遇局面中的两船；②交叉局面中的让路船；③追越局面中的追越船
A. ①② B. ②③
C. ①③ D. ①②③

22. 互见中存在让路船和直航船的情况下，让路船应及早采取行动，以避免_____。
A. 碰撞危险形成 B. 紧迫局面形成
C. 紧迫危险形成 D. 发生碰撞

23. 为避免碰撞而采取的行动，应能导致在安全的距离上驶过，该规定适用的船舶是指_____。
A. 让路船 B. 任何负有避让责任的船舶
C. 直航船 D. 负有同等避让责任的船舶

24. 避让行动的有效性是指_____。
A. 能导致两船在安全的距离上驶过
B. 能使他船用视觉或雷达观察时容易察觉到
C. 能导致两船在安全的距离上驶过，并能使他船用视觉或雷达观察时容易察觉到
D. 使船舶不发生紧迫危险

25. 下列哪些船舶应核查避让行动的有效性？
①让路船；②直航船；③对遇局面中的两船；④任何构成碰撞危险的船舶
A. ①②③④ B. ①②③
C. ①④ D. ③④

26. 下列说法正确的是_____。
A. 核查避让行动的有效性，仅适用于让路船
B. 核查避让行动的有效性，仅适用于负有让路责任和义务的船舶
C. 由于直航船具有"保速保向"的权力，因而，查核避让行动的有效性，不适用于直航船
D. 让路船与直航船均负有查核避让行动的有效性的责任和义务

27. 在核查避让行动有效性过程中的船舶应认为_____。

A. 碰撞危险已经过去　　　　　　　　B. 仍处于碰撞危险的状态中
C. 正在安全通过　　　　　　　　　　D. 处于紧迫局面

28. 避让行动有效性的核查的规定适用于下列哪些船舶？
A. 让路船　　　　　　　　　　　　　B. 直航船
C. 让路船和直航船　　　　　　　　　D. 任何构成碰撞危险的船舶

29. 避让行动有效性的核查的规定适用于下列哪些船舶？
①交叉相遇局面中的两船；②对遇局面中的两船；③能见度不良时已经构成碰撞危险但尚未互见时的在航两船
A. ①　　　　　　　　　　　　　　　B. ①②
C. ①③　　　　　　　　　　　　　　D. ①②③

30. 避让行动有效性的核查的规定适用于下列哪些船舶？
①互见中的追越船；②互见中的被追越船；③互见中构成碰撞危险的两艘操纵能力受到限制的船舶
A. ①②　　　　　　　　　　　　　　B. ①②③
C. ①③　　　　　　　　　　　　　　D. ②③

31. 如需为避免碰撞或留有更多的时间估计局面，船舶应_____。
A. 采取大幅度转向　　　　　　　　　B. 使用安全航速
C. 运用良好船艺　　　　　　　　　　D. 减速、停车或倒车把船停住

32. 当你驾驶的机动船对两船会遇局面难以断定时，你最好是_____。
A. 减速、停车或倒车把船停住
B. 鸣放警告声号或使用灯光信号警告来船
C. 把自己当作让路船，并及早地采取大幅度的转向
D. 把自己当作直航船，并保向保速

33. 根据《国际海上避碰规则》关于避免碰撞的行动的要求，如单用转向无法避免紧迫局面，应当_____。
A. 减速或把船停住　　　　　　　　　B. 减速并把船停住
C. 必要时减速或把船停住　　　　　　D. 保持航向不变

34. 根据《国际海上避碰规则》关于避免碰撞的行动的要求，如果本船与他船会遇构成碰撞危险但局面判断不清，应当_____。
A. 减速或把船停住　　　　　　　　　B. 减速并把船停住
C. 必要时减速、停车或倒车把船停住　D. 将本船当作让路船，及早采取行动

35. 根据《国际海上避碰规则》关于避免碰撞的行动的要求，如果本船同时与多船相遇构成碰撞危险且局面判断不清，应当_____。
A. 减速或把船停住　　　　　　　　　B. 减速并把船停住
C. 必要时减速、停车或倒车把船停住　D. 将本船当作让路船，及早采取行动

36. 根据《国际海上避碰规则》以及海上避碰实际，船舶通常应当减速的情况包括_____。
①渔区航行；②通航密度较大的水域中航行；③背景亮光等严重妨碍正规瞭望；④雨雪干扰、海浪干扰等因素影响雷达观测

A. ① B. ①②
C. ①②③ D. ①②③④

37. 根据《国际海上避碰规则》避免碰撞的行动条款规定,船舶应采取减速停车、倒车把船停住的时机是_____。
①为避免碰撞的需要;②为留有更多的时间来估计局面;③与他船构成紧迫局面时
A. ①② B. ②③
C. ①③ D. ①②③

38. 紧迫局面一般可理解为_____。
A. 两船距离已近,避让行动不协调
B. 两船距离接近到两船同时采取行动已难免发生碰撞
C. 两船距离接近到单凭一船采取行动已难免发生碰撞
D. 两船距离接近到单凭一船采取行动已不能在安全距离上驶过

39. 紧迫局面的含义是_____。
A. 两船接近到单凭一船的行动已经不能保证在安全距离上驶过的局面
B. 两船接近到已小于一船用满舵避让时的进距
C. 雾中使用雷达协助避让时,对正横前的来船的最近会遇距离已小于2 n mile 的局面
D. 两船距离小于安全距离

40. 紧迫危险一般可理解为_____。
A. 两船距离已近,碰撞已不可避免
B. 两船距离接近到两船同时采取行动已难以避免发生碰撞
C. 两船距离接近到单凭一船采取行动已难免发生碰撞
D. 两船距离接近到单凭一船采取行动已不能在安全距离上驶过

41. 紧迫危险的含义是_____。
A. 两船接近到单凭一船的行动已经不能保证在安全距离上驶过的局面
B. 两船接近到已小于一船紧急停船距离的局面
C. 雾中使用雷达协助避让时,对正横前的来船的最近会遇距离已小于0.5 n mile 的局面
D. 两船距离接近到单凭一船采取行动已难以避免发生碰撞的局面

42. 在航海实践中,船舶在能见度不良的开阔水域中航行,在雷达上发现他船并及时地标绘他船的运动态势后,_____通常是最有效的避碰行动。
A. 减速 B. 转向结合变速
C. 单凭转向 D. 转向结合减速

43. 船舶在足够的水域中及时地、大幅度地、且不致造成另一紧迫局面的转向,可能是_____。
A. 最有效的避碰行动 B. 避免紧迫危险的最有效的行动
C. 避免紧迫局面最有效的行动 D. 避免碰撞危险最有效的行动

44. 单凭转向可能是避免紧迫局面的最有效行动,应具有的条件是_____。
①有足够的水域;②及时地、大幅度地;③不致造成另一紧迫局面
A. ① B. ①③
C. ①② D. ①②③

45. 单凭转向可能是避免紧迫局面的最有效行动,应具有的条件是_____。
①有足够的水域;②及时地、大幅度地;③不致造成另一紧迫局面;④转向行动应当按照《规则》要求采取
   A. ①②③④　　　　　　　　　　B. ①②③
   C. ①④　　　　　　　　　　　　D. ③④

46. 下列哪种情况不是良好船艺的运用?
   A. 对遇局面中采取向左转向,以增大会遇距离
   B. 雾中使用雷达保持警戒并对观测到的物标进行雷达标绘
   C. 失去控制的船舶用炫耀的灯光引起他船的注意
   D. 狭水道航行时备车备锚

47. "不应妨碍"规定适用于_____。
①两船相遇,尚未构成碰撞危险之前;②两船相遇构成碰撞危险之后;③仅适用于互见中的两船
   A. ①　　　　　　　　　　　　　B. ①③
   C. ①②　　　　　　　　　　　　D. ①②③

48. "不应妨碍"规定适用于_____。
   A. 能见度不良时　　　　　　　　B. 能见度良好时
   C. 互见中　　　　　　　　　　　D. 任何能见度

49. "不应妨碍",意味着"不应妨碍他船的船舶"应_____。
   A. 给"不应被妨碍的船舶"让路
   B. 互见中给"不应被妨碍的船舶"让路
   C. 避免与"不应被妨碍的船舶"构成碰撞危险
   D. 避免与"不应被妨碍的船舶"构成紧迫局面

50. 在狭水道中,一船"不应妨碍"另一船,就意味着"不应妨碍他船的船舶"应_____。
   A. 尽可能采用避免发生紧迫危险的方法航行
   B. 尽可能缓慢地航行
   C. 尽可能采用避免构成碰撞危险的方法航行
   D. 沿航道中心航行,以避免过分接近靠右航行船舶的安全通过

51. "不应妨碍",意味着"不应妨碍他船的船舶"应避免与"不应被妨碍的船舶"之间构成_____。
   A. 紧迫危险　　　　　　　　　　B. 紧迫局面
   C. 碰撞危险　　　　　　　　　　D. 使本船成为直航船的会遇局面

52. 不应妨碍他船的船舶应_____。
①尽可能采取导致两船在安全的距离上通过的方法航行,即避免两船形成紧迫局面;②尽可能采取避免发生紧迫危险的方法航行;③采取行动以留出足够的水域供他船安全通过
   A. ①②　　　　　　　　　　　　B. ②③
   C. ①　　　　　　　　　　　　　D. ③

53. 一艘不应妨碍他船的船舶和一艘不应被其妨碍的船舶相遇,在构成碰撞危险之前_____。

A. 不应妨碍的责任尚未产生
B. 不应妨碍他船的船舶应给他船让路
C. 不应被妨碍的船舶没有保向保速的权利或义务
D. 不应被妨碍的船舶应保向保速

54. 在构成碰撞危险之前，不应妨碍他船的船舶，其不应妨碍责任_____产生，不应被妨碍的船舶_____保向保速的义务。
    A. 尚未；没有   B. 已经；没有
    C. 尚未；应履行   D. 已经；应履行

55. 互见中，当不应妨碍他船的船舶和不应被其妨碍的船舶构成碰撞危险时，若不应妨碍他船的船舶成为直航船，则_____。
    A. 不应妨碍的责任解除
    B. 不应妨碍他船的船舶仍须给他船让路
    C. 不应妨碍他船的船舶应根据直航船的行动条款采取行动
    D. 不应被妨碍的船舶的让路责任解除

56. 互见中，当不应妨碍他船的船舶和不应被其妨碍的船舶构成碰撞危险时，若不应妨碍他船的船舶成为让路船，则_____。
    A. 不应妨碍的责任解除
    B. 不应妨碍他船的船舶的让路责任解除
    C. 不应妨碍他船的船舶应根据让路船的行动条款采取行动
    D. 不应被妨碍的船舶的保向保速的责任解除

57. 下列说法正确的是_____。
    A. 不应被妨碍的船舶有时也须给负有不应妨碍的义务的他船让路
    B. 当不应妨碍他船的船舶处于直航船的位置时，就解除了其不应妨碍的义务
    C. 不应妨碍他船的船舶均是深吃水的船舶
    D. 如果构成碰撞危险，不应妨碍他船的船舶须给不应被妨碍的船舶让路

58. 按《国际海上避碰规则》规定，在互见中"不应妨碍"他船的船舶，当与不应被妨碍的船舶构成碰撞危险时，_____。
    A. 一定是让路船   B. 一定是直航船
    C. 可能是直航船   D. 既不是让路船也不是直航船

59. 《国际海上避碰规则》中规定不应妨碍他船的船舶可能是_____。
    ①直航船；②让路船；③有同等避让责任的船舶
    A. ①   B. ①②
    C. ②③   D. ①②③

60. 要求不应妨碍他船的船舶与不应被妨碍的船舶构成碰撞危险时，_____。
    A. 如果后者为让路船，则解除前者不应妨碍的责任
    B. 如果后者为让路船，则解除后者的让路责任
    C. 如果后者为直航船，则解除后者的保向保速责任
    D. 无论何种情况，均不解除后者的任何责任或义务

第十节 狭水道

1. 狭水道右行条款适用于_____。
   A. 一切船舶
   B. 除帆船和船长小于 20 m 的船舶
   C. 除捕鱼船以外的船舶
   D. 除穿越船以外任何船舶

2. 狭水道右行规则适用于_____。
   A. 非机动船之外的任何船舶
   B. 除长度小于 20 m 的船舶和帆船以外的任何船舶
   C. 除失去控制的船舶,操纵能力受到限制的船舶外的任何船舶
   D. 任何沿狭水道或航道行驶的船舶

3. 狭水道中的关于追越声号的规定被写进船舶在任何能见度情况下的行动规则,狭水道追越声号的规定适用于_____。
   A. 任何能见度
   B. 仅适用于"互见"
   C. 能见度良好时
   D. 能见度良好时,无论是否互见

4. 《国际海上避碰规则》第 9 条狭水道过弯头或地段的规定适用于_____。
   A. 狭水道或航道的弯头
   B. 被居间障碍物遮蔽的狭水道或航道的弯头或地段
   C. 被居间障碍物遮蔽的狭水道
   D. 狭水道或航道的弯头或通航密度较大的地段

5. 在弯曲水道中,循相反方向沿狭水道行驶的两机动船航向交叉相互驶近并构成碰撞危险,则_____。
   A. 互见中应遵守交叉相遇条款
   B. 无论是否互见均应遵守狭水道条款
   C. 无论是否互见均应遵守船舶之间的责任条款
   D. 应遵守直航船行动条款

6. 在弯曲的狭水道中,循相反方向行驶的两机动船航向交叉相互驶近并构成碰撞危险,则首先遵守_____。
   A. 交叉相遇条款
   B. 狭水道条款
   C. 让路船的行动条款
   D. 直航船的行动条款

7. 《国际海上避碰规则》第 9 条狭水道条款适用于_____。
   A. 一切船舶
   B. 除帆船和船长小于 20 米的船舶
   C. 除从事捕鱼船以外的船舶
   D. 除穿越船以外的任何船舶

8. 关于《国际海上避碰规则》第 9 条狭水道条款的适用范围,以下说法正确的是_____。
   ①适用于一切船舶;②适用于任何能见度;③仅适用于互见
   A. ①②
   B. ①③
   C. ②③
   D. ②

9. 当你船听到右首舷弯道方向传来一长声声号后,你应_____。

A. 回答二长声,并向右转向

B. 回答二长声,并继续保持在水道的右侧谨慎行驶

C. 回答一长声,并继续保持在水道的右侧谨慎行驶

D. 回答三短声,倒转推进器把船停住

10. 船舶沿狭水道或航道行驶时,只要安全可行,应尽量_____。

A. 靠右行驶

B. 靠近本船右舷一边行驶

C. 靠近本船右舷的该水道或航道的外缘行驶

D. 在航道中心线右侧行驶

11. 关于狭水道条款,下列何项正确?

A. 在任何情况下,船舶均应靠近本船右舷的航道外缘行驶

B. 只要安全可行,船舶应尽量靠近本船右舷的航道外缘行驶

C. 由于工作性质,"操纵能力受到限制的船舶"可以背离"右行"规定

D. 由于帆船的操纵特点,所以背离"右行"规定,是无可非议的

12. 狭水道条款中关于"尽量靠近其右舷的该水道或航道的外缘行驶"的要求_____。

A. 不适用于只能在狭水道内行驶的船舶   B. 只适用于只能在狭水道内行驶的船舶

C. 适用于任何在狭水道内行驶的船舶   D. 适用于任何沿狭水道行驶的船舶

13.《国际海上避碰规则》第 9 条狭水道条款的第一款要求船舶靠右行驶,是指_____。

A. 只要求船舶靠右侧行驶即可

B. 应保持在水道中央线的右侧行驶即可

C. 不同吃水的船舶应根据水道的水深及本船的吃水来决定本船应驶的区域

D. 尽量从他船右舷追越

14.《国际海上避碰规则》第 9 条狭水道条款要求沿狭水道或航道行驶的船舶,只要安全可行,应尽量靠近其右舷的该水道或航道的外缘行驶,这意味着_____。

A. 小船、帆船如完全可以在航道外的水域行驶,则不应进入航道,而应顺着邻近航道一侧的船舶总流向行驶

B. 应保持在水道中央线的右侧行驶即可

C. 深吃水的船舶不必靠右侧的外缘行驶

D. 追越时应尽可能从他船右舷通过

15. 狭水道条款要求"船舶尽量靠右行驶",应理解为_____。

A. 只要求船舶靠右侧行驶即可

B. 浅吃水船应比深吃水船更靠右些

C. 尽量从他船的右舷追越

D. 应保持在水道中央线的右侧行驶即可

16.《国际海上避碰规则》第 9 条狭水道条款要求沿狭水道或航道行驶的船舶,只要安全可行,应尽量靠其右舷的该水道或航道的外缘行驶,这意味着_____。

①《国际海上避碰规则》并不希望船舶过分地靠近狭水道或航道的右侧的岸边或浅滩行驶,从而把本船至于危险的境地中;②只要安全可行,通常指船舶遵守本款的靠右行驶规定,不致

发生航行危险;③安全可行还包括充分地考虑浅水效应、岸壁效应等的影响,而不使船舶陷入航行危险的境地

A.①② B.①③
C.②③ D.①②③

17. 帆船和长度小于20 m的船舶,不应妨碍_____。
   A. 在狭水道或航道内航行的机动船通行
   B. 在狭水道或航道内从事捕鱼的船舶通行
   C. 只能在狭水道或航道内安全航行的船舶通行
   D. 其他沿狭水道或航道航行的船舶通行

18. 你船沿狭水道航行,显示圆柱体,看见左前方正在穿越狭水道的帆船方位不变,距离接近,下述说法正确的是_____。
   ①帆船应避让你船;②你船应避让帆船;③帆船不应妨碍你船
   A. ② B. ①③
   C. ②③ D. ①②③

19. 在狭水道内,从事捕鱼的船舶不应妨碍_____。
   A. 除穿越狭水道的船舶以外的任何其他船舶的通行
   B. 任何在狭水道或航道内安全航行的机动船的通行
   C. 除帆船与长度小于20 m的船舶以外的任何船舶的通行
   D. 任何其他船舶的通行

20. 下列哪种船舶不应妨碍任何其他在狭水道或航道以内航行的船舶通行?
   ①帆船;②船长小于20 m的船;③从事捕鱼的船
   A. ① B. ①②
   C. ③ D. ①②③

21. 对《国际海上避碰规则》第9条的规定,理解正确的是_____。
   A. 从事捕鱼的船舶,不应妨碍只能在狭水道或航道以内航行的船舶通行
   B. 从事捕鱼的船舶,不应妨碍任何其他在狭水道或航道以内航行的船舶通行(帆船和长度小于20 m的船舶除外)
   C. 帆船或者长度小于20 m的船舶不应妨碍从事捕鱼的船舶
   D. 从事捕鱼的船舶,不应妨碍任何其他在狭水道或航道以内航行的船舶通行

22. 你船沿狭水道航行,显示垂直三盏红灯,两盏桅灯、舷灯和尾灯,看见右前方他船显示上绿下白和红舷灯,两船致有构成碰撞危险,下述说法正确的是_____。
   ①他船应给你船让路;②你船应给他船让路;③他船不应妨碍你船
   A. ①② B. ①③
   C. ②③ D. ①②③

23. 你船沿狭水道航行,显示垂直三盏红灯,两盏桅灯、舷灯和尾灯,看见左前方他船显示上红下白和绿舷灯,两船致有构成碰撞危险,下述说法正确的是_____。
   ①他船应给你船让路;②你船应给他船让路;③他船不应妨碍你船
   A. ①② B. ①③

C.②③   D.①②③

24. 穿越狭水道或航道的船舶不应妨碍_____。
   A. 任何在狭水道或航道内航行的船舶的通行
   B. 任何在狭水道或航道内航行的机动船的通行
   C. 只能在狭水道或航道内安全航行的船舶的通行
   D. 只能在狭水道或航道内安全航行的机动船的通行

25. 下列说法正确的是_____。
   A. 穿越狭水道的船舶也有可能不是一艘"不应妨碍的船舶"
   B. 任何穿越船在互见中与沿狭水道航行的限于吃水的船舶构成碰撞危险时,肯定是一艘让路船
   C. 在有碰撞危险的情况下,穿越船一定是让路船
   D. 穿越狭水道的船舶不应妨碍任何在狭水道或航道内航行的机动船的通行

26. 你船沿狭水道航行,显示圆柱体,看见左前方正在穿越狭水道的他船挂有一尖端向下的圆锥体号型,两船距离接近,方位不变。下述说法正确的是_____。
   ①他船应给你船让路;②你船应给他船让路;③他船不应妨碍你船
   A.①②   B.①③
   C.②③   D.①②③

27. 你船沿狭水道航行,显示垂直三盏红灯,两盏桅灯、舷灯和尾灯,看见右前方驶来的他船显示前后桅灯和红舷灯,两船致有构成碰撞危险,下述说法正确的是_____。
   ①他船应给你船让路;②你船应给他船让路;③他船不应妨碍你船
   A.①②   B.①③
   C.②③   D.①②③

28. 你船沿狭水道航行,显示垂直三盏红灯,两盏桅灯、舷灯和尾灯,看见左前方驶来的他船显示前后桅灯和绿舷灯,两船致有构成碰撞危险,下述说法正确的是_____。
   ①他船应给你船让路;②你船应给他船让路;③他船不应妨碍你船
   A.①②   B.①③
   C.②③   D.①②③

29. 在狭水道或航道内追越,追越船的驾驶员应意识到_____。
   ①与他船靠得太近而引起的碰撞危险;②与他船间的船吸作用致使一船朝另一船方向偏转而导致碰撞;③因岸吸岸推作用而造成碰撞
   A.①②   B.①③
   C.②③   D.①②③

30. 有关在狭水道或航道内追越,下列说法正确的是_____。
   ①船舶在追越中,通常从被追船的左舷追越;②如被追越船同意追越,应采取措施让出航道,并注意减速,以减小会遇的时间;③追越船在追越中应保持足够的横距,以防止船吸现象的发生
   A.①②   B.①③
   C.②③   D.①②③

31. 关于只能在狭水道或航道以内安全航行的船舶,下列说法正确的是_____。
    A. 只能在狭水道或航道以内安全航行的船舶是指限于吃水的船舶
    B. 只能在狭水道或航道以内安全航行的船舶包括限于吃水的船舶
    C. 限于吃水的船舶包括只能在狭水道或航道以内安全航行的船舶
    D. 限于吃水的船舶不限于只能在狭水道或航道以内安全航行的船舶

32. 判断一船是否属于"只能在狭水道或航道内安全航行的船舶"的依据是_____。
    A. 船舶的吨位   B. 船舶的长度
    C. 船舶的型深   D. 船舶驶离航向的能力

33. 在狭水道或航道内,一船听到后船鸣放追越声号时应_____。
    A. 立即鸣放同意声号
    B. 可不鸣放任何声号,任其追越
    C. 若同意追越,应鸣放同意声号,并采取相应行动
    D. 立即采取相应行动,以允许安全通过

34. "只能在狭水道或航道内安全航行的船舶"是指_____。
    A. 船长大于20米的机动船
    B. 深吃水船
    C. 由于水深受限,致使其转向能力严重地受到限制的机动船
    D. 由于可航水域宽度受限,致使其转向能力严重地受到限制的船舶

35. 在狭水道内不应被妨碍的"只能在狭水道或航道内安全航行的船舶"_____。
    A. 指的就是限于吃水的船舶
    B. 包括限于吃水的船舶
    C. 就是由于水深受限,致使其转向能力严重地受到限制的机动船
    D. 包括从事捕鱼的船舶

36. 船舶驶近可能被居间障碍物遮蔽他船的狭水道或航道的弯头或地段时,应_____。
    ①特别机警;②谨慎驾驶;③鸣放相应声号
    A. ①②   B. ①②③
    C. ②③   D. ①③

37. 《国际海上避碰规则》规定,下列哪些船舶在驶近可能被居间障碍物遮蔽他船的狭水道或航道的弯头或地段时,应特别机警和谨慎地驾驶?
    A. 机动船   B. 任何船舶
    C. 从事捕鱼的船舶   D. 非机动船

38. 船舶在驶近可能被居间障碍物遮蔽他船的狭水道或航道的弯头时,应特别机警和谨慎地驾驶;这里的特别机警和谨慎地驾驶包括_____。
    A. 在听到弯头另一端有他船的声号时,保持在航道右侧行驶,并尽量避免两船在弯头会遇
    B. 在弯头地段,为减少航程缩短过弯的时间,可以抄近路而短暂驶入他船的航道
    C. 在任何时候均应以能维持舵效的最小速度过弯
    D. 在弯头地段,为减小流对操纵性的影响,可在航道左侧行驶

39. 当你驾驶的机动船在驶近一可能被居间障碍物遮蔽他船的狭水道的弯头时,听到他船的一长

声声号,但尚未见到他船,你船应采取的行动是_____。
A.鸣放一长声,接着鸣放一短声,大幅度向右转向避让来船
B.鸣放五短声,接着鸣放一短声,大幅度向右转向避让来船
C.鸣放一长声,继续靠狭水道的右侧行驶,并注意减速,谨慎驾驶
D.鸣放五短声,继续靠狭水道的右侧行驶,并注意减速,谨慎驾驶

40.根据良好船艺,船舶在驶近可能被居间障碍物遮蔽他船的狭水道或航道的弯头或地段时,应_____。
①充分考虑被居间障碍物遮蔽所带来的环境和情况对船舶操纵避让带来的影响;②充分考虑有其他来船驶近该弯头或地段的可能性;③将主机做好随时操纵的准备
A.①②　　　　　　　　　　　B.②③
C.①③　　　　　　　　　　　D.①②③

41.根据《国际海上避碰规则》和良好船艺,船舶在驶近可能被居间障碍物遮蔽他船的狭水道或航道的弯头或地段时,应_____。
①运用一切有效的手段保持正规瞭望;②鸣放过弯道声号;③应充分意识到可能会出现一些意料之外的事件或特殊情况,并对此保持高度的戒备
A.①②　　　　　　　　　　　B.②③
C.①③　　　　　　　　　　　D.①②③

42.根据《国际海上避碰规则》和良好船艺,船舶在驶近可能被居间障碍物遮蔽他船的狭水道或航道的弯头或地段时,应_____。
①将主机做好随时操纵的准备;②鸣放过弯道声号;③做好应急抛锚准备
A.①②　　　　　　　　　　　B.②③
C.①③　　　　　　　　　　　D.①②③

43.下列哪种船舶应避免在航道内锚泊?
A.任何船舶　　　　　　　　　B.帆船
C.从事捕鱼船　　　　　　　　D.机动船

44.任何船舶如当时环境许可,都应避免在狭水道内_____。
A.追越　　　　　　　　　　　B.锚泊
C.掉头　　　　　　　　　　　D.穿越

第十一节　分道通航制

1.在《国际海上避碰规则》第10条"分道通航制"规则中所指的分道通航制水域是指_____。
A.在《国际海上避碰规则》适用水域中设置的任何分道通航制区域
B.IMO所采纳的任何分道通航制水域
C.各国主管机关制定的分道通航制水域
D.海图或通告上标明的分道通航制水域

2.下列哪种说法是正确的?
A.未经IMO采纳的分道通航制,对船舶不具有任何的约束力

B. 一国政府自行颁布的"分道通航制"规则,仅适用于本国船舶

C. 一船航经某主管机关制定的分道通航制区域,不管该区域是否业已被IMO所采纳,船舶均应严格地执行该区域的有关规定

D. 如果IMO未采纳某一分道通航制区域,《国际海上避碰规则》也不适用于该区域

3.《国际海上避碰规则》第10条"分道通航制"条款适用于_____。

　　A. 在内海设置的任何分道通航制区域

　　B. IMO所采纳的分道通航制水域

　　C. 各国主管机关制定的分道通航制水域

　　D. 在沿海水域设置的分道通航制区域

4.《国际海上避碰规则》第10条"分道通航制"条款适用于_____。

　　A. 能见度良好　　　　　　　　　　B. 互见中

　　C. 能见度不良　　　　　　　　　　D. 任何能见度

5. 互见中,甲机动船沿通航分道行驶,乙机动船从甲船右舷穿越通航分道,且构成碰撞危险,则_____。

　　A. 甲船应保向保速　　　　　　　　B. 甲船应给乙船让路

　　C. 乙船让甲船　　　　　　　　　　D. 甲乙都是让路船

6. 使用IMO采纳的分道通航制水域的船舶除执行分道通航制条款的规定外,还应遵守_____。

①互见中的行动规则;②能见度不良时的行动规则;③任何能见度时的行动规则

　　A. ①　　　　　　　　　　　　　　B. ①②

　　C. ③　　　　　　　　　　　　　　D. ①②③

7. 在IMO采纳的分道通航制水域,对于使用分道通航制的船舶,下列说法正确的是_____。

　　A. 只需遵守分道通航制条款

　　B. 按船舶总流向行驶的是直航船

　　C. 并不解除任何船舶遵守《国际海上避碰规则》其他各条规定的责任

　　D. 从事捕鱼的船可以不遵守分道通航制条款

8. 在某国领海内制定的IMO未采纳的分道通航制水域内_____。

　　A. 仅沿用有关"分道通航制"的地方规定

　　B.《国际海上避碰规则》所有条款仍然适用于该水域

　　C.《国际海上避碰规则》不适用于该水域

　　D. 除"分道通航制条款"外,《国际海上避碰规则》其他条款仍然适用于该水域

9. 互见中,甲机动船在通航分道内顺航道行驶,乙机动船从甲船左舷穿越分道,且构成碰撞危险,则_____。

　　A. 甲船应给乙船让路　　　　　　　B. 乙船一直负有不应妨碍的责任

　　C. 乙船给甲船让路　　　　　　　　D. 甲、乙都是具有同等避让责任的船

10. 你船沿通航分道航行,显示两盏桅灯、舷灯和尾灯,与右前方驶来的显示前后桅灯、红舷灯的他船相遇,致有构成碰撞危险,下述说法正确的是_____。

①他船应给你船让路;②你船应给他船让路;③他船应避免妨碍你船

A. ①　　　　　　　　　　　　　　B. ②③
C. ②　　　　　　　　　　　　　　D. ①③

11. 你船沿通航分道航行,显示两盏桅灯、舷灯和尾灯,与左前方驶来的显示前后桅灯、绿舷灯的他船相遇,致有构成碰撞危险,下述说法正确的是_____。
①他船应给你船让路;②你船应给他船让路;③他船应避免妨碍你船
A. ①　　　　　　　　　　　　　　B. ②③
C. ②　　　　　　　　　　　　　　D. ①③

12. 在IMO采纳的分道通航制水域,不使用分道通航制的船舶应_____。
A. 在分道通航制区域的外缘行驶　　B. 尽可能远离分隔线
C. 尽可能远离分道通航制水域　　　D. 尽可能远离分隔带

13. 在IMO采纳的分道通航制水域,下列说法正确的是_____。
A. 从事捕鱼的船舶不应妨碍沿通航分道行驶的任何船舶的通行就意味着该船进入分道捕鱼是不符合《国际海上避碰规则》规定的
B. 帆船与从事捕鱼的船舶在通航分道内相互驶近,帆船应严格执行《国际海上避碰规则》有关规定,自始至终均应给从事捕鱼的船舶让路
C. 穿越通航分道的船舶,首先有给他船让路的责任
D. 不使用分道通航制的船舶,应尽可能远离分道通航水域

14. 航行在IMO采纳的分道通航制水域的船舶,下列做法中正确的是_____。
A. 在不得不穿越时应与通航分道船舶总流向尽可能成小角度
B. 从分道一侧驶进驶出应与通航分道船舶总流向尽可能成直角
C. 在分道内从一侧转移到另一侧过程中应与通航分道船舶总流向尽可能成小角度
D. 在分道内从一侧转移到另一侧过程中应与通航分道船舶总流向尽可能直角

15. 在IMO采纳的分道通航制水域,下列说法中正确的是_____。
A. 凡是在分道通航制水域中行驶的船舶,均是"使用分道通航制水域的船舶"
B. 只要一进入"通航分道",则该船就属于"使用分道通航制水域的船舶"
C. 任何在通航分道中顺着船舶总流向行驶的船舶,均可以认为是"使用分道通航制水域的船舶"
D. 除穿越船之外,任何在分道通航水域中行驶的船舶,均可以认为是"使用分道通航制水域的船舶"

16. 在IMO采纳的分道通航制水域,使用分道通航制的船舶,在通航分道内从一侧转移到另一侧,应与分道船舶的总流向成_____。
A. 尽可能小的角度　　　　　　　　B. 直角
C. 45度　　　　　　　　　　　　　D. 任意角度

17. 在IMO采纳的分道通航制水域,下列说法正确的是_____。
A. 操纵能力受到限制的船舶不必遵守沿相应通航分道的船舶总流向行驶的要求
B. 帆船和长度小于20 m的船舶不必遵守沿相应通航分道的船舶总流向行驶的要求
C. 失去控制的船舶不必遵守沿相应通航分道的船舶总流向行驶的要求
D. 从事清除水雷作业的船舶在作业必需的限度内不必遵守沿相应通航分道的船舶总流向行

驶的要求

18. 船舶在IMO采纳的某分道通航制水域航行,则_____。
    A. 只应沿着通航分道的总流向行驶
    B. 只允许从端部驶进驶出
    C. 尽可能让开分隔带与分隔线
    D. 保持与通航分道总流向相同的航向行驶

19. 在IMO采纳的分道通航制水域,下列说法正确的是_____。
    A. 穿越通航分道的船舶不应妨碍沿通航分道行驶的任何船舶的通行
    B. 穿越通航分道的船舶不应妨碍沿通航分道行驶的除从事捕鱼的船舶外任何船舶的通行
    C. 穿越通航分道的船舶,首先有让路的责任
    D. 船舶应尽可能避免穿越通航分道

20. 在IMO采纳的分道通航制水域,如可安全使用邻近分道通航制水域中相应通航分道,_____。
    A. 所有船舶均不应使用沿岸通航带
    B. 帆船仍可以使用沿岸通航带
    C. 除长度小于20 m的船舶外均可使用沿岸通航带
    D. 除帆船、长度小于20 m的船舶外均不应使用沿岸通航带

21. 在IMO采纳的分道通航制水域,下列哪些船舶可使用沿岸通航带?
    ①帆船和长度小于20 m的船舶;②从事捕鱼的船舶;③当船舶抵离位于沿岸通航带的港口、近岸设施、引航站或任何其他地方;④为避免紧迫危险时
    A. ①②   B. ①②④
    C. ①②③   D. ①②③④

22. 在IMO采纳的分道通航制水域,下列哪些船舶可使用沿岸通航带?
    ①不能安全使用邻近相应通航分道的船舶;②帆船;③长度小于20 m的船舶
    A. ①   B. ①②
    C. ②③   D. ①②③

23. 在IMO采纳的分道通航制水域,船舶在下列哪些情况下可使用沿岸通航带?
    ①接送引航员;②从事捕鱼作业;③为避免紧迫危险;④因风浪太大,不能在通航分道内保持航向
    A. ①   B. ①②
    C. ①②③   D. ①②③④

24. 在IMO采纳的分道通航制水域,下列说法正确的是_____。
    A. 所有可安全使用相应邻近通航分道的船舶,不应使用沿岸通航带
    B. 所有可安全使用沿岸通航带的船舶,不应使用通航分道
    C. 除帆船和长度小于20 m的船舶外,其他可安全使用通航分道的船舶,不应使用沿岸通航带
    D. 除帆船和长度小于20 m的船舶以及从事捕鱼的船舶外,其他可安全使用相应通航分道的船舶,通常不应使用沿岸通航带

25. 在 IMO 采纳的分道通航制水域，下列哪些船舶可使用沿岸通航带？
   ①不能安全使用邻近通航分道的船舶；②帆船和长度小于 20 m 的船舶；③从事捕鱼的船舶；
   ④在紧急情况下避免紧迫危险的船舶
   A. ①②③④   B. ②③④
   C. ②④   D. ①②③

26. 在可以使用沿岸通航带的船舶中，不包括_____。
   A. 长度小于 20 m 的船舶   B. 从事捕鱼的船舶
   C. 抵离沿岸通航带中的港口的船舶 D. 为避免碰撞危险的船舶

27. 在 IMO 采纳的分道通航制水域，船舶如果不得不穿越通航分道，则_____。
   A. 应给沿通航分道行驶的船舶让路
   B. 不应妨碍沿通航分道行驶的其他船舶
   C. 在有风流的情况下，应保持与通航分道呈直角的船首向穿越
   D. 在有风流的情况下，应保持与通航分道呈直角的航迹向穿越

28. 在 IMO 采纳的分道通航制水域，规则要求穿越通航分道的船舶应与船舶的总流向成直角穿越，其目的是_____。
   ①缩短穿越的时间；②便于他船发现该船的穿越意图；③便于交通管制中心的监视；④避免形成紧迫局面
   A. ①②③④   B. ①②③
   C. ①②   D. ①

29. "穿越通航分道的船舶应尽可能与分道的船舶总流向成直角的航向穿越"，所谓直角是指穿越船的_____。
   A. 船首向与船舶总流向的夹角
   B. 航迹向与船舶总流向的夹角
   C. 船首向与沿船舶总流向行驶的船舶船首向的夹角
   D. 航迹向与沿船舶总流向行驶的船舶航迹向的夹角

30. 穿越通航分道的船舶应尽可能与船舶总流向成直角穿越，这里的直角是指_____。
   A. 船首向与船舶的总流向的夹角
   B. 航迹向与船舶的总流向的夹角
   C. 船首向与航道内其他船舶的船首向的夹角
   D. 船首向与航道内其他船舶的航迹向的夹角

31. 在 IMO 采纳的分道通航制水域，下列说法正确的是_____。
   ①在不得不穿越通航分道时，应与通航分道交通总流向尽可能小的角度穿越；②在不得不穿越通航分道时，应与通航分道交通总流向成直角的船首向穿越；③从通航分道的任一侧驶进或驶出时，应与通航分道交通总流向成尽可能小的角度；④从通航分道的任一侧驶进或驶出时，应与通航分道交通总流向成尽可能大的角度
   A. ①④   B. ②③
   C. ①③   D. ②④

32. 在 IMO 采纳的分道通航制水域，下列说法正确的是_____。

A. 任何船舶进入"分隔带"都是一种违规行为
B. 为避免紧迫危险,让路船或直航船均可进入"分隔带"
C. 为避免妨碍沿通航分道行驶的船舶,"操纵能力受到限制的船舶"可以进入"分隔带"行驶
D. 为避免紧迫危险的形成,当事船首先应取得有关主管机关的许可,方可进入分隔带

33. 在IMO采纳的分道通航制水域,下列说法正确的是_____。
    A. 任何船舶进入分隔带均是违反《国际海上避碰规则》的行为
    B. 为避免紧迫危险,让路船或直航船均可进入分隔带
    C. 为避免碰撞危险,让路船可进入分隔带
    D. 为避免紧迫局面,直航船可进入分隔带

34. 在IMO采纳的分道通航制水域,下列哪些船舶可进入分隔带?
    A. 从事拖带作业的船舶并且驶离航向的能力严重受到限制
    B. 在航中从事补给的船舶
    C. 从事捕鱼的船舶
    D. 所有操纵能力受到限制的船舶

35. 在IMO采纳的分道通航水域,通常在采取哪些行动时船舶不应进入分隔带_____。
    ①为避免紧迫局面的行动;②为避免紧迫危险的行动;③为避免碰撞危险的行动;④不应妨碍他船的船舶根据《规则》要求采取的行动
    A. ①②③   B. ②③④
    C. ①③④   D. ①②④

36. 在IMO采纳的分道通航水域,船舶在以下哪种情况下可以进入通航分隔带和穿越分隔线?
    ①紧急情况下为避免紧迫危险;②穿越分道通航制区域;③驶进驶出分道通航水域;④为避免碰撞危险
    A. ①②③   B. ②③④
    C. ①③④   D. ①②④

37. 在IMO采纳的分道通航制水域,下列说法正确的是_____。
    ①船舶应避免在分道通航制水域的端部附近锚泊;②船舶航行在分道通航制水域端部附近时应特别谨慎地驾驶;③在分道通航制水域端部附近航行时应充分地考虑到直航船可能改变航向
    A. ①   B. ①②
    C. ②③   D. ①②③

38. 船舶在分道通航制水域端部附近行驶时应特别谨慎,其原因有_____。
    ①在此水域会遇时,直航船解除保向保速的义务;②端部附近船舶可能进行较大幅度的转向;③航线与通航分道交叉的船舶为避免穿越通航分道,可能在此水域通过
    A. ①   B. ①②
    C. ②③   D. ①②③

39. 在IMO采纳的分道通航制水域的端部附近,下列说法正确的是_____。
    ①任何船舶在此水域均应谨慎驾驶;②在此水域,从事捕鱼的船舶不应妨碍驶进驶出通航分道的船舶的通行;③除了免受分道通航制条款约束的操纵能力受到限制的船舶外,其他船舶

应当谨慎驾驶

A.①③ B.①②③
C.①② D.①

40. 在IMO采纳的分道通航制水域端部附近，_____。
   A. 从事捕鱼的船舶不应妨碍其他任何船舶的通行
   B. 帆船不应妨碍任何机动船的航行
   C. 船舶应与通航分道总流向呈小角度驶进驶出
   D. 任何船舶均应谨慎驾驶

41. 在IMO采纳的分道通航水域端部附近，下列说法正确的是_____。
   ①船舶应避免在此区域内抛锚；②船舶应特别谨慎航行；③船舶应保持与通航分道内交通总流向完全一致的航向；④应充分考虑到附近船舶可能进行较大幅度的转向
   A.①②③ B.②③④
   C.①③④ D.①②④

42. 在IMO采纳的分道通航水域端部附近，下列说法正确的是_____。
   A. 在此区域会遇时，直航船解除保向保速的义务
   B. 驶进驶出通航分道时应保持与船舶总流向呈直角的航向
   C. 船舶航行在通航分道制水域端部附近时应特别谨慎地驾驶
   D. 船舶应保持与通航分道总流向完全一致的航向

43. 在IMO采纳的分道通航制水域，船舶应尽可能避免在_____锚泊。
   ①通航分道内；②端部附近；③分隔带内
   A.① B.③
   C.①② D.①②③

44. 在IMO采纳的分道通航制水域，下列说法正确的是_____。
   ①维护助航标志的操纵能力受到限制的船舶在作业所必需的限度内可以锚泊；②从事清除水雷的船舶因作业需要可以锚泊；③从事疏浚作业的船舶因作业需要可以锚泊
   A.①② B.③
   C.① D.①②③

45. 在IMO采纳的分道通航制水域，下列说法正确的是_____。
   A. 任何船舶均不应在通航分道内抛锚
   B. 维护航行安全作业的船舶免受禁止抛锚规定的约束
   C. 沿岸通航带内也禁止船舶抛锚
   D. 船舶应尽可能避免锚泊的水域不包括沿岸通航带

46. 在IMO采纳的分道通航水域，船舶应尽可能避免在下列哪些区域内抛锚？
   ①沿岸通航带；②通航分道端部附近；③分隔带内；④通航分道内
   A.①②③ B.②③④
   C.①③④ D.①②④

47. 在IMO采纳的分道通航制水域，从事捕鱼船，不应妨碍下列哪些按通航分道行驶的船舶的安全航行？

A. 操纵能力受到限制的船舶 B. 机动船
C. 帆船 D. 任何船舶

48. 在IMO采纳的分道通航制水域,从事捕鱼的船舶不应妨碍下列哪些船舶的安全航行?
①按通航分道行驶的维修海底电缆的操纵能力受到限制的船舶;②穿越通航分道的机动船;
③按通航分道行驶的收发航空器的船舶;④按通航分道行驶的从事拖带作业的船舶
A. ①③④ B. ②③④
C. ③④ D. ④

49. 在IMO采纳的分道通航制水域,按通航分道行驶的帆船不应妨碍下列哪些船舶的安全航行?
①穿越通航分道的长度小于20 m的机动船;②按通航分道行驶的长度小于20 m的机动船;
③穿越通航分道的长度大于50 m的机动船;④按通航分道行驶的长度大于50 m的机动船
A. ①② B. ③④
C. ①②③④ D. ④

50. 你船沿通航分道航行,显示垂直三盏红灯,两盏桅灯、舷灯和尾灯,看见右前方驶来的他船显示上红下白和红舷灯,两船致有构成碰撞危险,下述说法正确的是_____。
①他船应给你船让路;②你船应给他船让路;③他船不应妨碍你船
A. ①② B. ②③
C. ①③ D. ③

51. 你船沿通航分道航行,显示圆柱体,看见右前方正在穿越分道通航的挂有一尖端对接的两个圆锥体号型的他船方位不变,距离不断减少,下述说法正确的是_____。
①他船应给你船让路;②你船应给他船让路;③他船不应妨碍你船
A. ①② B. ②③
C. ①③ D. ③

52. 在IMO采纳的分道通航制水域,下列哪些船舶可免受分道通航制条款的约束?
A. 为避免紧迫局面的船舶
B. 从事疏浚作业的船在作业所必需的限度内
C. 失去控制的船舶
D. 一从事使其驶离其航向的能力严重受到限制的拖带作业的船舶在作业所必需的限度内

53. 在IMO采纳的分道通航制水域内,操纵能力受到限制的船舶在执行某项作业所必需的限度内可免受分道通航制条款的约束,该项作业不包括_____。
A. 从事清除水雷作业 B. 从事疏浚作业
C. 在航中从事转运人员 D. 维护海底电缆作业

54. 在IMO采纳的分道通航制水域,下列船舶在作业所必需的限度内免受《国际海上避碰规则》第10条分道通航制条款约束的是_____。
A. 在航中从事货物转运的船舶 B. 维护航行安全秩序的船舶
C. 收发航空器的船舶 D. 从事清除水雷作业船

55. 在IMO采纳的分道通航制水域,关于从事清除水雷作业的船舶,下列说法错误的是_____。
A. 在执行其作业所必需的限度内,其航向可以与通航分道总流向相反

B. 可以在分道通航制水域内锚泊进行作业

C. 作业时,与从事疏浚作业的船舶享有同等的免受分道通航制条款的约束的权力

D. 作业时,与从事维护航行安全的船舶享有同等的免受分道通航制条款的约束的权力

56. 在 IMO 采纳的分道通航水域,下列哪种船舶可免受分道通航制条款的约束?

A. 为避免碰撞危险的船舶

B. 从事使其驶离其航向的能力严重受到限制的拖带作业的船舶在作业所必需的限度内

C. 从事清除水雷作业的船舶在作业所必需的限度内

D. 海事巡逻艇在执行公务时

57. 在 IMO 采纳的分道通航水域,下列哪种船舶在作业所必需的限度内可免受分道通航制条款的约束?

①从事敷设、维修、起捞助航标志的船舶;②从事疏浚作业的船舶;③从事测量作业的船舶;④从事使其驶离其航向的能力严重受到限制的拖带作业的船舶

A. ①②③   B. ②③④

C. ①③④   D. ①②④

58. 在 IMO 采纳的分道通航水域,下列哪种船舶在作业所必需的限度内可免受分道通航制条款的约束?

①从事清除水雷作业的船舶;②从事敷设、维修、起捞海底电缆作业的船舶;③在航中从事补给的船舶;④从事清除水下沉船作业的船舶

A. ①②③   B. ②③④

C. ①③④   D. ①②④

第十二节 追越

1. 追越条款(《规则》第 13 条)不适用于_____。

A. 互见中的船舶   B. 能见度不良时在互见中的船舶

C. 狭水道中的船舶   D. 能见度不良时不在互见中的船舶

2. 追越条款(《规则》第 13 条)适用于在_____内互见中构成追越局面的船舶。

①狭水道;②分道通航制水域;③港外锚地

A. ①   B. ①②

C. ①③   D. ①②③

3. 下列船舶在互见中追越他船,适用《国际海上避碰规则》追越条款的是_____。

A. 机动船

B. 除失去控制的船舶和操纵能力受到限制的船舶外的任何船舶

C. 除失去控制的船舶、操纵能力受到限制的船舶和非机动船外的任何船舶

D. 任何船舶

4. 《国际海上避碰规则》追越条款适用于_____。

A. 互见中   B. 能见度不良

C. 任何能见度   D. 能见度良好

5. 关于《国际海上避碰规则》追越条款的适用性,下列说法正确的是_____。
   A. 仅适用于能见度不良时的互见　　　B. 任何能见度情况下的互见
   C. 任何能见度情况　　　　　　　　　D. 仅适用于能见度良好时的互见

6. 追越条款的适用条件是_____。
   A. 能见度良好　　　　　　　　　　　B. 任何能见度
   C. 互见中　　　　　　　　　　　　　D. 能见度不良

7. 追越条款适用的船舶是_____。
   A. 机动车　　　　　　　　　　　　　B. 帆船
   C. 从事捕鱼的船舶　　　　　　　　　D. 任何船舶

8. 关于追越条款的适用范围,以下说法正确的是_____。
   ①适用于能见度不良;②适用于互见中;③只适用于机动船;④适用于任何船舶
   A. ①③　　　　　　　　　　　　　　B. ①④
   C. ②③　　　　　　　　　　　　　　D. ②④

9. 关于追越条款,下列说法错误的是_____。
   A. 互见中,不论追越船和被追越船为何种船舶,追越船就得给被追越船让路
   B. 追越条款优先于帆船条款和船舶之间的责任条款适用
   C. 追越条款的适用以构成碰撞危险为条件
   D. 追越船履行让路船义务,直到驶过让清为止

10. 构成追越局面的条件包括_____。
    ①后船只能看到前船的尾灯;②后船正在赶上前船;③相互驶近构成碰撞危险
    A. ①　　　　　　　　　　　　　　　B. ①②
    C. ①③　　　　　　　　　　　　　　D. ①②③

11. 构成《国际海上避碰规则》第13条定义的追越局面的条件应包括_____。
    A. 在互见中　　　　　　　　　　　　B. 两船构成碰撞危险
    C. 追越船应为机动船　　　　　　　　D. 追越船与被追越船的种类相同

12. 夜间,一帆船仅能看到一艘机动船的尾灯并逐渐赶上,构成碰撞危险,下列行动中错误的是_____。
    A. 机动船保速保向　　　　　　　　　B. 帆船保速保向
    C. 帆船采取避让行动　　　　　　　　D. 机动船在航道弯头转向

13. 构成追越的必要条件是_____。
    ①后船位于前船的尾灯光弧范围内;②后船的速度大于前船;③两船在互见中;④存在碰撞危险
    A. ①　　　　　　　　　　　　　　　B. ①②
    C. ①②③　　　　　　　　　　　　　D. ①②③④

14. 夜间,机动船甲仅能看到左前方另一船乙的尾灯并逐渐赶上,后来看到乙船显示两盏桅灯和绿舷灯,下列说法中正确的是_____。
    A. 无论是否构成碰撞危险,甲船均应给乙船让路
    B. 如果构成碰撞危险,乙船应给甲船让路

C. 如果在甲船看到乙船桅灯和舷灯之后才构成碰撞危险,则乙船应给甲船让路

D. 如果在甲船看到乙船桅灯和舷灯之前不构成碰撞危险,则不适用追越条款

15. 互见中,机动船甲逐渐赶上前方他船,在下列哪种情况下,应认定为追越?
①先看到他船的尾灯,随后又看到他船的绿舷灯;②先看到他船的尾灯,随后又看到他船的红舷灯

A. ①②均是追越　　　　　　　　　B. ①②均不是追越

C. ①是追越　　　　　　　　　　　D. ②是追越

16. 互见中,机动船甲逐渐赶上前方他船,在下列哪种情况下,应认定为追越?
①由于风浪或他船操舵不稳,一会看到他船尾灯,一会看到他船绿舷灯;②先由于风浪或他船操舵不稳,一会看到他船尾灯,一会看到他船红舷灯

A. ①②均是追越　　　　　　　　　B. ①②均不是追越

C. ①是追越　　　　　　　　　　　D. ②是追越

17. 追越局面具有下列哪种特点?

A. 相对速度小,持续时间长　　　　B. 相对速度小,持续时间短

C. 相对速度大,持续时间长　　　　D. 相对速度大,持续时间短

18. 与对遇、交叉相遇局面相比,追越局面独具的特点是_____。

A. 适用于任何能见度　　　　　　　B. 适用于互见

C. 适用于任何船舶　　　　　　　　D. 适用于多船会遇

19. 与对遇、交叉相遇局面相比,追越局面独具的特点是_____。

A. 适用于任何能见度　　　　　　　B. 适用于互见

C. 不以碰撞危险为条件　　　　　　D. 适用于多船会遇

20. 与对遇、交叉相遇局面相比,追越局面独具的特点是_____。
①适用于任何能见度;②适用于任何船舶;③不以碰撞危险为条件

A. ②③　　　　　　　　　　　　　B. ①②③

C. ①③　　　　　　　　　　　　　D. ③

21. 以下哪种特点是追越局面所具有的?

A. 相对速度大,持续时间长　　　　B. 相对速度大,持续时间短

C. 相对速度小,持续时间长　　　　D. 相对速度小,持续时间短

22. 与对遇、交叉相遇局面相比,《国际海上避碰规则》第13条定义的追越局面独具的特点是_____。

A. 适用于两机动车　　　　　　　　B. 不以碰撞危险为条件

C. 适用于互见　　　　　　　　　　D. 适用于多船会遇

23. 与对遇、交叉相遇局面相比,《国际海上避碰规则》第13条定义的追越局面独具的特点是_____。
①不以碰撞危险为条件;②适用于互见中;③适用于任何船舶

A. ①③　　　　　　　　　　　　　B. ①②

C. ②③　　　　　　　　　　　　　D. ①②③

24. 根据《国际海上避碰规则》第13条定义的追越条款,以下说法正确的是_____。

A. 如后船对本船是否在追越前船有任何怀疑,不论是否存在碰撞危险,均应假定在追越
B. 如后船对本船是否在追越前船有任何怀疑,则根据是否存在碰撞危险,来决定是否在追越
C. 追越形成后,如果不存在碰撞危险,其后两船间的方位变化可能使追越船变为直航船
D. 追越形成后,如果不存在碰撞危险,其后被追越船转向造成碰撞危险,则视两船间的方位关系可能使追越船变为直航船

25. 帆船在航道里从机动船左舷追越并需要机动船采取行动时,帆船应是_____。
    A. 直航船,追越前应鸣放二短声
    B. 直航船,不必鸣放声号
    C. 让路船,追越前应鸣放二长二短声征得前船同意
    D. 让路船,不必鸣放声号

26. 帆船在航道里从机动船右舷追越并需要机动船采取行动时,帆船应是_____。
    A. 直航船,追越前应鸣放二短声
    B. 直航船,不必鸣放声号
    C. 让路船,追越前应鸣放二长一短声征得前船同意
    D. 让路船,不必鸣放声号

27. 下列说法正确的是_____。
    A. 追越仅仅存在于能见度良好时
    B. 追越仅仅存在于狭水道和航道中
    C. 保持与被追越船有足够的横距是追越船的义务
    D. 无论当时能见度如何,任何追越船均应给被追越船让路

28. 当一船追越另一船时,在何时才能免除追越船的让路责任?
    A. 看到被追越船的舷灯   B. 最后驶过让清
    C. 已过被追越船的船首   D. 已过被追越船的正横

29. 你船从他船右舷追越,当船尾追过他船首不久即采取左转,导致两船碰撞,其责任主要是由于_____。
    A. 你船违反追越条款
    B. 你船违反交叉条款
    C. 你船违反第 18 条(船舶之间的责任条款)
    D. 他船违反追越条款

30. 根据《国际海上避碰规则》追越条款,下列说法正确的是_____。
    A. 如后船对本船是否在追越前船有任何怀疑,应假定在追越
    B. 如前船对本船是否在被后船追越有任何怀疑,应假定在被追越
    C. 追越形成后,其后两船间的方位变化可能使追越船变为直航船
    D. 如后船对本船是否在追越前船有任何怀疑,则两船间的方位关系变化可能使追越船变为直航船

31. 根据追越条款,下列说法正确的是_____。
    A. 如后船对本船是否在追越前船有任何怀疑,不论是否存在碰撞危险,均应假定在追越
    B. 如后船对本船是否在追越前船有任何怀疑,则根据是否存在碰撞危险,来决定是否在追越

C. 追越形成后,如果不存在碰撞危险,其后两船间的方位变化可能使追越船变为直航船

D. 追越形成后,如果不存在碰撞危险,而其后被追越船转向造成碰撞危险,则视两船间的方位关系可能使追越船变为直航船

32. 一在航船处于在航他船下列哪个范围内,并赶上他船时,适用追越条款?
①夜间,看到他船尾灯;②白天,位于可看见的他船正横后大于22.5°,且距离小于3 n mile时;③夜间,先看到他船尾灯,后来又看见他船绿舷灯和桅灯

 A. ①   B. ①②

 C. ①③   D. ①②③

33. 你在他船右舷驶近时,有时看到他船尾灯而有时又看到舷灯,这时＿＿＿＿＿＿。

 A. 他船须给你船让路   B. 两船都必须采取行动

 C. 你有义务给他船让路   D. 应按特殊情况条款行事

34. 下列说法哪项正确?

 A. 当前船对位于其右舷正横后的船舶是否正在追越本船持有任何怀疑,应假定是在追越

 B. 当前船对位于其左舷正横后的船舶是否正在追越本船持有任何怀疑,应假定是在追越

 C. 当后船对本船是否处于追越前船持有任何怀疑时应假定是处于追越之中

 D. 当后船对本船是否处于追越前船持有任何怀疑时应假定不是处于追越之中

35. 关于处于追越局面的两船,下列说法中正确的是＿＿＿＿＿＿。

 A. 追越船是否"给被追越船让路",将取决于是否构成碰撞危险

 B. 不管是否构成碰撞危险,追越船均应给被追越船让路

 C. 如果存在碰撞危险,被追越船不应保向保速

 D. 如果不存在碰撞危险,被追越船不必保向保速

36. 互见中,下列说法中正确的是＿＿＿＿＿＿。

 A. 除其他条款另有规定外,任何船舶在追越任何他船时,均应给被追越船让路

 B. 追越船是否负有让路的责任与义务,将取决于两船在接近过程中是否构成碰撞危险

 C. 不管《规则》其他条款作何规定,追越船均应给被追越船让路

 D. 若被追越船违背《规则》采取行动,即可免除追越船让路的责任与义务

37. 关于《国际海上避碰规则》第13条定义的追越,下列说法正确的是＿＿＿＿＿＿。

 A. 操纵能力差的船舶追越操纵能力好的船舶时,免除追越船的让路责任

 B. 不应妨碍他船的船舶被不应被其妨碍的船舶追越时,免除追越船的让路责任

 C. 不应妨碍他船的船舶被不应被其妨碍的船舶追越时,免除不应妨碍的责任

 D. 任何船舶追越任何他船时,均应给被追越船让路

38. 大风浪中航行,你船见到他船尾灯,后来又见到他船的红舷灯和桅灯,这种情况你应认为＿＿＿＿＿＿。

 A. 适用于交叉局面,本船为让路船

 B. 适用于交叉局面,他船为让路船

 C. 适用于追越局面,本船为让路船

 D. 如果构成碰撞危险,则适用于追越局面,本船为让路船

39. 追越条款优先于＿＿＿＿＿＿。

①帆船条款;②船舶之间责任条款;③交叉相遇条款

A. ①③ B. ①②
C. ②③ D. ①②③

40. 夜间,你轮显示垂直三盏红灯,两盏桅灯、舷灯和尾灯,先看见前方他船显示上红下白和一盏白灯,后来又看见他船显示上红下白和一盏绿灯,下列说法正确的是_____。

A. 适用于船舶之间责任条款,你船为让路船
B. 适用于交叉条款,他船为让路船
C. 适用于追越条款,你船为让路船
D. 适用于对遇条款,他动船为让路船

第十三节 对遇局面

1. 构成对遇局面的船舶是指_____。
   A. 必须其中一船为机动船 B. 必须两船均为机动船
   C. 任何船舶 D. 任何装有推进器的船舶

2. 对遇局面中的机动船是指_____。
   A. 所有用机器推进的船舶
   B. 所有装有推进器的船舶
   C. 除失去控制的船舶外的所有用机器推进的船舶
   D. 除失去控制的船舶、操纵能力受到限制的船舶、从事捕鱼的船舶外的任何用机器推进的船舶

3. 对遇局面适用于_____。
   A. 互见中的船舶 B. 任何能见度
   C. 互见中的两机动船 D. 任何能见度两机动船

4. 对遇局面适用的船舶是_____。
   A. 机动船 B. 操作能力相同的船舶
   C. 同种类型的船舶 D. 任何船舶

5. 互见中以下属于对遇局面的是_____。
   A. 当一船位于另一船的正前方,两船间距正不断缩小
   B. 两艘限于吃水的船舶航向相反,处于各自的正前方且构成碰撞危险
   C. 两艘操纵能力受到限制的船舶航向相反,处于各自的正前方且构成碰撞危险
   D. 两艘机动船航向相反,且位于他船前方

6. 大海上在正前方看见来船的两桅灯接近成一直线,并见两盏舷灯,由于风浪,偶尔看不见红舷灯,你船应_____。
   A. 右转并一短声 B. 左转并二短声
   C. 保向保速 D. 继续观察

7. 互见中,下列船舶航向相反相互驶近构成碰撞危险时,属于对遇局面的是_____。
   A. 长度小于20 m的机动船与帆船

B. 显示尖端向下圆锥体号型的驶帆船舶与显示圆柱体号型的船舶
C. 显示两尖端对接圆锥体号型的船与显示圆柱体号型的船舶
D. 显示两个球体号型的船舶与显示菱形体号型的船舶

8. 互见中,关于对遇局面下列说法正确的是_____。
   A. 两艘机动船互相处于对方的前方,且两船间距正不断缩小
   B. 两艘限于吃水的船舶航向相反,并处于各自的正前方或接近正前方且构成碰撞危险
   C. 两艘操纵能力受到限制的船舶航向相反且处于各自的正前方且构成碰撞危险
   D. 两艘机动船航向相反,且位于他船前方

9. 根据对遇局面的构成要件,互见中下述局面适用对遇局面的是_____。
   A. 两拖带作业机动船航向相反相互驶近构成碰撞危险
   B. 两顶推作业机动船航向相反相互驶近
   C. 两限于吃水的船舶相互驶近构成碰撞危险
   D. 两船航向相反相互驶近构成碰撞危险

10. 根据对遇局面的构成要件,互见中下述局面适用对遇局面的是_____。
    A. 两拖网渔船航向相反相互驶近构成碰撞危险
    B. 两机动船航向相反相互驶近
    C. 两限于吃水的船舶航向相反相互驶近构成碰撞危险
    D. 两船航向相反相互驶近构成碰撞危险

11. 根据《国际海上避碰规则》,对遇局面构成要件为_____。
    A. 互见中两机动船航向相反相互驶近构成碰撞危险
    B. 互见中两船航向相反相互驶近构成碰撞危险
    C. 互见中两机动船航向相反相互驶近
    D. 互见中两操纵能力相同的机动船航向相反相互驶近构成碰撞危险

12. 互见中两在航机动船相遇且航向接近相反时,一般认为构成对遇局面的条件是一船处于另一船_____。
    A. 船首左右一个罗经点以内   B. 船首一个罗经点范围以内
    C. 船首左右各半个罗经点以内   D. 正船首方向

13. 两艘机动船在下列哪种情况时,才符合对遇局面?
    A. 夜间,一船能看到他船前后桅灯成一直线和两盏舷灯时
    B. 夜间,一船能同时看到他船的两盏舷灯时
    C. 互见中,在相反或接近相反的航向上,致有构成碰撞危险
    D. 夜间,一船在前方能看到他船前后桅灯成一直线和两盏舷灯时

14. 对遇局面的构成条件包括_____。
    ①互见中;②两艘同为机动船;③两船航向相反或接近相反;④致有构成碰撞危险
    A. ①②③   B. ①③④
    C. ②③④   D. ①②③④

15. 海上在航机动船正前方发现一盏白灯,应首先假定与来船构成_____。
    A. 交叉相遇局面   B. 对遇局面

C. 前船为锚泊船 D. 追越

16. 其他条件相同时,与其他相遇局面相比,对遇局面独具的特点是_____。
    A. 相对速度小 B. 方位变化大
    C. 接近速度最快 D. 需要避让幅度最大

17. 与其他会遇局面相比,对遇局面独具的特点是_____。
    A. 适用于互见 B. 适用于两机动船
    C. 不存在让路船与直航船 D. 以碰撞危险为条件

18. 互见中两船避让责任完全相等的会遇局面是_____。
    A. 追越局面 B. 对遇局面
    C. 交叉相遇局面 D. 两船为相同船舶种类时的任何会遇局面

19. 与追越、交叉会遇局面相比,对遇局面独具的特点是_____。
    A. 明确规定了两船避让行动和通过的方式 B. 存在让路船和直航船
    C. 只适用机动船 D. 不以碰撞危险为前提条件

20. 互见中,两船避让责任完全相等的局面是_____。
    A. 追越局面 B. 对遇局面
    C. 交叉相遇局面 D. 船舶之间责任条款确定的局面

21. 互见中,与其他局面相比,《国际海上避碰规则》第14条定义的对遇局面独具的特点是_____。
    ①两船同为机动船;②两船接近速度快;③两船避让责任相同
    A. ①② B. ①③
    C. ①②③ D. ②③

22. 你驾驶的机动船与另一机动船航向相反,构成碰撞危险,当你对会遇局面是否属于对遇有怀疑时,你应_____。
    A. 右转并鸣放一短声 B. 左转并鸣放二短声
    C. 保向保速 D. 鸣放五短声,等待

23. 构成对遇局面的两船原 DCPA 等于 0,按《规则》要求采取避让行动后,两船间的 DCPA 和 TCPA 将如何变化?
    A. 会遇时间提前,会遇距离增加 B. 会遇时间提前,会遇距离减小
    C. 会遇时间推迟,会遇距离增加 D. 会遇时间推迟,会遇距离减小

24. 互见中,当你船在海上航行看到左前方有一船舶的前后桅杆接近一直线,但你对当时两船是形成对遇局面还是小角度交叉还有怀疑,此时,你应_____。
    A. 向右转向,鸣一短声 B. 向左转向,鸣二短声
    C. 减速、倒车,鸣三短声 D. 保向保速

25. 你驾驶的机动船在宽阔水域航行,在正前方看见来船的两桅灯接近成一直线,并见两盏舷灯,并存在碰撞危险,由于风浪,偶尔看不见红舷灯,你船应_____。
    A. 右转并鸣放一短声 B. 左转并鸣放二短声
    C. 保向保速 D. 等待

26. 互见中,两在航机动船航向接近相反相互驶近构成碰撞危险,下列说法正确的是_____。

A. 任何一船对是否构成对遇局面有怀疑,应假定为对遇局面
B. 任何一船对是否构成对遇局面有怀疑,应假定为交叉相遇局面
C. 有他船在本船右舷的船舶对是否构成对遇局面有怀疑,应假定为交叉相遇局面
D. 有他船在本船左舷的船舶对是否构成对遇局面有怀疑,应假定为交叉相遇局面

27. 你船显示圆柱体,看见正前方挂有一尖端向下圆锥体号型的他船距离接近,方位不变,则你轮应该_____。
   A. 认为是追越局面,本船右转避让   B. 认为是对遇局面,本船右转避让
   C. 认为是追越局面,本船左转避让   D. 认为是对遇局面,本船左转避让

28. 你船显示垂直三盏红灯,两盏桅灯、舷灯和尾灯,看见正前方驶来的他船前后桅灯成一直线,同时可见他船红、绿舷灯,则你轮应该_____。
   A. 认为是追越局面,本船右转避让   B. 认为是对遇局面,本船右转避让
   C. 认为是追越局面,本船左转避让   D. 认为是对遇局面,本船左转避让

29. 夜间在海上航行,两机动船航向接近相反时,最易造成行动不协调而发生碰撞的情况是_____。
   A. 当头对遇   B. 左对左,且横距不宽裕
   C. 右对右,且横距不宽裕   D. 两船航向成半个罗经点左右的较小交角

30. 夜间在海上航行,你驾驶的机动船发现前方偏右驶来另一机动船与本船航向相反,可见他船两盏桅灯和绿舷灯,方位逐渐变大,但DCPA偏小,则当时会遇局面为_____。
   A. 小角度交叉   B. 交叉相遇局面
   C. 对遇局面   D. 追越局面

31. 夜间在海上航行,你驾驶的机动船发现前方偏右驶来另一机动船与本船航向相反,可见他船两盏桅灯和绿舷灯,方位逐渐变大,但DCPA偏小,则你船应采取的行动为_____。
   A. 保向保速   B. 左转以增大DCPA
   C. 大幅度右转,并鸣放一短声笛号   D. 鸣放五短声

32. 白天在海上航行,你驾驶的机动船发现前方偏右驶来显示尖端向下圆锥体号型的驶帆船舶,航向与你船相反,方位逐渐变大,但DCPA偏小,则你船应采取的行动为_____。
   A. 保向保速   B. 左转以增大DCPA
   C. 大幅度右转,并鸣放一短声   D. 鸣放五短声

33. 一在航机动船看到右前方另一机动船与本船航向相反相互驶近,下列说法正确的是_____。
   A. 如果构成碰撞危险,可以向左转向
   B. 如果构成碰撞危险,应各自向右转向
   C. 如果一船向左转向,另一船应保向保速
   D. 如果一船向右转向,另一船应保向保速

34. 你船显示两盏桅灯、舷灯和尾灯,看见前方偏右驶来的他船显示两盏桅灯和绿舷灯,方位逐渐变大,但DCPA偏小,则你船应采取的行动为_____。
   A. 保向保速   B. 左转以增大DCPA
   C. 大幅度右转   D. 鸣放五短声

35. 你船显示圆柱体,看见前方偏右驶来显示尖端向下圆锥体号型的驶帆船舶,航向与你船相反,方位逐渐变大,但DCPA偏小,则你船应该_____。
    A. 保向保速　　　　　　　　　　　B. 左转以增大DCPA
    C. 大幅度右转　　　　　　　　　　D. 鸣放五短声

36. 你船显示垂直三盏红灯,两盏桅灯、舷灯和尾灯,看见右前方驶来的他船显示垂直三盏红灯,前后桅灯和红舷灯,两船致有构成碰撞危险,则你船应采取的行动是_____。
    A. 保向保速　　　　　　　　　　　B. 左转以增大DCPA
    C. 大幅度右转　　　　　　　　　　D. 鸣放五短声

第十四节　交叉相遇局面

1. 交叉相遇局面条款适用于_____。
    A. 机动船与帆船之间交叉相遇局面　　B. 两机动船之间
    C. 机动船与从事捕鱼船之间　　　　　D. 机动船与失去控制的船舶之间

2. 交叉相遇局面条款适用于_____。
    A. 任何能见度的一切船舶　　　　　B. 互见中的一切船舶
    C. 任何能见度时的机动船　　　　　D. 互见中的两机动船

3. 在有流的水域中,一艘在航不对水移动的机动船在互见中与一艘横流航行的机动船船首向交叉相互驶近且存在碰撞危险_____。
    A. 适用"交叉相遇局面"条款
    B. 这是一种特殊情况,不适用"交叉相遇局面"条款
    C. 适用责任条款
    D. 适用追越条款

4. 互见中,一机动船与_____航向交叉相互驶近,致有构成碰撞危险,适用交叉相遇局面条款。
    A. 显示上红下白号灯的船舶　　　　B. 显示上红下绿号灯的船舶
    C. 显示垂直两盏红灯的船舶　　　　D. 显示两盏桅灯和一盏舷灯的船舶

5. 互见中,一机动船与_____航向交叉相互驶近,致有构成碰撞危险,适用交叉相遇局面条款。
    A. 显示两个尖端对接圆锥体号型的船舶　B. 显示一个尖端向下圆锥体号型的帆船
    C. 显示球菱球号型的船舶　　　　　　D. 显示垂直两个黑球号型的船舶

6. 互见中,一艘机动船甲与一艘显示一菱形体号型的船舶乙航向交叉相互驶近构成碰撞危险,应遵守_____。
    A. 船舶之间的责任条款,甲船为让路船　B. 不应妨碍条款
    C. 交叉相遇局面条款　　　　　　　　D. 船舶之间的责任条款,乙船为让路船

7. 互见中,一艘机动船与一艘_____航向交叉相互驶近,构成碰撞危险,适用交叉相遇局面条款。
    A. 失去控制的船舶　　　　　　　　B. 操纵能力受到限制的船
    C. 限于吃水的船舶　　　　　　　　D. 用机器推进使用绳钓捕鱼的船舶

8. 下列说法中正确的是_____。

A. 互见中两艘在航操纵能力受到限制的船舶航向交叉相互驶近,且存在碰撞危险,适用交叉相遇局面条款

B. 互见中两艘在航从事捕鱼的船舶航向交叉相互驶近,且存在碰撞危险,适用交叉相遇局面条款

C. 互见中两艘在航帆船航向交叉相互驶近,且存在碰撞危险,适用交叉相遇局面条款

D. 互见中两艘在航限于吃水的船舶航向交叉相互驶近,且存在碰撞危险,适用交叉相遇局面条款

9. 下列说法哪个正确?

A. 互见中,除帆船外的任何船舶航向交叉相互驶近构成碰撞危险,适用交叉相遇局面条款

B. 互见中两艘限于吃水的船舶航向交叉相互驶近构成碰撞危险,适用交叉相遇局面条款

C. 三艘机动船同时航向交叉相互驶近构成碰撞危险,适用交叉相遇局面条款

D. 互见中三艘机动船同时航向交叉相互驶近构成碰撞危险,其中任何两船之间适用交叉局面条款

10. 关于交叉相遇局面,下列说法正确的是_____。

①适用于任何用机器推进的船舶;②适用于失去控制的船舶、从事捕鱼的船舶和操纵能力受到限制的船舶;③适用于限于吃水的船舶

A. ②③   B. ①②
C. ③   D. ①③

11. 关于交叉相遇局面,下列说法正确的是_____。

①适用于除失去控制的船舶、从事捕鱼的船舶和操纵能力受到限制的船舶以外任何用机器推进的船舶;②不适用于失去控制的船舶、从事捕鱼的船舶和操纵能力受到限制的船舶,即使相同种类的这些船舶会遇;③适用于限于吃水的船舶

A. ②③   B. ①②③
C. ③   D. ①③

12. 互见中,下列船舶航向交叉相互驶近构成碰撞危险时,属于交叉相遇局面的是_____。

A. 长度小于20米的机动船与帆船

B. 显示两个球体号型的船舶与显示菱形体号型的船舶

C. 显示两尖端对接圆锥体号型的船与显示圆柱体号型的船舶

D. 显示尖端向下圆锥体号型的驶帆船舶与显示圆柱体号型的船舶

13. 互见中,一艘机动船甲与一组拖船船队乙航向交叉相互驶近致有构成碰撞危险,应遵守_____。

A. 船舶之间的责任条款,甲船为让路船   B. 不应妨碍条款
C. 交叉相遇局面条款   D. 船舶之间的责任条款,乙船为让路船

14. 关于交叉相遇局面的判断,下列说法错误的是_____。

A. 直航船的航向是相对持久的、稳定的并能被他船理解

B. 在港口的进出口处、江河的交叉口处等地方交叉相遇构成碰撞危险,地方特殊规则优先适用

C. 顺着狭水道或航道的弯曲地段行驶,两船船首交叉,虽然航向不断地改变,但交叉条款仍

然适用

D. 当三艘或以上的机动船同时交叉相遇时,不适用于交叉相遇局面条款规定

15. 在弯曲狭水道中,沿水道相反方向行驶的两艘机动船在互见中航向交叉相互驶近构成碰撞危险,应遵守_____。

A. 交叉相遇局面条款　　　　　　B. 直航船的行动条款

C. 狭水道条款　　　　　　　　　D. 船舶之间的责任条款

16. 互见中,一艘在狭水道中靠右行驶的机动船与另一穿越该狭水道的机动船航向交叉相互驶近并构成碰撞危险,则_____。

A. 穿越船为让路船　　　　　　　B. 穿越船为直航船

C. 适用交叉相遇局面条款　　　　D. 两船均应采取避让行动

17. 互见中,在狭水道弯曲航段循相反方向行驶的两艘机动船航向交叉相互驶近,致有构成碰撞危险,应遵守_____。

A. 交叉相遇局面条款　　　　　　B. 直航船的行动条款

C. 狭水道条款　　　　　　　　　D. 船舶之间责任条款

18. 构成交叉相遇局面的条件是_____。

①互见中;②两船在航,船首向交叉,且一船位于另一船的左舷或右舷半个罗经点到112.5度范围内;③构成碰撞危险;④两艘同为机动船

A. ①②③④　　　　　　　　　　B. ①②③

C. ①②④　　　　　　　　　　　D. ②③④

19. 根据《国际海上避碰规则》,交叉相遇局面构成要件不包括_____。

A. 从一船能用视觉看到另一船　　B. 两船船首向交叉

C. 两船构成碰撞危险　　　　　　D. 两船均在航对水移动

20. 根据《国际海上避碰规则》,交叉相遇局面构成要件不包括_____。

A. 两船处于互见　　　　　　　　B. 两船均为机动船

C. 两船操纵能力相同　　　　　　D. 两船构成碰撞危险

21. 互见中,关于交叉相遇局面的构成要件,下述说法正确的是_____。

A. 两拖带作业机动船航向交叉相互驶近构成碰撞危险

B. 两顶推作业机动船航向交叉相互驶近

C. 两限于吃水的船舶相互驶近构成碰撞危险

D. 两船航向交叉相互驶近构成碰撞危险

22. 根据《国际海上避碰规则》,交叉相遇局面构成要件为_____。

①互见;②两艘在航机动船;③航首向交叉;④构成碰撞危险

A. ①②③④　　　　　　　　　　B. ②

C. ②③④　　　　　　　　　　　D. ①③④

23. 互见中,一艘机动船与一艘显示一菱形号型的船舶航向交叉,相互驶近致有构成碰撞危险,应遵守_____。

A. 交叉相遇局面条款　　　　　　B. 不应妨碍条款

C. 对遇局面条款　　　　　　　　D. 船舶之间责任条款

24. 根据《国际海上避碰规则》，交叉相遇局面的构成条件包括_____。
   ①互见中；②两艘同为机动船；③两船航向交叉；④致有构成碰撞危险；⑤两船操纵能力相同
   A. ①②③④⑤   B. ①③④
   C. ②③④⑤   D. ①②③④

25. 互见中，下列船舶之间航向交叉相互驶近且存在碰撞危险，适用于交叉相遇局面条款的是_____。
   ①机动船与机动船；②失控船与限于吃水的船舶；③限于吃水的船舶与机动船；④操纵能力受到限制的船舶与机动船
   A. ①②③   B. ①③
   C. ②④   D. ①②④

26. 互见中，下列船舶之间航向交叉相互驶近且存在碰撞危险，适用于交叉相遇局面条款的是_____。
   A. 显示一个圆柱体号型的船舶与显示两个尖端对接圆锥体号型的船舶
   B. 显示一个圆柱体号型的船舶与显示一个菱形体号型的船舶
   C. 显示两个尖端对接圆锥体号型的船舶与显示一个菱形体号型的船舶
   D. 显示一个菱形体号型的船舶与显示两个垂直黑球的船舶

27. 下列哪种交叉相遇态势易与对遇局面相混？
   A. 大角度交叉   B. 小角度交叉
   C. 正横前交叉   D. 两船在较大横流水域交叉相遇

28. "交叉相遇局面"中的航向交叉是指_____。
   A. 两艘机动船航迹交叉   B. 两艘机动船首向交叉
   C. 两艘任何船舶航迹向交叉   D. 两艘任何船舶首向交叉

29. 除第8条避免碰撞的行动以及第16条让路船的行动以外，《国际海上避碰规则》对让路船的行动有具体要求的局面的是_____。
   A. 追越局面   B. 对遇局面
   C. 交叉相遇局面   D. 船舶之间的责任条款

30. 根据《国际海上避碰规则》，小角度交叉易与对遇局面相混，如有怀疑，则_____；大角度交叉易于追越局面相混，如有怀疑，则_____。
   A. 应假定为对遇局面；后船应假定为追越局面
   B. 应假定为对遇局面；前船应假定为被追越局面
   C. 有他船在本船左舷的船应假定为交叉相遇局面；后船应假定为追越局面
   D. 有他船在本船右舷的船应假定为交叉相遇局面；前船应假定为被追越局面

31. 交叉相遇条款要求让路船如环境许可应避免横越他船前方，这意味着_____。
   A. 让路船不要向左转向   B. 要求直航船减速以便增大两船的DCPA
   C. 让路船尽量从直航船尾通过 D. 要求直航船增速以便增大两船的DCPA

32. 要求让路船如环境许可应避免横越他船前方的规定适用于_____。
   A. 任何局面中的让路船   B. 交叉相遇局面中的让路船
   C. 追越局面中的让路船   D. 船舶之间责任条款中的让路船

33. 交叉相遇局面条款要求让路船如环境许可应避免横越他船前方,这意味着_____。
①让路船应避免向左转向;②让路船应尽量向右转向过他船船尾;③让路船可减速过他船船尾

A. ①② B. ①③
C. ②③ D. ①②③

34. 交叉相遇局面条款要求让路船如环境许可应避免横越他船前方,这意味着_____。
①让路船应尽量向右转向过他船船尾;②让路船应尽量向左转向过他船船头;③让路船可左转一圈过他船船尾

A. ①② B. ①③
C. ②③ D. ①②③

35. 你船是一艘限于吃水的船舶,与左舷驶近的一艘悬挂有球、菱形、球号型的来船航向交叉,并构成碰撞危险,则_____。

A. 你船应给他船让路

B. 他船应给你船让路

C. 他船不应妨碍你船的航行,但你船仍应给他船让路

D. 他船不应妨碍你船的航行,你船应等待他船采取行动为你船留出足够的水域安全通过

36. 《国际海上避碰规则》中"应避免横越他船前方"的规定,适用于_____。

A. 任何局面中的让路船

B. 仅适用于交叉相遇局面中的让路船

C. 除18条船舶之间责任条款中规定的让路船外的一切让路船

D. 除追越局面外的一切让路船

37. 你船是机动船在试航,看到从左舷60度驶来一艘挂有尖端向下圆锥体的帆船与本船航向交叉,构成碰撞危险,你船应_____。

A. 保向保速

B. 右转给他船让路

C. 左转给他船让路

D. 视情况可右转、左转或减速、倒车、停船给他船让路

38. 你船是机动船在海上航行,互见中与左舷的另一机动船构成交叉相遇局面,此时听到他船鸣一短声,你船应_____。

A. 保向保速 B. 保向保速,鸣一短声
C. 右转,鸣一短声 D. 鸣五短声,减速

39. 夜间,一船在你船左舷与你船航向交叉,你船看见来船的罗经方位越来越大,这说明来船将_____。

A. 横越你船前方

B. 从你船尾通过

C. 从你船左舷通过

D. 横越你船前方,你船可向左转向以增大DCPA

40. 你船显示两盏桅灯、舷灯和尾灯,看到右舷30度驶来的他船显示两盏桅灯和红舷灯,两船方

位不变,距离接近,下列说法正确的是_____。
①你船应给他船让路;②你船应保向保速;③他船应给你船让路;④他船应保向保速
A.①④ B.②③
C.①③ D.②④

41. 你船显示两盏桅灯、舷灯和尾灯,看到左舷 30 度驶来的他船显示两盏桅灯和绿舷灯,两船方位不变,距离接近,下列说法正确的是_____。
①你船应给他船让路;②你船应保向保速;③他船应给你船让路;④他船应保向保速
A.①④ B.②③
C.①③ D.②④

42. 当两船处于交叉局面时,为避让右舷小角度方向来船,本船采取_____的措施是安全的。
①向右转向从他船尾部驶过;②向左转向从他船首部驶过;③若本船右舷有其他碍航物的存在,则可减速或停车;④若本船右舷有其他碍航物的存在,向左转向从他船船首通过
A.①③ B.②④
C.①③④ D.①②③④

43. 当两船处于交叉局面时,为避让右舷小角度方向来船,本船采取_____的措施是危险的。
①向右转向从他船尾部驶过;②向左转向从他船首部驶过;③若本船右舷有其他碍航物的存在,则可减速或停车;④若本船右舷有其他碍航物的存在,向左转向从他船船首通过
A.①③ B.②④
C.①③④ D.①②③④

44. 以下容易与对遇局面相混淆的局面是_____。
A.追越局面 B.小角度交叉局面
C.大角度交叉局面 D.船舶之间责任条款局面

45. 你船显示两盏桅灯、舷灯和尾灯,看到左舷船首附近驶来的他船显示两盏桅灯和绿舷灯,两船航向交叉,他船已鸣放一短声,下列说法正确的是_____。
①适用于交叉局面;②你船应保向保速;③适用于对遇局面;④你船应避让他船
A.①④ B.②③
C.①② D.③④

46. 你船显示两盏桅灯、舷灯和尾灯,看到右舷船首附近驶来的他船显示两盏桅灯和红舷灯,两船航向交叉,致有构成碰撞危险,下列说法正确的是_____。
①适用于交叉局面;②你船应保向保速;③适用于对遇局面;④你船应避让他船
A.①④ B.②③
C.①② D.③④

47. 你船显示两盏桅灯、舷灯和尾灯,看到右舷船首附近驶来的他船显示垂直两盏红灯和红舷灯,两船航向交叉,致有构成碰撞危险,下列说法正确的是_____。
①适用于交叉局面;②你船应保向保速;③适用于船舶之间责任条款;④你船应避让他船
A.①④ B.②③
C.①② D.③④

48. 你船是机动船在海上航行,看到左舷船首附近驶来的他船显示垂直两个黑球,两船航向交叉,

致有构成碰撞危险,下列说法正确的是_____。

①适用于交叉局面;②你船应保向保速;③适用于船舶之间责任条款;④你船应避让他船

A. ①④ B. ②③
C. ①② D. ③④

49. 在交叉局面下,让路船避让大角度交叉船时,采取_____的措施是危险的。

A. 远距离右转 B. 左转一圈从他船船尾驶过
C. 减速让他船先通过 D. 在较近距离内右转

50. 你是限于吃水的船舶,在受限水域中航行,看到从左正横驶来的挂有圆柱体号型的他船驶近,构成碰撞危险,此时两船间的责任是_____。

A. 你船为让路船 B. 他船为让路船
C. 他船不应妨碍你船 D. 你船不应妨碍他船

51. 在航机动船看见一机帆并用的船舶从左舷正横驶近,并构成碰撞危险,该船应_____。

A. 左转从他船尾通过 B. 停车
C. 右转并让清 D. 保向保速

52. 以下容易与追越局面相混淆的局面是_____。

A. 对遇局面 B. 小角度交叉局面
C. 大角度交叉局面 D. 船舶之间责任条款局面

53. 你船显示两盏桅灯、舷灯和尾灯,看到左正横附近驶来的他船显示两盏桅灯和绿舷灯,两船航向交叉,他船已鸣放一短声,下列说法正确的是_____。

①适用于交叉局面;②你船应保向保速;③适用于追越局面;④你船应避让他船

A. ①④ B. ②③
C. ①② D. ③④

54. 你船显示两盏桅灯、舷灯和尾灯,看到右舷正横附近驶来的他船显示两盏桅灯和红舷灯,两船航向交叉,致有构成碰撞危险,下列说法正确的是_____。

①适用于交叉局面;②你船应保向保速;③适用于追越局面;④你船应避让他船

A. ①④ B. ②③
C. ①② D. ③④

55. 你船是机动船在海上航行,看到左舷正横附近驶来的他船显示垂直两个黑球,两船航向交叉,致有构成碰撞危险,下列说法正确的是_____。

①适用于交叉局面;②你船应保向保速;③适用于船舶之间责任条款;④你船应避让他船

A. ①④ B. ②③
C. ①② D. ③④

第十五节 让路船的行动

1. 《国际海上避碰规则》关于让路船的叙述,下列说法正确的是_____。

A. "不应妨碍他船的船舶"不一定是让路船
B. 对遇局面中的两船没有直航船和让路船之分,但可以称之为"互为让路船"

C. 让路船在采取行动时,如环境许可,应避免横越他船前方
D. 避免形成碰撞危险是让路船的法定责任

2. 下列哪种局面中存在让路船和直航船?
   A. 互见中的对遇局面
   B. 能见度不良相互看不见时的追越
   C. 互见中的追越局面
   D. 航向交叉相互驶近的构成碰撞危险的两操纵能力受到限制的船舶

3. 下列哪些局面中存在让路船和直航船?
   ①能见度不良相互看不见时的追越;②对遇局面;③追越局面;④交叉相遇局面;⑤能见度不良时一机动船听到来船的一长二短的声号
   A. ①②③④⑤   B. ②③④⑤
   C. ③④⑤   D. ③④

4. 下列局面中存在让路船和直航船的是_____。
   ①互见中的对遇局面;②能见度不良相互看不见时的追越;③互见中的追越局面;④互见中的交叉局面
   A. ①④   B. ②③
   C. ①②   D. ③④

5. 甲船显示垂直三盏红灯、两盏桅灯、舷灯和尾灯,看见左前方乙船显示两盏桅灯和一盏绿舷灯,两船致有构成碰撞危险,下列说法正确的是_____。
   ①甲船应给乙船让路;②乙船应给甲船让路;③两船适用于交叉相遇局面;④两船适用于对遇局面
   A. ②③   B. ①③
   C. ①④   D. ②④

6. 甲船显示两盏桅灯、舷灯和尾灯,看见左前方乙船显示两盏桅灯和一盏绿舷灯,两船方位不变,距离接近,下列说法正确的是_____。
   ①甲船应给乙船让路;②乙船应给甲船让路;③两船适用于交叉相遇局面;④两船适用于对遇局面
   A. ②③   B. ①③
   C. ①④   D. ②④

7. 让路船的行动是_____。
   A. 给本船右舷的船让路
   B. 避免横越他船的前方
   C. 应避免向左转向
   D. 应尽可能及早采取大幅度行动,宽裕地让清他船

8. 让路船的行动必须符合_____。
   ①及早地采取行动;②行动是大幅度的;③能宽裕地让清他船;④如果当时环境情况允许,可以横越他船前方
   A. ①   B. ①②

C.①②③ D.①②③④

9. 根据《国际海上避碰规则》,让路船采取行动应遵循的原则是_____。
①及早地采取行动;②行动是大幅度的;③能宽裕地让清他船;④如果当时环境情况允许,避免横越他船前方
A.②③④ B.①③④
C.①②③ D.①②④

10. 你船是一艘机动船在开阔水域航行,看见右舷来船挂有一菱形体号型,两船方位不变,距离接近,下述说法正确的是_____。
A.你船应及早避让来船 B.来船应及早避让你船
C.两船同等避让责任 D.你船应保向保速

11. 你船在开阔水域航行,显示两盏桅灯、两盏舷灯和尾灯,看见右舷来船显示两盏桅灯和红舷灯,两船方位不变,距离接近,下述说法正确的是_____。
A.你船应及早避让来船 B.来船应及早避让你船
C.两船同等避让责任 D.你船应保向保速

12. 你船在开阔水域航行,显示两盏桅灯、两盏舷灯和尾灯,看见左舷来船显示两盏桅灯和绿舷灯,两船方位不变,距离接近,下述说法正确的是_____。
A.你船应及早避让来船 B.来船应及早避让你船
C.两船同等避让责任 D.来船应保向保速

第十六节 直航船的行动

1. 直航船行动条款适用于_____。
A.互见中 B.任何能见度
C.互见中,机动船 D.任何能见度,机动船

2. 直航船应包括_____。
A.帆船条款中规定的直航船
B.对遇局面中的两船
C.狭水道条款中的任何沿狭水道航行的右行船舶
D.能见度不良水域中不互见的两船

3. 直航船的行动条款适用于_____。
A.互见中的机动船
B.任何能见度情况下的机动船
C.互见中的任何直航船
D.除了不存在碰撞危险以外,两船中应被让路的船舶

4. 直航船包括_____。
①帆船条款中规定的直航船;②追越条款中的被追越船;③船舶之间的责任条款中规定的直航船;④交叉局面中有他船在本船左舷的船舶
A.③ B.②③

C.①②③ D.①②③④

5. 关于直航船的保向保速,下列说法错误的是_____。
   A. 因风流条件的变化和调整风流压差的需要而做的改向
   B. 到达港口前为了安全进港而减速
   C. 船舶为进行操纵性试验而做的航向、航速的改变
   D. 大风浪条件下采取的降速措施

6. 直航船应包括_____。
   ①帆船条款中规定的直航船;②对遇局面中的两船;③交叉相遇局面中的直航船;④不应被妨碍的船舶
   A.②③ B.①③
   C.①④ D.②④

7. 直航船应包括_____。
   ①帆船条款中规定的直航船;②对遇局面中的两船;③交叉相遇局面中的直航船;④追越条款中的被追越船
   A.①②③ B.①②④
   C.①③④ D.②③④

8. 有关直航船的义务应包括_____。
   ①保速保向;②当发觉让路船显然未按本规则要求采取避让行动时,可独自采取避让行动;③当两船不论由于何种原因逼近到单凭让路船的行动已经不能避免碰撞时,应采取最有助于避碰的行动
   A.① B.①②③
   C.②③ D.①③

9. 关于直航船,下列说法正确的是_____。
   A. 会遇两船中操纵避让能力差的为直航船
   B. 会遇两船中不能按照《规则》要求采取行动的一定为直航船
   C. 会遇两船中,不应被妨碍的一船为直航船,应该保向保速
   D. 直航船在两船相遇过程中不仅仅是负有保向保速的责任和义务

10. 关于直航船,下列说法正确的是_____。
    A. 会遇两船中不能按照《规则》要求采取行动的为直航船,应该保向保速
    B. 会遇两船中,不应被妨碍的一船为直航船,应该保向保速
    C. 会遇两船中,不应妨碍他船的船舶在形成碰撞危险后不能成为直航船
    D. 直航船在两船相遇过程中不仅仅是负有保向保速的责任和义务

11. 关于直航船的行动,下列说法正确的是_____。
    A. 不应被妨碍的船舶应保向保速
    B. 会遇两船构成碰撞危险,不应妨碍他船的船舶如果成为直航船,则解除其保向保速的义务
    C. 会遇两船构成碰撞危险,一船根据《规则》采取行动,另一船则应保向保速
    D. 会遇两船中,让路船根据《规则》采取行动时,直航船则应保向保速

12. 关于《国际海上避碰规则》中的直航船,下列说法正确的是_____。

A. 两船中的一船应给另一船让路时,另一船即为直航船
B. 两船相遇致有构成碰撞危险时,当一船为他船让路时,另一船才成为直航船
C. 一船无法保持航向航速,则不应视该船为直航船
D. 船舶具备保向保速能力,才是规则所规定的直航船

13. 关于《国际海上避碰规则》中的直航船的义务,以下说法正确的是_____。
①保向保速;②当发觉让路船显然未能按本规则要求采取避让行动时,应当立即采取避免紧迫局面的行动;③当两船不论由于任何原因逼近到单凭让路船的行动已经不能避免碰撞时,应采取最有助于避碰的行动;④查核让路船避让行动的有效性
A. ①②③
B. ①②④
C. ①③④
D. ②③④

14. 关于《国际海上避碰规则》中的直航船的义务,以下说法正确的是_____。
①保向保速;②当发觉让路船显然未能按规则要求采取避让行动时,可独自采取行动;③当两船不论由于任何原因逼近到单凭让路船的行动已经不能避免碰撞时,应采取最有助于避碰的行动;④查核让路船避让行动的有效性
A. ①②③
B. ①②③④
C. ①③④
D. ②③④

15. 关于《国际海上避碰规则》中的直航船的义务,以下说法正确的是_____。
①保向保速;②当发觉让路船显然未能按规则要求采取避让行动时,可独自采取行动;③当两船不论由于任何原因逼近到单凭让路船的行动已经不能避免碰撞时,应采取最有助于避碰的行动
A. ①②③
B. ①②
C. ①③
D. ②③

16. 直航船应保持航向和航速,就意味着_____。
A. 任何改变航向与航速的行为,都是严重违背《国际海上避碰规则》的行为
B. 只要当时环境许可,则应保持原来的航向与航速
C. 如果改变航向与航速,则必须保证他船能在安全的距离驶过
D. 如果不履行保向保速的义务,则应承担让路的义务

17. 两船中的一船按照《国际海上避碰规则》采取行动给另一船让路时,另一船应_____。
A. 同时采取行动
B. 保速保向
C. 采取最有助于避碰的行动
D. 可以保速保向,也可以采取行动

18. 所谓的"保速保向"意指_____。
①保持初始的航向航速;②并不一定非得保持同一罗经航向或同一主机转速;③保持原来的相对他船的速度
A. ①
B. ②
C. ①②
D. ①②③

19. 两艘机动船处于交叉相遇局面,在形成碰撞危险后的初始阶段,直航船应_____。
A. 可以采取任何行动
B. 避免向左转向
C. 保速保向
D. 采取最有助于避碰的行动

20. 下列哪种情况下,直航船的行动是不恰当的?
    A. 直航船在到达转向点附近改向,且与让路船的避让行动相互协调
    B. 为校对罗经而做航向的改变,且与让路船的避让行动不协调
    C. 到达港口前为了安全进港而减速
    D. 沿弯曲水道的转向

21. 根据《国际海上避碰规则》要求保向保速时,下列哪种情况可被认为直航船的行动是不恰当的?
    A. 被追越船为留出水域和缩短两船的并航时间所做出的改向和减速
    B. 执行引航任务的船舶由于工作需要而做的航速和航向的改变
    C. 正在校对罗经的船舶所做的航速和航向的改变
    D. 因风流条件的变化和调整风流压差的需要而做的改向

22. 直航船应保持航向和航速,就意味着_____。
    ①只要当时环境许可,直航船应保持原来的罗经航向和主机转速;②如果是当时航海操作所需要的,且能够被他船所理解的情况下,直航船可改变航向或航速;③直航船如果改变航向和航速,则应当保证他船能在安全的距离上驶过
    A. ①②③   B. ①②
    C. ①③   D. ②③

23. 直航船可独自采取操纵行动以避免碰撞的时机为_____。
    A. 当发觉两船业已构成碰撞危险之时
    B. 当发觉两船业已接近到单凭让路船的行动已经不能避免碰撞时
    C. 当发觉两船业已构成紧迫危险之时
    D. 当发觉让路船显然未遵照《规则》规定采取让路行动时

24. 《国际海上避碰规则》允许直航船可以独自采取操纵行动的时机是_____。
    A. 当发现另一船构成碰撞危险时
    B. 两船已接近至单凭让路船操纵行动已不能保证两船在安全距离上驶过时
    C. 当发觉两船已接近到单凭让路船的行动已不能避免碰撞时
    D. 只要有助于避碰,在任何时候均可独自采取行动

25. 准许直航船可以独自采取避碰行动的时机主要取决于_____。
    A. 两船航向的交角   B. 两船间的方位
    C. 让路船是否按《规则》采取避让行动   D. 直航船的操纵性能

26. 直航船可独自采取行动的时机是_____。
    ①碰撞危险出现以前;②在交叉局面中的让路船采取增速、左转的措施,企图强行横越直航船的前方;③让路船采取一连串的小改向;④让路船拒不采取让路行动,两船逐步逼近
    A. ①②   B. ③④
    C. ①②③   D. ②③④

27. 根据《国际海上避碰规则》,允许直航船独自采取行动的前提是_____。
    A. 让路船无法根据规则采取行动
    B. 直航船征得让路船同意

163

C. 让路船显然未按照规则要求采取适当行动

D. 直航船行动可以避免紧迫局面

28. 直航船必须终止"保向保速"义务的时机为_____。

    A. 当发现让路船显然未遵照《规则》采取适当行动时

    B. 当发现仅凭让路船的行动已难以保证在安全的距离上通过时

    C. 当发现仅凭让路船的行动已不能避免碰撞时

    D. 当两船业已接近到任凭两船共同采取行动仍难以避免碰撞之时

29. 根据《国际海上避碰规则》,直航船可以独自采取操纵行动的时机是_____。

    A. 当发现另一船致有构成碰撞危险时

    B. 当发现与让路船已构成碰撞危险时

    C. 当发现让路船显然未遵照规则规定采取让路行动时避免碰撞时

    D. 当发现让路船显然未遵照规则规定采取让路行动时

30. 根据《国际海上避碰规则》,直航船可以独自采取避碰行动的时机主要取决于_____。

    A. 两船航向的交角是否变化　　　　B. 直航船的操纵性能

    C. 让路船是否按规则采取避让行动　D. 两船间的方位是否明显变化

31. 交叉相遇局面中的直航船发觉让路船显然没有遵照《国际海上避碰规则》采取适当行动时,不可独自采取哪一行动?

    A. 向左转向过他船尾　　　　　　　B. 减速让他船过船首

    C. 右转至与来船航向平行　　　　　D. 鸣放五短声,并大幅度右转

32. 根据"直航船的行动规则"规定"不应对在本船左舷的船采取向左转向"适用于_____。

    A. 任何直航船　　　　　　　　　　B. 交叉相遇局面中的直航船

    C. 除被追越船外的任何直航船　　　D. 除交叉相遇局面外的任何直航船

33. 处于交叉相遇局面中的直航船独自采取避碰行动时,应避免对在本船左舷的船采取_____。

    A. 向右转向　　　　　　　　　　　B. 向左转向

    C. 减速　　　　　　　　　　　　　D. 加速

34. 在交叉相遇的局面下,直航船在独自采取行动时,如当时环境许可,不应_____。

    A. 对在本船左舷的船采取向左转向　B. 向右转向

    C. 减速　　　　　　　　　　　　　D. 对在本船右舷的船采取向右转向

35. 在交叉相遇的局面下,直航船在独自采取行动时,如当时环境许可,不应对在本船左舷的船采取向左转向,下列理由中错误的是_____。

    A. 考虑到交叉相遇局面中的让路船按照海员通常习惯所采取的避让行动多数为向右转向的情况

    B. 通常情况下,直航船采取背着他船转向,是良好船艺的表现

    C. 如果让路船位于直航船正横附近,则直航船转向至两船成平行或接近平行的航向,属于良好船艺

    D. 采取避让行动的船都是右转的

36. 根据《国际海上避碰规则》,直航船独自采取行动避免碰撞之前,应_____。

①鸣放警告声号;②征得让路船同意;③保向保速;④查核让路船避让行动的有效性

A. ①②④ B. ②③④

C. ①③④ D. ①②③④

37. 交叉相遇局面中的直航船发觉让路船显然没有遵照《国际海上避碰规则》采取行动时,如当时环境许可,应避免采取哪一行动?

　　A. 大幅度减速、停船　　　　　　B. 右转至与来船航向平行

　　C. 向左转向　　　　　　　　　　D. 鸣放五短声,并大幅度右转

38. 当直航船发觉本船不论何种原因逼近到单凭让路船的行动不能避免碰撞时,应采取的行动是_____。

　　A. 任意可避免碰撞的行动　　　　B. 最有助于避碰的行动

　　C. 最为可靠的行动　　　　　　　D. 最有助于安全距离上通过的行动

39. 《国际海上避碰规则》要求直航船采取最有助于避碰行动的条件是_____。

　　A. 当直航船发觉让路船显然未按规则采取避让行动时

　　B. 两船构成碰撞危险时

　　C. 只要有助于避碰的任何时候

　　D. 两船逼近到单凭让路船的行动已经不能避免碰撞时

40. 当直航船发觉两船不论由于何种原因逼近到单凭让路船的行动已经不能避免碰撞时,也应采取最有助于避碰的行动,这意味着_____。

　　A. 两船已经构成碰撞危险,正在形成紧迫局面

　　B. 直航船可以背离《规则》采取行动

　　C. 直航船的义务已经解除

　　D. 让路船的避让义务已经移交给直航船

41. 直航船采取最有助于避碰的行动,这意味着两船_____。

　　A. 已经构成紧迫局面,紧迫危险正在形成

　　B. 已经不能避免碰撞

　　C. 已经构成碰撞危险

　　D. 已经不能避免紧迫局面

42. 下列关于直航船的行动的说法正确的是_____。

　　A. 直航船如采取任何避碰行动均应及早地进行

　　B. 如果让路船未及早采取行动并导致紧迫局面,直航船应当采取避碰行动

　　C. 如果让路船未及早采取行动并导致紧迫危险,直航船应当采取避碰行动

　　D. 直航船如采取避碰行动不应向左转向

43. 根据《国际海上避碰规则》,直航船发现本船不论何种原因逼近到单凭让路船的行动已经不能避免碰撞时,也应采取_____。

　　A. 避免碰撞的行动　　　　　　　B. 最有助于避碰的行动

　　C. 保证两船在安全距离通过的行动　D. 最有助于在安全距离上通过的行动

44. 根据《国际海上避碰规则》,当直航船已采取最有助于避碰的行动时,关于让路船和直航船的义务,以下说法正确的是_____。

①让路船的义务解除;②让路船的义务未解除;③直航船的义务解除;④直航船的义务未解除

A. ①④ B. ①③
C. ②③ D. ②④

45. 根据《国际海上避碰规则》,关于让路船和直航船的义务,以下说法正确的是_____。
   A. 让路船的义务,是应及早采取行动,以避免紧迫局面的形成
   B. 让路船与直航船的共同责任,是应及早采取行动,以保证两船能在安全距离上驶过
   C. 若让路船未履行让路的义务,则直航船就负有相关的义务
   D. 若直航船违背《国际海上避碰规则》规定采取行动,则让路船就可免除其让路的义务

46. 下列说法何者正确?
   A. 当直航船独自采取避让行动时,让路船的让路义务开始被解除
   B. 当直航船应采取最有助于避碰的行动时,说明从此刻起,两船的义务完全相等
   C. 避免紧迫局面的形成是让路船的法定责任
   D. 避免紧迫局面的形成是让路船与直航船的法定责任

47. 下列说法正确的是_____。
   A. 让路船的责任,是应及早采取行动,以避免紧迫局面的形成
   B. 让路船与直航船的共同责任,是应及早采取行动,以保证两船能在安全的距离上驶过
   C. 若让路船拒不履行让路的责任与义务,则直航船就负有避免紧迫局面形成的责任和义务
   D. 若直航船违背《国际海上避碰规则》规定采取行动,则让路船就可免除其应让路的责任与义务

48. 下列说法正确的是_____。
   A. 如果让路船未及早采取行动,以避免紧迫局面的形成,则直航船就负有避免紧迫局面形成的义务
   B. 如果让路船未及早采取行动,导致紧迫危险的形成,则直航船也负有采取最有助于避碰的行动的义务
   C. 任何时候,任何船舶均负有避免碰撞危险的义务
   D. 若让路船违背《国际海上避碰规则》规定采取行动,则可免除直航船的义务

49. 当直航船必须采取最有助于避碰的行动时,_____。
   A. 让路船的义务解除,自航船的义务未解除
   B. 让路船的义务未解除,直航船的义务解除
   C. 让路船和直航船的义务都解除
   D. 让路船和直航船的义务都未解除

50. 下列关于让路船与直航船的责任的说法正确的是_____。
   A. 直航船如独自采取避碰行动,则解除让路船的责任
   B. 如果让路船未及早采取行动并导致紧迫局面,则直航船可终止保速保向
   C. 如果让路船无法采取行动并导致紧迫危险,直航船应当采取避碰行动,此时解除让路船的责任
   D. 直航船如果未保向保速,则解除让路船的责任

第十七节　船舶之间的责任

1. 船舶之间的责任条款规定的船舶之间的责任是_____。
   A. 相同种类船舶之间的责任
   B. 不同操纵能力船舶之间的责任
   C. 避让操纵行为能力相同的船舶之间的责任
   D. 操纵不便的船舶的责任

2. 船舶之间的责任条款的基本原则是_____。
   A. 机动船让非机动船
   B. 操纵不便的船不负让路责任
   C. 按避让操纵行为能力划分船舶之间的责任
   D. 操纵不便的船舶不应被妨碍

3. 互见中,一艘操纵能力受到限制的船舶与一艘失去控制的船舶航向交叉,构成碰撞危险,则_____。
   A. 操纵能力受到限制的船舶为让路船
   B. 失去控制的船舶为让路船
   C. 两船均应运用良好的船艺采取行动以避免碰撞
   D. 两船均无须采取行动

4. 互见中,一艘从事疏浚作业操纵能力受到限制的船舶与另一艘清除水雷作业的操纵能力受到限制的船舶航向相反,构成碰撞危险,则_____。
   A. 清除水雷作业的操纵能力受到限制的船舶为让路船
   B. 从事疏浚作业的操纵能力受到限制的船舶为让路船
   C. 两船均应运用良好的船艺采取行动以避免碰撞
   D. 两船均无须采取行动

5. 根据船舶之间的责任条款,下列说法正确的是_____。
   A. 操纵能力差的船舶为直航船
   B. 无论其他条款如何规定,其他船舶应给操纵能力受到限制的船舶让路
   C. 无论其他条款如何规定,其他船舶应给失去控制的船舶让路
   D. 避让责任划分的基本的原则为避让操纵能力相对较好的船舶承担让路责任

6. 适用"船舶间责任条款"的船舶应具备的条件是_____。
   ①符合第3条定义的规定;②显示规定的号灯、号型;③互见中
   A. ①②③　　　　　　　　　　　　B. ①②
   C. ①③　　　　　　　　　　　　　D. ②③

7. 《国际海上避碰规则》第18条船舶之间的责任条款的基本原则是_____。
   A. 机动船让非机动船　　　　　　　B. 操纵不便的船不负让路责任
   C. 按船舶操纵能力划分船舶之间的责任　　D. 操纵不便的船舶不应被妨碍

8. 关于"船舶间责任条款"与其他条款之间的关系,下列说法正确的是_____。

A. "船舶间责任条款"优先于"互见中的行动规则"其他条款
B. 除追越条款外,"船舶间责任条款"优先于《规则》其他条款
C. 除狭水道条款外,"船舶间责任条款"优先于任何能见度时的行动规则其他条款
D. "船舶间责任条款"与狭水道条款冲突时,应执行狭水道条款

9. 适用"船舶间责任条款"的船舶应具备的条件是_____。
  A. 符合第3条定义的规定
  B. 显示规定的号灯、号型
  C. 符合第3条定义的规定并显示规定的号灯、号型
  D. 符合第3条定义的规定或显示规定的号灯、号型

10. 船舶间责任条款适用于_____。
  A. 任何能见度 B. 互见中
  C. 交叉相遇 D. 对遇局面

11. 下列关于船舶之间的责任条款的说法正确的是_____。
  A. 不适用于狭水道和IMO采纳的分道通航制水域
  B. 优先于狭水道和分道通航制条款
  C. 如果与狭水道或分道通航制条款规定冲突,应执行狭水道或分道通航制条款的规定
  D. 如果与狭水道或分道通航制条款规定冲突,仍应执行本条规定

12. 关于"船舶间责任条款"与其他条款之间的关系,下列说法正确的是_____。
  ①"船舶间责任条款"与追越条款冲突时,应执行追越条款;②"船舶间责任条款"与分道通航制条款冲突时,应执行分道通航制条款;③"船舶间责任条款"与狭水道条款冲突时,应执行狭水道条款
  A. ①②③ B. ①②
  C. ①③ D. ②③

13. 你船在海上漂航,显示圆柱体,看见船尾附近的他船挂有一个垂直球菱球号型,他船正在赶上本船,下列说法正确的是_____。
  A. 适用于追越局面,他船是让路船
  B. 适用于船舶之间责任条款,他船是让路船
  C. 适用于追越局面,本船是让路船
  D. 适用于船舶之间责任条款,本船是让路船

14. 互见中,限于吃水的船舶与一艘失去控制的船舶相遇,并构成碰撞危险,则_____。
  A. 限于吃水的船舶为让路船 B. 限于吃水的船舶不应被妨碍
  C. 两船负有同等的避让责任和义务 D. 失去控制的船舶不应被妨碍

15. 船舶在能见度不良的水域中,你驾驶的机动船与一操纵能力受到限制的船舶相遇(不在追越)构成碰撞危险,且已经看到他船时,此时_____。
  A. 你船为让路船 B. 他船为让路船
  C. 两船负有同等的避让责任和义务 D. 根据良好船艺确定让路船

16. 互见中的一艘在航机动船,当与下列哪一船舶相遇时,应给他船让路?
  A. 右舷125°方向驶近的大油轮 B. 左舷60°方向驶近的水面上水上飞机

C. 正前方驶近的帆船　　　　　　　　D. 左舷60°驶近的潜水艇

17. 当一艘操纵能力受到限制的船舶与一艘机动船航向相反相互驶近,并构成碰撞危险时_____。
    A. 两船互见时,适用对遇局面条款
    B. 两船互见时,适用船舶之间责任条款
    C. 不论是否在互见中,机动船均应给"操纵能力受到限制的船舶"让路
    D. 不论是否在互见中,两船均应各自向右转向

18. 在海上,你是十万吨级机动船,与左舷30°驶来挂有一尖端对接的两个圆锥体号型的他船交叉相遇,构成碰撞危险,下述说法错误的是_____。
    ①他船应右转让你船;②他船应减速、停车;③他船不应妨碍你船
    A. ①②　　　　　　　　　　　　B. ①③
    C. ①②③　　　　　　　　　　　　D. ②③

19. 互见中,一机动船与一帆船在相反航向上相互驶近,构成碰撞危险,此时_____。
    A. 遵守对遇条款　　　　　　　　B. 帆船给机动船让路
    C. 机动船给帆船让路　　　　　　D. 各自向右转向

20. 悬挂菱形体号型的甲船,在左舷25°方向看到挂有球、菱形、球号型的乙船驶来,存在碰撞危险,此时_____。
    A. 甲船不应妨碍乙船　　　　　　B. 乙船不应妨碍甲船
    C. 乙船应给甲船让路　　　　　　D. 甲船应给乙船让路

21. 互见中下列在航船舶在相反的航向上会遇,根据船舶之间的责任条款,甲船应给乙船让路的是_____。
    A. 显示菱形体号型的机动船甲与显示尖端向下圆锥体号型的驶帆船舶乙
    B. 显示尖端向下圆锥体号型的驶帆船舶甲与显示圆柱体号型的船舶乙
    C. 显示圆柱体号型的船舶甲与显示两尖端对接圆锥体号型的船舶乙
    D. 显示两尖端对接圆锥体号型的船舶甲与显示菱形体号型的船舶乙

22. 在互见中存在碰撞危险时,从事一般拖带的机动船舶应给下列哪些船舶让路?
    ①帆船;②操纵能力受到限制的船舶;③限于吃水的船舶;④从事捕鱼的船舶
    A. ①②③　　　　　　　　　　　　B. ②③④
    C. ①②④　　　　　　　　　　　　D. ①②③④

23. 按《中华人民共和国非机动船舶海上安全航行暂行规则》规定,非机动船在航应给下列哪些船舶让路?
    A. 捕鱼船,包括用拖网、围网、绳钩捕鱼的机动船
    B. 所有操纵能力受限制的船舶
    C. 操纵失灵的机动船
    D. 除机动船之外的被追越船

24. 根据船舶之间的责任条款,在航帆船应给下列哪类船舶让路?
    A. 显示菱形体号型的船舶
    B. 显示尖端向下圆锥体号型的驶帆船舶

C. 显示圆柱体号型的船舶

D. 显示两个球体号型的船舶

25. 在航帆船甲看到前方另一帆船乙悬挂两个球体号型,两船航向相反相互驶近构成碰撞危险,根据《国际海上避碰规则》_____。

   A. 左舷受风的船舶应给右舷受风的船舶让路

   B. 两船应各自向右转向从他船左舷驶过

   C. 甲船应给乙船让路

   D. 乙船应给甲船让路

26. 根据船舶之间的责任条款规定,互见中在航帆船应给下列哪些船舶让路?
①在航中从事船间货物过驳作业的船舶;②从事引航任务的船舶;③限于吃水的船舶;④从事顶推作业的船队

   A. ①   B. ①②

   C. ③④   D. ①②④

27. 互见中,一使用拖网从事捕鱼的渔船与一操纵能力受到限制的船舶航向交叉相互驶近构成碰撞危险,则_____。

   A. 适用交叉局面条款

   B. 从事捕鱼的渔船应给操纵能力受到限制的船舶让路

   C. 操纵能力受到限制的船舶应给从事捕鱼的渔船让路

   D. 两船均应采取避让行动,因为该两船负有同等的避让责任和义务

28. 互见中,一使用绳钓从事捕鱼的渔船与一在航中上下人员的机动船航向交叉相互驶近构成碰撞危险,则_____。

   A. 适用交叉局面条款

   B. 渔船应给机动船让路

   C. 机动船应给渔船让路

   D. 两船均应采取避让行动,因为该两船负有同等的避让责任和义务

29. 互见中,一使用拖网从事捕鱼的渔船与一失去控制的船舶航向相反相互驶近构成碰撞危险,则_____。

   A. 渔船应给失去控制的船舶让路

   B. 失去控制的船舶应给渔船让路

   C. 适用对遇局面条款

   D. 两船均应采取避让行动,因为该两船负有同等的避让责任和义务

30. 互见中,根据《国际海上避碰规则》,一艘使用拖网从事捕鱼的船舶与一艘操纵能力受到限制的船舶航向交叉相互驶近致有构成碰撞危险,下列说法正确的是_____。

   A. 从事捕鱼的船舶应给操纵能力受到限制的船舶让路

   B. 适用交叉局面条款

   C. 两船均应采取避让行动

   D. 操纵能力受到限制的船舶应给从事捕鱼的船舶让路

31. 互见中,根据船舶之间责任条款规定,除失去控制的船舶和操纵能力受到限制的船舶之外,任

何船舶应避免妨碍限于吃水的船舶的通行,就意味着_____。
   A. 任何船舶均负有让路的责任与义务
   B. 只有当构成碰撞危险之后,任何船舶均负有让路的责任与义务
   C. 在碰撞危险形成以前,任何船舶均应采取行动留出足够的水域供限于吃水的船舶通过
   D. 任何船舶应避免与他船形成紧迫局面

32. 互见中,根据船舶之间责任条款规定,除_____外,如当时环境许可,所有的船舶应避免妨碍限于吃水的船舶的安全通行。
   ①失去控制的船舶;②操纵能力受到限制的船舶;③从事捕鱼船
   A. ③   B. ①②
   C. ①②③   D. ①③

33. 互见中,两艘限于吃水的船舶相遇构成碰撞危险,则_____。
   A. 两船互为让路船
   B. 两船负有同等的避让责任和义务
   C. 根据两船的会遇局面确定两船间的避让责任和义务
   D. 两船互不应妨碍

34. 显示垂直三盏环照红灯和航行灯的甲船,在狭水道中航行,看到显示在航机动船号灯的乙船从其右舷向左穿越水道,构成碰撞危险,谁是让路船?
   A. 甲船   B. 乙船
   C. 甲船和乙船互为让路船   D. 甲船和乙船负有同等避让责任

35. 互见中,根据船舶之间责任条款规定,除失去控制的船舶和操纵能力受到限制的船舶外,下列哪些船舶如当时环境许可应避免妨碍限于吃水的船舶的安全通行?
   A. 从事捕鱼的船舶   B. 帆船和长度小于20米的船舶
   C. 任何船舶   D. 任何机动船

36. 根据船舶之间的责任条款,下列哪些船舶应避免妨碍限于吃水的船舶的安全通行?
   A. 显示球、菱形体、球号型的船舶   B. 显示尖端向下圆锥体号型的驶帆船舶
   C. 显示两个球体号型的船舶   D. 显示圆柱体号型的船舶

37. 互见中,在水面上的水上飞机通常应宽裕地让清所有船,并避免妨碍其航行,然而在有碰撞危险的情况下,则_____。
   A. 按照责任条款确定让路船
   B. 按《国际海上避碰规则》第二章驾驶和航行规则各条规定采取行动
   C. 等待他船让路
   D. 按照让路船条款采取行动

38. 在水面上航行的水上飞机与一在航机动船互见中会遇,且存在碰撞危险,此时_____。
   A. 水上飞机让机动船
   B. 机动船让飞机
   C. 按互见中行动规则确定避让责任
   D. 水上飞机不应妨碍机动船,但机动船仍需给水上飞机让路

39. 根据船舶之间的责任条款,在水面上的水上飞机在与下列哪些船舶相遇构成碰撞危险时应当

让路?
　A. 显示圆柱体号型的船舶　　　　　B. 显示尖端向下圆锥体号型的驶帆船舶
　C. 显示两个球体号型的船舶　　　　D. 任何其他船舶

40. 对于不在狭水道或IMO采纳的分道通航制水域航行的船舶,下列说法正确的是_____。
　A. 在任何时候,地效船均应宽裕地让清所有的船舶并避免妨碍其航行
　B. 在地效船与其他船舶构成碰撞危险时,地效船均应宽裕地让清所有的船舶并避免妨碍其航行
　C. 地效船在贴近水面起飞、降落和飞行时,应宽裕地让清所有的船舶并避免妨碍其航行
　D. 在互见中,地效船在贴近水面起飞、降落和飞行时,应宽裕地让清所有的船舶并避免妨碍其航行

41. 根据船舶之间的责任条款,在水面上操纵的地效船应给下列哪些船舶让路?
　A. 显示圆柱体号型的船舶　　　　　B. 显示尖端向下圆锥体号型的驶帆船舶
　C. 显示两个球体号型的船舶　　　　D. 任何其他船舶

42. 地效船在水面上操作时,在与他船有碰撞危险的情况下,则_____。
　A. 按照船舶之间的责任条款确定让路责任
　B. 按《国际海上避碰规则》第二章驾驶和航行规则各条规定确定让路责任
　C. 宽裕地让清他船
　D. 保持直航

第十八节　船舶在能见度不良时的行动规则

1. 雾中两船接近到互见时,则_____。
　A. 继续遵守能见度不良时的行动规则
　B. 一般应执行互见时的行动规则
　C. 是否执行互见中的行动规则取决于当时的能见距离
　D. 是否执行互见中的行动规则取决于两船互相看见时的距离

2. 下列哪种情况船舶应遵守在互见中的行动规则?
　①能见度不良时,两船驶近至相互以视觉看见时;②一船以视觉看到另一船时;③能见度良好的白天,由于岛礁遮蔽而相互看不到的两船
　A. ③　　　　　　　　　　　　　　B. ②③
　C. ①②　　　　　　　　　　　　　D. ①②③

3. 船舶在互见中的行动规则适用于_____。
　A. 能见度良好时的互见　　　　　　B. 能见度不良时的互见
　C. 任何能见度情况下的互见　　　　D. 两船接近到号灯的规定能见距离内

4. 在能见度不良水域航行的船舶,当两船接近到互见时,应当_____。
　A. 根据海员通常做法,应继续执行"能见度不良时的行动规则"
　B. 执行"互见中的行动规则",并停止鸣放雾号
　C. 执行"互见中的行动规则",仍应鸣放雾号

D. 执行"互见中的行动规则",除非能见度很差,应停止鸣放雾号

5. 某轮雾中在一通航密集的水域航行,当发现有一来船已接近到互见,此时该船应_____。
   A. 继续执行"能见度不良时的行动规则",但可以停止鸣放雾号
   B. 立即执行"互见中的行动规则",并停止鸣放雾号
   C. 继续执行"能见度不良时的行动规则"直到最后驶过让清为止
   D. 一般执行"互见中的行动规则",并继续鸣放雾号

6. 能见度不良时要求机动船做好随时操纵准备,此要求适用于下述哪种水域?
   A. 受限水域   B. 沿海水域
   C. 通航密集水域   D. 任何水域

7. 一机动船于能见度不良的水域中航行,下列说法哪个不正确?
   ①如果能看到附近他船时不必备车航行;②如果能看到附近他船时不必鸣放能见度不良时的声号;③无论是否看到他船,均应将机器做好随时操纵的准备
   A. ①②   B. ①③
   C. ②③   D. ①②③

8. 在能见度不良时的安全航速的含义是_____。
   A. 以能维持舵效的速度航行
   B. 能在能见距离一半的距离内把船停住的速度
   C. 能采取适当而有效的避碰行动,并能在适合当时环境和情况的距离以内把船停住的速度
   D. 当听到雾号显似在本船正横前时,能够维持舵效的最低速度

9. 下列说法正确的是_____。
   A. 能见度不良时,所有船舶必须减速行驶
   B. 只要满足安全航速的要求,能见度不良时也可全速行驶
   C. 只要能见度良好,船舶就可以全速行驶
   D. 船舶采取的航速与能见度没有关系

10. 关于能见度不良时的安全航速,下列哪些说法正确?
    A. 能见度不良时的安全航速即为缓速
    B. 能见度不良时的安全航速即为备车航行的速度
    C. 只要船舶可用视觉看到来船,船舶就可以全速行驶
    D. 能见度不良时船舶采取的低航速未必是安全航速

11. "每一船舶应以适合当时能见度不良的环境和情况的安全航速行驶,机动船应将机器做好随时操纵的准备"此时的"机动船"是指_____。
    A. 用机器推进的任何船舶
    B. 仅为操纵能力不受限制的普通机动船
    C. 用机器推进的任何船舶,不包括操纵能力受限制的机动船
    D. 用机器推进的任何船舶,不包括操纵能力受限制的从事捕鱼的船舶

12. 能见度不良时,及早采取避让行动的先决条件是_____。
    A. 无任何先决条件   B. 看到他船时
    C. 判明存在碰撞危险时   D. 听到他船雾号时

13. 在能见度不良的水域中航行，下列哪种情况不能作为判断不存在碰撞危险的依据？
    A. 通过雷达标绘确信可在安全距离上通过
    B. ARPA 显示他船能在安全距离上通过
    C. 他船的雾号的方位有明显的变化
    D. 系统的雷达观测表明他船能在安全距离上通过

14. 在能见度不良的水域中航行，一船仅凭雷达测得他船时，应_____。
    A. 断定是否存在碰撞危险
    B. 断定是否正在形成紧迫局面
    C. 立即采取大幅度避让行动
    D. 判定是否正在形成紧迫局面和/或存在碰撞危险

15. 不能根据雾号确定来船的方位和距离的原因是_____。
    ①声波在雾中传播会发生异常折射；②声波会受风向风力的影响；③雾号不能作为判断碰撞危险的观测资料
    A. ①②③   B. ①②
    C. ②   D. ②③

16. 航行中雷达观测他船回波，连续观测的方位距离不变，他船应与本船_____。
    A. 对驶   B. 反向等速
    C. 同向同速   D. 不能判断

17. 雾航中，机动船甲听到左前方一长二短雾号，接着又听到一长三短，在看到他船之前_____。
    A. 甲船应按第 18 条责任避让
    B. 甲船应按第 15 条规定让路
    C. 如果存在碰撞危险，甲船与来船都有避让责任
    D. 如果存在碰撞危险，甲船应避免向左转向

18. 对于一艘雷达故障而不能正常使用的船舶在能见度不良时其最佳的做法是_____。
    A. 立即就近找合适的安全水域锚泊   B. 继续谨慎航行
    C. 以能维持航向的最低航速继续航行   D. 只要车、舵能正常使用，可以继续航行

19. 在能见度不良的水域航行时判断是否存在碰撞危险的最佳方法是_____。
    A. 派人到船首瞭头以便及早发现来船
    B. 充分利用船舶望远镜、VHF、AIS 等助航设备与来船及早联系沟通
    C. 认真进行雷达标绘或与其相当的系统观测
    D. 打开驾驶台门窗，注意收听来船的雾号

20. 以下哪个条款适用于能见度不良情况？
    A. 追越条款   B. 对遇局面条款
    C. 狭水道条款   D. 船舶间的责任条款

21. 能见度不良时的行动规则的适用范围是_____。
    A. 在能见度不良水域中航行的船舶
    B. 在能见度不良水域中互相看不见的船舶

C. 在能见度不良水域中或其附近航行时不在互见中的船舶

D. 在能见度不良水域中或其附近在航、锚泊和搁浅的船舶

22. 船舶在能见度不良时的行动规则的适用范围是_____。

　　A. 在能见度不良的水域中航行时不在互见中的船舶

　　B. 在能见度不良的水域中航行时互见中的船舶

　　C. 在能见度不良的水域中或在其附近航行时不在互见中的船舶

　　D. 在能见度不良的水域中或在其附近航行时互见中的船舶

23. 船舶在能见度不良时的行动规则的适用范围是_____。

　　A. 在能见度不良的水域中或在其附近航行的船舶

　　B. 在能见度不良的水域中或在其附近航行时不在互见中的船舶

　　C. 在任何能见度水域中或在其附近航行的船舶

　　D. 在任何能见度水域中或在其附近航行时不在互见中的船舶

24. 能见度不良时的行动规则的适用范围是_____。

　　A. 能见度不良水域中的任何船舶

　　B. 能见度不良水域中不在互见中的船舶

　　C. 能见度不良水域中或其附近不在互见中的船舶

　　D. 能见度不良水域中或其附近航行时不在互见中的船舶

25. 以下哪个条款在能见度不良时也适用?

　　A. 追越条款　　　　　　　　　　　B. 对遇局面条款

　　C. 分道通航条款　　　　　　　　　D. 船舶间的责任条款

26. 能见度不良不在互见中,限于吃水的甲船与左正横前驶来的操纵能力受限制的乙船相遇,存在碰撞危险,应_____。

　　A. 甲船应按第18条责任避让　　　B. 甲船应按第15条规定让路

　　C. 两船都有避让责任　　　　　　　D. 乙船让路

27. 《国际海上避碰规则》第19条能见度不良时的避碰行动中适用的船舶为_____。

　　A. 在任何能见度不良的水域中的船舶

　　B. 在任何能见度不良的水域中的机动船舶

　　C. 在能见度不良的水域中或在其附近航行时不在互见中的船舶

　　D. 在任何能见度不良的水域中或在其附近的船舶

28. 在能见度不良的水域中航行,在雷达上发现前方有一物标与本船构成碰撞危险,经观测已经确定他船为一艘被追越船,你采取避让措施时,应_____。

　　A. 避免向左转向　　　　　　　　　B. 避免横越他船前方

　　C. 视具体情况向左或向右转向　　　D. 避免向右转向

29. 在能见度不良的开阔水域中航行,你船在雷达上测得与来船构成碰撞危险,如来船位于本船的正前方附近,你应采取何种避让措施比较有利?

　　A. 大幅度向左转向　　　　　　　　B. 大幅度向右转向

　　C. 大幅度减速　　　　　　　　　　D. 大幅度增速

30. 雾航中,雷达测到他船在左舷35°方位不变,正在形成紧迫局面,你船如转向应_____。

A. 右转避让 B. 左转避让
C. 使他船在本船船首通过 D. 使他船在本船船尾通过

31. 在能见度不良水域中航行及早采取避让行动的首要条件是_____。
    A. 判明存在碰撞危险 B. 听到他船雾号
    C. 在 VHF 中听到他船呼叫 D. 用望远镜看到他船时

32. 雾航中,本船仅凭雷达测到左前方来船航向与本船航向交叉驶近构成碰撞危险,按《国际海上避碰规则》第 19 条的要求,应尽可能避免_____。
    ①向右转向;②向左转向;③减速
    A. ① B. ①②
    C. ② D. ②③

33. 两船在能见度不良的水域中航行非互见时相遇,致有构成碰撞危险_____。
    A. 两船负有同等的避让责任和义务 B. 两船均是让路船
    C. 两船均是直航船 D. 操纵能力好的船让路

34. 根据《国际海上避碰规则》规定,在能见度不良的水域中航行,一船仅凭雷达测得他船时,应_____。
    A. 断定是否存在碰撞危险 B. 加强瞭望
    C. 立即采取大幅度避让行动 D. 采取安全航速

35. 在能见度不良的开阔水域中航行,你船在雷达上测得与来船构成碰撞危险,如来船位于本船的右正横附近,且本船正横前有多艘其他船舶时,你应采取何种避让措施比较有利?
    A. 大幅度向左转向 B. 大幅度向右转向
    C. 大幅度减速 D. 大幅度增速

36. 在能见度不良水域中航行时,为避免碰撞,下列做法正确的是_____。
    A. 对右正横的来船采取向右转向 B. 对左正横的来船采取向右转向
    C. 对右正横后的来船采取向右转向 D. 对左正横后的来船采取向左转向

37. 在能见度不良的开阔水域中航行时,你船仅凭雷达探测到他船在本船正横或正横后,并已判定正在形成紧迫局面,其避让行动应尽可能_____。
    A. 停车,让他船通过 B. 大幅度向右转向
    C. 大幅度向左转向 D. 转向,但避免朝着他船转向

38. 在能见度不良的水域中航行时,船舶为避免紧迫局面,下列哪一行动应予避免?
    A. 对右正横前来船采取向右转向 B. 对左正横前来船采取向右转向
    C. 对右正横后来船采取向右转向 D. 对左正横后来船采取向右转向

39. 根据《国际海上避碰规则》第 19 条的规定,在能见度不良的情况下,一船仅凭雷达测得与正横后的他船存在碰撞危险,如采取转向措施,下列说法正确的是_____。
    A. 尽可能背着他船转向 B. 尽可能朝着他船转向
    C. 视他船的速度决定向左还是向右转向 D. 视他船的距离决定向左还是向右转向

40. 根据《国际海上避碰规则》第 19 条的规定,在能见度不良的情况下,一船仅凭雷达测得与右正横附近的他船存在碰撞危险,如采取转向措施,下列说法正确的是_____。
    A. 尽可能向右转向 B. 尽可能向左转向

C. 视他船的速度决定向左还是向右转向   D. 视他船的距离决定向左还是向右转向

41. 根据《国际海上避碰规则》第19条的规定,在能见度不良的情况下,一船仅凭雷达测得与船尾偏右的他船存在碰撞危险,如采取转向措施,下列说法正确的是_____。
    A. 尽可能向右转向   B. 尽可能向左转向
    C. 视他船的速度决定向左还是向右转向   D. 视他船的距离决定向左还是向右转向

42. 在能见度不良时当你船听到他船的雾号显似在本船正横以前,除已断定不存在碰撞危险外,你船应当_____。
    A. 立即停车,倒车把船停住   B. 将船速减到能维持其航向的最低速度
    C. 立即抛锚等雾消散后再继续航行   D. 无须减速,只要备车航行

43. 在能见度不良水域中,你船听到他船雾号显似在本船右正横以前,当对他船船位尚未确定时,你应如何行动?
    A. 减速到能维持其航向的最低速度后,谨慎驾驶
    B. 立即采取大幅度右转行动从他船船尾通过
    C. 立即采取大幅度左转行动从他船船头通过
    D. 保向保速并鸣放雾号,谨慎驾驶

44. 在能见度不良水域中与右前方的他船不能避免紧迫局面时,你船应采取_____。
    A. 立即采取大幅度右转行动从他船船尾通过
    B. 立即采取大幅度左转行动从他船船尾通过
    C. 立即将船速减到能维持其航向的最低速度,必要时把船停住
    D. 保向保速并鸣放雾号,谨慎驾驶

45. 你船在浓雾中航行,听到他船的雾号显似在本船的正前方附近,而在雷达上对其回波因海浪干扰而不能确定时,下列措施可取的是_____。
    A. 大幅度向右转向
    B. 保速保向继续航行,并鸣放相应的雾号
    C. 鸣放五短声警告他船
    D. 立即将航速减小到能维持其航向的最小速度,必要时把船完全停住

46. 在能见度不良的水域中,一船在雷达上发现与正前方或接近正前方的来船不能避免紧迫局面时,应_____。
    A. 将航速减到维持航向的最小速度   B. 立即倒车,鸣三短声
    C. 立即操满舵使船舶进入旋回   D. 立即大幅度右转

47. 雾航中在雷达上发现与左前方的他船不能避免紧迫局面时,你船应采取_____。
    A. 左转   B. 右转
    C. 将航速减低到维持航向的最小速度   D. 保向保速

48. 当一船听到"一短一长一短"的雾号显似在本船的右前方,且对该船在事先未用雷达探测到,则应_____。
    A. 立即向左转向
    B. 应先寻找来船
    C. 立即将船速降低到可维持舵效的最小船速,必要时应把船完全停住

D. 立即向右转向

49. 在能见度不良水域航行时,当你船与左前方的他船不能避免紧迫局面时,你船应_____。

A. 大幅度向左转向

B. 大幅度向右转向

C. 立即将船速降低到可维持舵效的最小船速,必要时应把船完全停住

D. 保向保速,派人瞭头,谨慎驾驶

50. 雷达测到他船的相对运动线来自右正横前,本船右转不超过180°,则来船相对运动线将_____。

A. 顺时针转　　　　　　　　　B. 逆时针转

C. 保持不变　　　　　　　　　D. 视转向角度大小而定

51. 本船在能见度不良的水域航行,本船雷达发现船首方向来船航向与本船航向接近相反构成碰撞危险,下列说法正确的是_____。

①本船不应向左转向;②考虑来船会向右转向,本船向右转向是协调的行动;③如果来船向右转向,本船减速也会增大 DCPA;④如果来船向右转向,本船减速会减小 DCPA

A. ①③　　　　　　　　　　　B. ①④

C. ①②③　　　　　　　　　　D. ②③④

52. 在能见度不良的情况下,你船在雷达上发现与左前方的他船不能避免紧迫局面时,下列说法正确的是_____。

A. 你船应左转避让

B. 你船应右转避让

C. 你船应将航速减低到维持航向的最小速度

D. 你船应保向保速

53. 在能见度不良的情况下,你船仅在雷达上发现他船,下列说法正确的是_____。

①用雷达确定是否存在碰撞危险;②保持正规瞭望;③将航速减到能维持其航向的最小速度;④如果该船位于本船的正横以前,则立即大幅度向右转向

A. ①②③　　　　　　　　　　B. ①②

C. ①③　　　　　　　　　　　D. ②③④

54. 在能见度不良的情况下,你船仅在雷达上发现他船,下列说法正确的是_____。

①用雷达确定是否存在碰撞危险;②你船应立即倒车,并鸣放三短声;③将航速减到能维持其航向的最小速度;④使用雷达测得来船的 DCPA 和 TCPA

A. ①②④　　　　　　　　　　B. ①②

C. ②③　　　　　　　　　　　D. ①④

第一节 适用范围

1. C 2. C 3. D 4. D 5. C 6. B 7. B 8. D 9. D 10. A
11. C 12. D 13. B 14. C 15. C 16. D 17. A 18. C 19. D 20. C
21. A 22. C 23. C 24. D 25. B 26. C 27. A 28. C 29. D 30. A
31. B 32. A 33. B

第二节 责任

1. A 2. B 3. D 4. D 5. D 6. A 7. A 8. A 9. A 10. A
11. A 12. A 13. A 14. A 15. A 16. A 17. B 18. B 19. B 20. B
21. B 22. B 23. B 24. C 25. C 26. C 27. C 28. C 29. C 30. C
31. C 32. D 33. D 34. C 35. A 36. C 37. C 38. C 39. B 40. D
41. D

第三节 一般定义

1. C 2. B 3. A 4. A 5. A 6. C 7. A 8. D 9. A 10. C
11. B 12. C 13. C 14. C 15. B 16. B 17. A 18. C 19. C 20. C
21. B 22. A 23. B 24. B 25. B 26. D 27. D 28. C 29. C 30. C
31. A 32. B 33. B 34. D 35. B 36. B 37. C 38. D 39. B 40. C
41. B 42. D

第四节 号灯与号型

1. A 2. A 3. D 4. B 5. D 6. B 7. A 8. A 9. D 10. D
11. D 12. B 13. A 14. D 15. D 16. B 17. B 18. A 19. C 20. B
21. B 22. C 23. C 24. A 25. C 26. D 27. C 28. C 29. B 30. C
31. B 32. A 33. A 34. A 35. C 36. C 37. C 38. C 39. B 40. C
41. D 42. D 43. C 44. A 45. D 46. B 47. A 48. B 49. A 50. A
51. C 52. C 53. A 54. D 55. A 56. D 57. C 58. B 59. C 60. C
61. A 62. B 63. B 64. B 65. B 66. D 67. C 68. C 69. B 70. B
71. C 72. C 73. B 74. B 75. C 76. B 77. B 78. B 79. D 80. C
81. A 82. A 83. C 84. C 85. D 86. A 87. B 88. C 89. D 90. C

91. C 92. A 93. B 94. D 95. A 96. C 97. C 98. C 99. D 100. B
101. C 102. C 103. B 104. B 105. B 106. D 107. C 108. C 109. C 110. B

第五节　声响与灯光信号

1. D 2. A 3. A 4. B 5. B 6. D 7. A 8. B 9. A 10. A
11. B 12. C 13. A 14. C 15. B 16. A 17. C 18. C 19. C 20. B
21. B 22. C 23. C 24. B 25. A 26. A 27. D 28. C 29. A 30. D
31. B 32. D 33. A 34. B 35. A 36. C 37. C 38. D 39. B 40. A
41. B 42. D 43. B 44. B 45. B 46. B 47. A 48. B 49. C 50. A
51. D 52. A 53. C 54. C 55. B 56. D 57. C 58. B 59. D 60. A
61. A 62. A 63. B 64. A 65. A 66. B 67. C 68. B 69. C 70. D
71. A 72. D 73. D 74. C 75. D 76. B 77. C 78. A 79. B 80. D
81. C 82. C 83. A 84. B 85. B 86. B 87. B 88. B 89. D 90. C
91. B 92. B 93. D 94. B 95. B 96. B 97. D 98. B 99. D 100. B
101. A 102. C 103. D 104. D 105. C 106. D 107. D 108. A 109. D 110. A
111. B

第六节　瞭望

1. C 2. A 3. A 4. D 5. D 6. A 7. C 8. D 9. A 10. C
11. A 12. A 13. D 14. D 15. D 16. D 17. C 18. B 19. C 20. C
21. C 22. B 23. D 24. D 25. A 26. D 27. A 28. D 29. D 30. C

第七节　安全航速

1. C 2. D 3. A 4. C 5. D 6. C 7. B 8. D 9. C 10. D
11. B 12. D 13. B 14. D 15. D 16. C

第八节　碰撞危险

1. C 2. B 3. A 4. D 5. C 6. D 7. D 8. B 9. D 10. C
11. A 12. A 13. D 14. C 15. A 16. C 17. C 18. C 19. B 20. A
21. C 22. A 23. C 24. D 25. C 26. B 27. A 28. D 29. D 30. A
31. B 32. B 33. D 34. A 35. D 36. D 37. A 38. B 39. D 40. A
41. A 42. B 43. B

第三章 国际海上避碰规则

第九节 避免碰撞的行动

1. B	2. A	3. C	4. C	5. D	6. D	7. D	8. D	9. D	10. C
11. D	12. A	13. A	14. C	15. C	16. A	17. B	18. C	19. C	20. C
21. D	22. B	23. B	24. C	25. A	26. D	27. C	28. D	29. D	30. B
31. D	32. A	33. C	34. C	35. D	36. D	37. A	38. D	39. A	40. C
41. D	42. C	43. C	44. D	45. A	46. A	47. C	48. D	49. C	50. C
51. C	52. D	53. C	54. B	55. C	56. C	57. A	58. C	59. D	60. C

第十节 狭水道

1. A	2. D	3. B	4. B	5. B	6. B	7. A	8. A	9. C	10. C
11. B	12. D	13. C	14. A	15. B	16. D	17. C	18. C	19. D	20. C
21. D	22. C	23. C	24. C	25. A	26. B	27. C	28. B	29. C	30. D
31. D	32. D	33. C	34. D	35. D	36. B	37. C	38. A	39. D	40. D
41. D	42. D	43. A	44. B						

第十一节 分道通航制

1. B	2. C	3. B	4. D	5. B	6. D	7. C	8. D	9. C	10. C
11. A	12. C	13. D	14. C	15. C	16. A	17. D	18. C	19. D	20. B
21. D	22. D	23. D	24. D	25. A	26. D	27. C	28. B	29. A	30. A
31. B	32. C	33. C	34. C	35. C	36. C	37. D	38. C	39. C	40. D
41. D	42. C	43. D	44. C	45. D	46. B	47. D	48. A	49. C	50. B
51. C	52. B	53. C	54. C	55. D	56. C	57. C	58. C		

第十二节 追越

1. D	2. D	3. D	4. A	5. B	6. C	7. D	8. D	9. C	10. B
11. A	12. B	13. C	14. A	15. A	16. A	17. A	18. C	19. C	20. A
21. C	22. B	23. A	24. C	25. C	26. C	27. C	28. B	29. A	30. A
31. A	32. D	33. C	34. C	35. B	36. C	37. D	38. C	39. D	40. C

第十三节 对遇局面

| 1. B | 2. D | 3. C | 4. A | 5. B | 6. A | 7. B | 8. B | 9. A | 10. C |
| 11. A | 12. C | 13. C | 14. D | 15. B | 16. C | 17. C | 18. B | 19. A | 20. B |

21. D 22. A 23. A 24. A 25. A 26. A 27. B 28. B 29. C 30. C
31. C 32. C 33. B 34. C 35. C 36. C

第十四节 交叉相遇局面

1. B 2. D 3. A 4. D 5. B 6. C 7. C 8. D 9. B 10. C
11. B 12. C 13. C 14. C 15. C 16. C 17. C 18. A 19. C 20. C
21. A 22. A 23. C 24. D 25. B 26. B 27. C 28. B 29. C 30. A
31. C 32. C 33. C 34. C 35. C 36. C 37. A 38. C 39. A 40. A
41. B 42. A 43. B 44. B 45. C 46. A 47. C 48. D 49. C 50. B
51. D 52. C 53. C 54. A 55. D

第十五节 让路船的行动

1. A 2. C 3. D 4. D 5. A 6. A 7. D 8. A 9. C 10. A
11. A 12. B

第十六节 直航船的行动

1. A 2. A 3. C 4. D 5. C 6. B 7. C 8. B 9. D 10. D
11. D 12. A 13. C 14. B 15. A 16. B 17. B 18. C 19. C 20. B
21. C 22. B 23. B 24. B 25. C 26. D 27. C 28. C 29. C 30. C
31. A 32. B 33. B 34. A 35. D 36. B 37. C 38. B 39. D 40. C
41. A 42. C 43. B 44. D 45. C 46. C 47. A 48. B 49. C 50. B

第十七节 船舶之间的责任

1. B 2. C 3. C 4. C 5. D 6. A 7. C 8. D 9. C 10. B
11. C 12. A 13. A 14. A 15. A 16. C 17. B 18. C 19. C 20. D
21. C 22. C 23. C 24. D 25. C 26. C 27. C 28. B 29. A 30. A
31. C 32. B 33. C 34. C 35. C 36. C 37. C 38. C 39. C 40. D
41. C 42. B

第十八节 船舶在能见度不良时的行动规则

1. B 2. C 3. C 4. C 5. D 6. D 7. A 8. C 9. B 10. D
11. A 12. C 13. C 14. C 15. B 16. C 17. C 18. A 19. C 20. C
21. C 22. C 23. B 24. D 25. C 26. C 27. C 28. C 29. B 30. A

31．A	32．C	33．A	34．A	35．C	36．B	37．D	38．C	39．A	40．B
41．B	42．B	43．A	44．C	45．D	46．A	47．C	48．C	49．C	50．A
51．C	52．C	53．B	54．D						

答案解析

第一节 适用范围

1．C。适用的水域和船舶：在公海和连接公海可供海船航行的一切水域中的一切船舶。

5．C。《规则》适用于上述水域内的一切船舶，而不论这些船舶的大小、种类、用途和从事作业的性质。在理解《规则》所适用的船舶时，应特别注意如下几点：(1)只要是在适用《规则》的水域，《规则》所适用的船舶不限于海船，而是上述水域的所有船舶均应当适用《规则》。(2)适用《规则》的船舶在上述水域的状态为"在水上(upon water)"，包括接触水面和不接触水面(非排水状态)两种状态，但不包括潜水状态。潜水艇在水面航行(包括接近水面的上浮和下沉过程)时适用于本《规则》，在水下潜航时则不适用《规则》。(3)军舰无论是在战时还是在平时；政府公务船无论是否在执行公务，均适用本《规则》。(4)在水面上的水上飞机(包括起飞、降落、飞行、漂航或停泊)、地效船均适用本《规则》。(5)船舶在《规则》所适用的水域航行、锚泊、搁浅均适用本《规则》，系岸或在船坞修理通常不适用《规则》关于避碰行动的规定。

14．C。《中华人民共和国非机动船舶海上安全航行暂行规则》是我国政府在接受《规则》时对我国的非机动船做了保留而制定的，因此，该《暂行规则》仅适用于我国的非机动船，而不适用于外国籍的非机动船舶。适用的水域为任何的水域。该《暂行规则》第一条规定："凡使用人力、风力、拖力的非机动船，在海上从事运输、捕鱼或者其他工作，都应当遵守本规则。"从该条规定可以看出，《暂行规则》所规定的非机动船，并不与《规则》所规定的机动船相对应，其还包括使用拖力的非机动船。

19．D。特殊规则和《规则》同时适用时，特殊规则应当优先适用；当特殊规则的规定与《规则》的规定不一致时，应执行特殊规则的规定；特殊规则没有规定的事项仍然应当执行《规则》的规定。

23．C。根据《规则》的规定，可以制定特殊规则的"特殊水域"包括港外锚地、港口、江河、湖泊或内陆水道。港外锚地(roadstead)，按《联合国海洋法公约》第十二条给出的定义，是指全部或部分位于领海外界限之内，或全部位于领海外界限之外的通常用于船舶装卸和锚泊的水域，属于领海范围。内陆水道(inland waterways)，通常是指领海基线以内水域中的水道。

25．B。被授权制定和实施特殊规定的主体是《1972年国际海上避碰规则公约》各缔约国或参加国的"有关主管机关(appropriate authority)"。"有关主管机关"由各缔约国立法确定，通常指各缔约国政府和主管国家水上交通安全的机关以及经授权的地方当局。例如，中华人民共和国海事局及经授权的各海事局属于这类主管机关和地方当局。

26. C。(1)制定额外的队形灯、信号灯、号型或笛号的特殊规定的机构制定额外的队形灯、信号灯、号型或笛号的机构为各国政府,而不是有关主管机关。(2)额外的队形灯、信号灯、号型或笛号适用的船舶额外的队形灯、信号灯、号型或笛号适用于"军舰及护航下的船舶";而对于"结队从事捕鱼的渔船"仅限于额外的队形灯、信号灯、号型,没有额外的笛号的规定。需要注意的是,上述信号是额外的,即在船舶原有信号的基础上额外添加的信号,而不是用于替代《规则》所规定的号灯、号型或笛号;"军舰及护航下的船舶"以及"结队从事捕鱼的渔船"仍然应当显示或鸣放《规则》规定的号灯、号型或笛号。(3)制定额外的队形灯、信号灯、号型或笛号的特殊规定的原则为避免造成识别上的误解,对这些额外的队形灯、信号灯、号型或笛号的特殊规定的制定,《规则》要求其应尽可能不致被误认为《规则》其他条文所规定的任何号灯、号型或信号,即要求这些额外的队形灯、信号灯、号型或笛号尽可能与《规则》规定的号灯、号型和信号显著区别开来。

30. A。关于特殊构造和用途的船舶:凡经有关政府确定,某种特殊构造或用途的船舶,若不能完全遵守本规则任何一条关于号灯或号型的数量、位置、能见距离或弧度以及声号设备的配置和特性的规定时,则应遵守其政府在号灯或号型的数量、位置、能见距离或弧度以及声号设备的配置和特性方面为之另行确定的尽可能符合本规则条款要求的规定。

32. A。《规则》第10条(分道通航制)1款规定:"本条适用于本组织采纳的分道通航制,但并不解除任何船舶遵守任何其他各条规定的责任。"因此,《规则》第10条"分道通航制"仅仅适用于被IMO所采纳的分道通航制水域。在未被IMO采纳的分道通航制区域内,《规则》第10条不适用,而应当适用当地主管机关为其制定的地方规定。

33. B。在IMO所采纳的分道通航制区域内航行的船舶,仍然应当遵守《规则》其他各条有关船舶避碰责任或行动的规定。《规则》第10条规定了使用分道通航制的准则和航法,船舶间的避碰责任或行动仍然应当根据《规则》的其他条文加以确定。遵守分道通航制规则的船舶,不因遵守分道通航制而享有被让路的权利;违反分道通航制规则的船舶,也不因其违反分道通航制而成为让路船。

第二节 责任

1. A。《规则》第2条1款规定了船舶或其所有人、船长或船员应当避免的三类疏忽,即对遵守本《规则》条款的任何疏忽、对海员通常做法可能要求的任何戒备上的疏忽和对当时特殊情况可能要求的任何戒备上的疏忽。

6. A。遵守本《规则》条款的任何疏忽是指船舶或其所有人、船长或船员等对于《规则》中明确、具体的规定没有适当遵守而出现的任何疏忽。该类疏忽包括岸上船舶所有人或管理人的疏忽和船上船长和船员的疏忽。1. 岸上船舶所有人或管理人的疏忽岸上船舶所有人或管理人遵守本《规则》的任何疏忽主要体现在以下几个方面:(1)强令船舶以一定的航速行驶,限时到达某一水域,迫使船长和船员违反安全航速的规定;(2)对船舶主机或者燃油的使用做出硬性规定,使得船长和船员无法遵守《规则》关于备车和变速避让的规定,特别是在能见度不良时;(3)违反最低安全配员的规定,未配备适任的瞭望人员,达不到正规瞭望的目的;(4)指令从事航行值班的人员从事与航行值班无关的工作,或者指令值班驾驶员单人值班,违反 STCW 规则、值班规则的规定。2.船长或船员的疏忽船长或船员遵守本《规则》的任何疏忽主要表现在以下几个方面:(1)未保持正规瞭望,违反《规则》第5条;(2)未使用安全航速,违反《规则》第6条;(3)未准确判断与来船是否存在碰撞危险,特别是未对探测到的物标进行雷达标绘或与其相当的系统观察,违反《规则》第7条;(4)未正确采取避碰行动,违反《规则》第8条;(5)在特殊水域中未遵守规定的相应航法,违反《规则》第9条和第10条;(6)未履行在各类会遇局面中的相应避碰义务,违反《规则》第12条至第19条;(7)机动船在能见度不良时未备车航行,违反《规则》第19条2款;(8)未正确显示相应的号灯和号型,违反《规则》第三章;(9)未正确鸣放各类声号,违反《规则》第四章;(10)在背离《规则》的时机明显出现时,未及时、正确地背离《规则》,违反《规则》第2条的规定。

17. B。海员通常做法可能要求的任何戒备上的疏忽除《规则》中规定的明确、具体的避碰措施以外,在船舶避碰实践中还需要注意和遵守的海员通常做法十分广泛,难以全部列出。未能适当和有效地遵从这些海员通常做法即构成了海员通常做法可能要求的任何戒备上的疏忽,包括但不限于以下情况:(1)对舵令和车令等不复诵、不核对;(2)值班驾驶员在避让过程中交接班或者在不了解周围环境的情况下交接班;(3)进出狭窄航道或港口未备车、备锚;(4)使用自动舵进行转向避让;(5)不熟悉船舶的操纵性能,特别是船舶在各种情况下的冲程和旋回性能;(6)未充分注意到浅水效应、船间效应和岸壁效应对保持船位的影响;(7)在高纬度地区航行时对遇到冰山缺乏戒备;(8)在狭水道追越时盲目从他船右舷追越;(9)没有做到逆水船让顺水船、进口船让出口船、单船让拖带船组;(10)在狭水道或航道的狭窄航段或弯头处追越或会船等等。

24. C。当时特殊情况可能要求的任何戒备上的疏忽。构成特殊情况的原因包括船舶条件的突变、自然条件的突变、交通条件的突变、他船所采取行动的突变等。强求海员去预测突发事件的发生是不合理的,但海员有义务对这些特殊情况有所戒备并在出现特殊情况时做出应急性的反应,以避免或降低所受到的不良影响。为此目的,船舶应注意到海上存在发生突发性事件的可能性并做好随时应急操纵的准备。在上述特殊情况下,如果船舶因未能及时地做出正确的反应,特别是大幅度转向或者采取停车、倒车甚至背离《规则》等应急措施,则会被认为存在当时特殊情况可能要求的任何戒备上的疏忽。这类疏忽包括但不限于以下情况:(1)对船舶突然遇到浓雾、暴风雨等缺乏戒备;(2)对他船可能背离《规则》采取行动缺乏戒备;(3)对为避让一船而与另一船构成紧迫局面缺乏戒备;(4)对多船同时构成碰撞危险或者紧迫局面的情况缺乏戒备;(5)对舵机、操舵控制系统和主机等突然发生故障缺乏戒备;(6)对他船突然采取不协调的意外行动致使两船陷入紧迫危险的情况缺乏戒备;(7)对他船没有按照他船用声号或其他方式表明或承诺的方式采取避碰行动缺乏戒备,例如他船表示向左转向,但实际向右转向避让。

27. B。背离《规则》受严格条件的限制,并不是存在任何航行的危险、碰撞的危险或任何特殊情况就需要背离《规则》。背离《规则》必须同时满足如下条件:(1)危险是客观存在的,而不是主观臆断的。(2)两船已经临近到即将构成紧迫危险,即如果仍然严格遵守《规则》的具体条款会使两船的行动明显发生冲突并导致形成紧迫危险,背离《规则》就可能避免即将形成的紧迫危险。需要说明的是,《规则》第2条中的"紧迫危险"既包括紧迫的碰撞危险,也包括紧迫的航行危险。(3)背离《规则》是必需的、合理的,即当时的客观事实表明,遵守《规则》不能避免碰撞或航行的紧迫危险,而背离《规则》可能避免这些紧迫危险。因此,只有当时的危险局面不允许船舶继续遵守《规则》时,才可以背离《规则》。只要还有机会通过遵守《规则》来避免紧迫危险,就不应当背离《规则》。

28. C。需要注意的是,背离《规则》并不是《规则》灵活性的体现,而是有严格条件限制的。"方便"不能成为背离《规则》的借口,"协议背离《规则》"不是合法的背离行为,应当予以禁止。

30. B。背离《规则》并不是指背离《规则》所有条款的规定,而仅仅是指背离《规则》所适用的某些或某一条款的具体规定。可以背离的条款通常仅仅是《规则》中有关船舶航行规则或避碰行动规则的具体规定,例如《规则》第9条1款规定的"狭水道右行规则"和第14条1款规定的"对遇局面右转规则"等条款。在背离某些或者某一条款的具体规定时,对《规则》其他条款的规定仍然必须严格遵守,诸如保持正规瞭望、以安全航速行驶、正确判断碰撞危险、正确显示号灯号型和正确鸣放声号等条款,均不得背离。

32. D。可能需要背离《规则》的情况是存在航行的危险(dangers of navigation)、碰撞的危险(dangers of collision)和特殊情况(special circumstances)。存在航行的危险而需要背离《规则》的情况是指,因可航水域受到限制,当船舶按照《规则》的要求航行或者采取避碰行动时就会产生触礁、搁浅等航行危险。存在碰撞的危险而需要背离《规则》的情况是指一船按照《规则》的规定采取避碰行动就会产生与他船碰撞的危险。存在包括当事船舶条件限制在内的特殊情况而需要背离《规则》的情况是指由于非常规性的情况出现而需要背离《规则》,否则无法解除碰撞危险或可能发生碰撞。

36. C。依据《规则》第2条2款的规定,背离《规则》的直接目的是避免紧迫危险,包括紧迫的航行危险和紧迫的碰撞危险。背离《规则》的最终目的是避免发生碰撞以及触礁、搁浅等航行事故。

38. C。可以背离的条款通常仅仅是《规则》中有关船舶航行规则或避碰行动规则的具体规定。在背离某些或者某一条款的具体规定时,对《规则》其他条款的规定仍然必须严格遵守,诸如保持正规瞭望、以安全航速行驶、正确判断碰撞危险、正确显示号灯号型和正确鸣放声号等条款,均不得背离。

第三节 一般定义

1. C。"机动船"一词,指用机器推进的任何船舶。"从事捕鱼的船舶"一词,指使用网具、绳钓、拖网或其他使其操纵性能受到限制的渔具捕鱼的任何船舶,但不包括使用曳绳钓或其他并不使其操纵性能受到限制的渔具捕鱼的船舶。

2. B。"船舶"一词,指用作或者能够用作水上运输工具的各类水上船筏,包括非排水船筏、地效船和水上飞机。

3. A。"机动船"一词,指用机器推进的任何船舶。

5. A。"水上飞机"一词,包括为能在水面操纵而设计的任何航空器。

6. C。"地效船"一词,系指多式船艇,其主要操作方式是利用表面效应贴近水面飞行。

11. B。不包括使用曳绳钓或其他并不使其操纵性能受到限制的渔具捕鱼的船舶。
14. C。"失去控制的船舶"一词,指由于某种异常情况,不能按本规则条款的要求进行操纵,因而不能给他船让路的船舶。
15. B。"操纵能力受到限制的船舶"一词,指由于工作性质,使其按本规则条款的要求进行操纵的能力受到限制,因而不能给他船让路的船舶。
16. B。"限于吃水的船舶"一词,指由于吃水与可航水域的可用水深和宽度的关系,致使其驶离航向的能力严重地受到限制的机动船。
17. A。"失去控制的船舶"一词,指由于某种异常情况,不能按本规则条款的要求进行操纵,因而不能给他船让路的船舶。
22. A。"操纵能力受到限制的船舶"一词应包括,但不限于下列船舶:(1)从事敷设、维修或起捞助航标志、海底电缆或管道的船舶;(2)从事疏浚、测量或水下作业的船舶;(3)在航中从事补给或转运人员、食品或货物的船舶;(4)从事发射或回收航空器的船舶;(5)从事清除水雷作业的船舶;(6)从事拖带作业的船舶,而该项拖带作业使该拖船及其被拖物体驶离其航向的能力严重受到限制者。
29. C。"在航"一词,指船舶不在锚泊、系岸或搁浅。
30. C。船舶的"长度"和"宽度"是指其总长度和最大宽度。
31. A。系岸指船舶依靠缆绳系牢于泊位的状态,通常认为,靠泊时第一根缆上缆桩开始至离泊时最后一根缆解清为止之间的状态均为系岸。
32. B。在理解在航一词的含义时,应注意:(1)系靠于另一锚泊船视为锚泊;(2)系靠于另一系岸船视为系岸;(3)走锚的船舶属于在航;(4)在航时操纵用锚(如拖锚航行或拖锚掉头)应视为在航而不是锚泊。
36. B。互见不以"相互看见"为依据,只要一船能用视觉看见另一艘船就认为两船处于互见中。从实际情况来看,两船相互用视觉看见一定构成"互见",但处于互见的两船并不一定已经相互看见。
41. B。"能见度不良"一词,指任何由于雾、霾、下雪、暴风雨、沙暴或任何其他类似原因而使能见度受到限制的情况。

第四节 号灯与号型

1. A。号灯和号型是互见中船舶避碰的主要信息来源。号灯和号型是用来表示船舶下列信息:(1)表明船舶的存在;(2)表明船舶的动态,如舷灯和尾灯表示在航;(3)表明船舶的种类,如垂直红白红三盏环照灯和球菱球号型表示操纵能力受到限制;(4)表明船舶的工作性质,如拖带灯表示正在从事拖带作业;(5)表明船舶的大小,如仅显示一盏桅灯的机动船长度小于50米。

3. D。根据《规则》第20条2款的规定,在显示号灯的时间内,下列灯光不应当显示:(1)会被认为本规则各条的规定的号灯;(2)会削弱号灯的能见距离或显著特性的灯光;(3)会妨碍正规瞭望的灯光。"不应显示别的灯光"包括甲板照明灯、舱室照明灯光的外泄、海图室照明灯或过亮仪表指示灯等。

5. D。根据《规则》第 20 条第 4 款的规定,同时显示号灯和号型的时间段包括:(1)能见度不良的白天;(2)日出前和日没后的晨昏朦影期间。

8. A。号灯应当在下列时间内显示:(1)从日没到日出(不反对从日出到日没显示);(2)能见度不良的白天;(3)其他认为必要的情况下。所谓"必要的情况"通常是指能见度良好但阴云密布、光线较暗的白天,或能见度不良水域附近,或暴风雨来临低云层较暗的情况。

10. D。根据《规则》第 20 条第 4 款的规定,号型应当在白天悬挂。《规则》所指"白天"的含义包括:(1)从日出到日没;(2)日出前和日没后的晨昏朦影时间。

11. D。"尾灯(stern light)"是指安置在尽可能接近船尾的白灯,在 135°的水平弧内显示不间断的灯光,其装置要使灯光从船的正后方到每一舷 67.5°内显示。需要简单计算一下,90°−67.5°=22.5°。

12. B。"桅灯(masthead light)"是指安置在船的首尾中心线上方的白灯,在 225°的水平弧内显示不间断的灯光,其装置要使灯光从船的正前方到每一舷正横后 22.5°内显示。

13. A。"舷灯(side lights)"是指右舷的绿灯和左舷的红灯,各在 112.5°的水平弧内显示不间断的灯光,其装置要使灯光从船的正前方到各自一舷的正横后 22.5°内分别显示。长度小于 20 m 的船舶,其舷灯可以合并成一盏,装设于船的首尾中心线上。

16. B。各种号灯颜色如下表所示:

号灯类别	灯色
桅灯	白
舷灯	左红、右绿
尾灯	白
拖带灯	黄
环照灯	红绿白黄
操纵号灯	白
闪光灯	红黄

18. A。

号灯类别	灯色	水平光弧	最小能见距离(n mile)			
			L≥50 m	20 m≤L<50 m	12 m≤L<20 m	L<12 m
桅灯	白	225°	6	5	3	3
舷灯	左红右绿	112.5°	3	2	2	1
尾灯	白	135°	3	2	2	2
拖带灯	黄	135°	3	2	2	2
环照灯	红绿白黄	360°	3	2	2	2
操纵号灯	白	360°	5			
闪光灯	红黄	360°	对能见距离未作规定,但其闪光频率为 120 次/分钟或以上			

27. B。不易觉察的、部分被淹没的被拖体上要求显示的白色环照灯,能见距离为 3 海里。

33. A。气垫船在非排水状态下航行时,除本条 1 款规定的号灯外,还应显示一盏环照黄色闪光灯。
34. A。在航机动船应显示:(1)在前部一盏桅灯。(2)第二盏桅灯,后于并高于前桅灯;长度小于50米的船舶,不要求显示该桅灯,但可以这样做。(3)两盏舷灯。(4)一盏尾灯。
35. C。机帆并用的在航船舶属于在航机动船。
38. C。

机动船	船长≥50 m	前后桅灯、舷灯、尾灯
	船长<50 m	前桅灯、舷灯、尾灯,亦可显示后桅灯
	船长<12 m	同上,亦可显示一环照白灯和舷灯代替
	船长<7 m,且最大航速≤7 kn	同上,亦可显示一环照白灯代替,如可行也应显示舷灯
	气垫船	按同长度机动船显示桅灯、舷灯和尾灯,在非排水状态航行时另一盏黄色闪光灯
	地效船	按同长度机动船显示桅灯、舷灯和尾灯,在起飞、降落和飞行时另加一盏高亮度环照红色闪光灯
	机帆并用船	按同等长度机动船显示相应号灯

从事拖带和顶推的机动船	尾拖	拖带长度>200 m	除按同等长度机动船显示外	用垂直三盏桅灯取代一盏桅灯,再加拖带灯
		拖带长度≤200 m		用垂直二盏桅灯取代一盏桅灯,再加拖带灯
	顶推或傍拖			用垂直二盏灯取代一盏桅灯
	非拖船临时从事拖带遇险或需救助的船舶			不能显示拖船号灯时,应采取招此注意信号,尤其应将拖缆照亮
	与被顶推船成牢固组合体		整个组合体按同等长度的机动船显示	

46. C。机动船当拖带时应显示:(1)垂直两盏桅灯,以取代第23条1款(1)项或1款(2)项规定的号灯。当从拖船船尾量到被拖物体后端的拖带长度超过200米时,垂直显示三盏这样的号灯;(2)两盏舷灯;(3)一盏尾灯;(4)一盏拖带灯位于尾灯的垂直上方;(5)当拖带长度超过200米时,在最易见处显示一个菱形体号型。拖带灯是和尾灯相同特性的黄灯。

从事拖带和顶推的机动船	尾拖	拖带长度>200 m	用垂直三盏桅灯取代一盏桅灯,再加拖带灯	一个菱形体◆
		拖带长度≤200 m	用垂直二盏桅灯取代一盏桅灯,再加拖带灯	
	顶推或傍推		除按同等长度机动船显示外	用垂直二盏桅灯取代一盏桅灯	
	非拖船临时从事拖带遇险或需救助的船舶		不能显示拖船号灯时,应采取招引注意信号,尤其应将拖缆照亮	
	与被顶推船或成牢固组合体		整个组合体按同等长度的机动船显示	
被拖船舶或物体	尾拖	拖带长度>200 m	舷灯、尾灯,若不能按规定显示,应在其上面点灯或至少表明其存在	最易见处显示一个菱形体◆
		拖带长度≤200 m		
	被顶推		舷灯	任何数目的船作为一组时,应作为一艘船来显示	
	被傍推		舷灯、尾灯		
	部分淹没不易察觉	宽度<25 m	前后两端各一盏环照白灯(弹性拖曳体前部不需显示)	末端一个菱形体◆;拖带长度大于200 m时前部另加一个菱形体◆
		宽度≥25 m	除同上栏外,在两侧最宽处各加一盏环照白灯	
		宽度<100 m	除同上栏外,在号灯之间另加若干环照白灯,使相邻号灯的间距<100 m	
		不能按规定显示	在其上面点灯或采取至少表明其存在的措施	

53. A。在两侧最宽处各加一盏环照白灯。

54. D。船长大于等于50米,需显示前后桅灯;拖带长度大于200米,用垂直三盏桅灯取代一盏桅灯,再加拖带灯。

57. C。用帆行驶同时也用机器推进的船舶,应在前部最易见处显示一个圆锥体号型,尖端向下。

58. B。机帆船属于机动船。

59. C。在航帆船,除(1)两盏舷灯;(2)一盏尾灯规定的号灯外,还可在桅顶或接近桅顶的最易见处,垂直显示两盏环照灯,上红下绿。但这些环照灯不应和本条所允许的合色灯同时显示。

60. C。在长度小于20米的帆船上,(1)两盏舷灯;(2)一盏尾灯规定的号灯可以合并成一盏,装设在桅顶或接近桅顶的最易见处。在航帆船,除本条1款规定的号灯外,还可在桅顶或接近桅顶的最易见处,垂直显示两盏环照灯,上红下绿。但这些环照灯不应和本条所允许的合色灯同时显示。

61. A。船舶从事拖网作业,一盏桅灯,后于并高于那盏环照绿灯;长度小于50米的船舶,则不要求显示该桅灯，但可以这样做。

62. B。从事捕鱼作业的船舶，除拖网作业者外，当有外伸渔具，其从船边伸出的水平距离大于150米时，应朝着渔具的方向显示一盏环照白灯或一个尖端向上的圆锥体号型。

63. B。船舶从事拖网作业显示的垂直两盏环照灯，上绿下白，再加尾灯。

64. B。船舶从事拖网作业显示的垂直两盏环照灯，上绿下白，一盏桅灯，后于并高于那盏环照绿灯。

65. C。参考《规则》第26条渔船应显示的号灯号型。

66. D。参考《规则》第26条渔船应显示的号灯号型。

67. C。参考《规则》第26条渔船应显示的号灯号型。

68. C。参考《规则》第26条渔船应显示的号灯号型。

69. C。限于吃水的船舶，除第23条为机动船规定的号灯外，还可在最易见处垂直显示三盏环照红灯，或者一个圆柱体。从事疏浚或水下作业的船舶在障碍物存在的一舷，垂直两盏环照红灯或两个球体；拖网渔船网挂住障碍物时，垂直两盏红灯。

70. B。参考《规则》附录二所述的额外信号适用于在其他捕鱼船舶附近从事捕鱼的船舶。

71. C。参考《规则》第27条，失去控制或操纵能力受到限制的船舶显示的号灯号型。

72. C。参考《规则》第27条，失去控制或操纵能力受到限制的船舶显示的号灯号型。

73. B。参考《规则》第27条，失去控制或操纵能力受到限制的船舶显示的号灯号型。

74. B。参考《规则》第27条，失去控制或操纵能力受到限制的船舶显示的号灯号型。

75. C。参考《规则》第27条，失去控制或操纵能力受到限制的船舶显示的号灯号型。

76. B。参考《规则》第27条，失去控制或操纵能力受到限制的船舶显示的号灯号型。

77. B。参考《规则》第27条，失去控制或操纵能力受到限制的船舶显示的号灯号型。

78. B。参考《规则》第27条，失去控制或操纵能力受到限制的船舶显示的号灯号型。

79. D。参考《规则》第27条，失去控制或操纵能力受到限制的船舶显示的号灯号型。

80. C。参考《规则》第27条，失去控制或操纵能力受到限制的船舶显示的号灯号型。

81. A。参考《规则》第27条，失去控制或操纵能力受到限制的船舶显示的号灯号型。

82. A。参考《规则》第27条，失去控制或操纵能力受到限制的船舶显示的号灯号型。

83. C。参考《规则》第27条，失去控制或操纵能力受到限制的船舶显示的号灯号型。

84. C。参考《规则》第27条，失去控制或操纵能力受到限制的船舶显示的号灯号型。

85. D。参考《规则》第27条，失去控制或操纵能力受到限制的船舶显示的号灯号型。

86. A。参考《规则》第27条，失去控制或操纵能力受到限制的船舶显示的号灯号型。

87. B。参考《规则》第27条，失去控制或操纵能力受到限制的船舶显示的号灯号型，第5款。

88. C。限于吃水的船舶，除第23条为机动船规定的号灯外，还可在最易见处垂直显示三盏环照红灯，或者一个圆柱体。

89. D。限于吃水的船舶，除第23条为机动船规定的号灯外，还可在最易见处垂直显示三盏环照红灯，或者一个圆柱体。

90. C。限于吃水的船舶，除第23条为机动船规定的号灯外，还可在最易见处垂直显示三盏环照红灯，或者一个圆柱体。

91. C。限于吃水的船舶,除第23条为机动船规定的号灯外,还可在最易见处垂直显示三盏环照红灯,或者一个圆柱体。
92. A。属于限于吃水的船。
93. B。属于限于吃水的船。
94. D。参考《规则》第29条引航船舶号灯号型。
95. A。参考《规则》第29条引航船舶号灯号型。
96. C。参考《规则》第29条引航船舶号灯号型。
97. C。参考《规则》第29条引航船舶号灯号型。
98. C。参考《规则》第29条引航船舶号灯号型。
99. D。参考《规则》第29条引航船舶号灯号型。
100. B。参考《规则》第30条锚泊船舶和搁浅船舶显示的号灯号型。
101. C。参考《规则》第30条锚泊船舶和搁浅船舶显示的号灯号型。
102. C。参考《规则》第30条锚泊船舶和搁浅船舶显示的号灯号型。
103. B。参考《规则》第30条锚泊船舶和搁浅船舶显示的号灯号型。
104. B。参考《规则》第30条锚泊船舶和搁浅船舶显示的号灯号型。
105. B。参考《规则》第30条锚泊船舶和搁浅船舶显示的号灯号型。
106. D。参考《规则》第30条锚泊船舶和搁浅船舶显示的号灯号型。
107. C。参考《规则》第30条锚泊船舶和搁浅船舶显示的号灯号型。
108. C。参考《规则》第30条锚泊船舶和搁浅船舶显示的号灯号型。
109. C。参考《规则》第30条锚泊船舶和搁浅船舶显示的号灯号型。
110. B。参考《规则》第30条锚泊船舶和搁浅船舶显示的号灯号型。

第五节　声响与灯光信号

1. D。参考《规则》第33条声号设备。
2. A。参考《规则》第33条声号设备。
3. A。参考《规则》第33条声号设备。
4. B。参考《规则》第34条操纵和警告信号。
7. A。参考《规则》第34条操纵和警告信号。
8. B。参考《规则》第34条操纵和警告信号。
10. A。参考《规则》第34条操纵和警告信号。
11. B。参考《规则》第34条操纵和警告信号。
12. C。参考《规则》第34条操纵和警告信号。操纵声号和警告声号可以用灯光信号补充。
13. A。参考《规则》第34条操纵和警告信号。操纵声号和警告声号可以用灯光信号补充。
14. C。参考《规则》第34条操纵和警告信号。
15. B。参考《规则》第34条操纵和警告信号。
16. A。参考《规则》第34条操纵和警告信号。
17. D。参考《规则》第34条操纵和警告信号。

第三章 国际海上避碰规则

19. C。参考《规则》第34条操纵和警告信号。
20. B。参考《规则》第34条操纵和警告信号。
21. B。参考《规则》第34条操纵和警告信号。
22. C。参考《规则》第34条操纵和警告信号和《规则》第9条。
23. C。参考《规则》第34条操纵和警告信号。
24. B。参考《规则》第34条操纵和警告信号。
25. A。参考《规则》第34条操纵和警告信号。
28. D。参考《规则》第34条操纵和警告信号。
30. D。参考《规则》第34条操纵和警告信号。
31. B。参考《规则》第34条操纵和警告信号。
32. D。参考《规则》第34条操纵和警告信号。
33. A。参考《规则》第34条操纵和警告信号。
34. D。参考《规则》第34条操纵和警告信号。
35. A。参考《规则》第34条操纵和警告信号。
36. C。参考《规则》第34条操纵和警告信号。
37. C。参考《规则》第34条操纵和警告信号。
38. D。参考《规则》第34条操纵和警告信号。
39. B。船舶在驶近可能被居间障碍物遮蔽他船的水道或航道的弯头或地段时,应鸣放一长声。该声号应由弯头另一面或居间障碍物后方可能听到它的任何来船回答一长声。
40. A。参考《规则》第34条操纵和警告信号。
41. B。参考《规则》第34条操纵和警告信号。
42. D。参考《规则》第34条操纵和警告信号。
43. B。参考《规则》第34条操纵和警告信号。
44. B。参考《规则》第34条操纵和警告信号。
45. B。参考《规则》第34条操纵和警告信号。
46. D。参考《规则》第34条操纵和警告信号。
48. D。参考《规则》第34条操纵和警告信号。
49. C。参考《规则》第34条操纵和警告信号。
50. A。参考《规则》第34条操纵和警告信号。
51. D。参考《规则》第34条操纵和警告信号。
52. A。参考《规则》第34条操纵和警告信号。
53. C。参考《规则》第34条操纵和警告信号。
54. C。参考《规则》第35条能见度不良时使用的声号。
55. B。参考《规则》第35条能见度不良时使用的声号。
56. B。参考《规则》第35条能见度不良时使用的声号。
57. C。参考《规则》第35条能见度不良时使用的声号。
58. B。参考《规则》第34条操纵和警告信号。
59. C。参考《规则》第34条操纵和警告信号。

60. A。参考《规则》第 34 条操纵和警告信号。

61. A。参考《规则》第 35 条能见度不良时使用的声号。

62. A。参考《规则》第 35 条能见度不良时使用的声号。

63. B。参考《规则》第 35 条能见度不良时使用的声号。

64. A。参考《规则》第 35 条能见度不良时使用的声号。

65. A。参考《规则》第 35 条能见度不良时使用的声号。

66. B。参考《规则》第 35 条能见度不良时使用的声号。

67. C。参考《规则》第 35 条能见度不良时使用的声号。

68. C。参考《规则》第 35 条能见度不良时使用的声号。

69. C。参考《规则》第 35 条能见度不良时使用的声号。

70. D。参考《规则》第 35 条能见度不良时使用的声号。失去控制的船舶、操纵能力受到限制的船舶、限于吃水的船舶、帆船、从事捕鱼的船舶,以及从事拖带或顶推他船的船舶,应以每次不超过 2 分钟的间隔连续鸣放三声,即一长声继以二短声。

71. A。参考《规则》第 35 条能见度不良时使用的声号第 3 款。

72. D。参考《规则》第 35 条能见度不良时使用的声号第 3 款。

73. D。参考《规则》第 35 条能见度不良时使用的声号第 5 款。

74. C。参考《规则》第 35 条能见度不良时使用的声号第 5 款。

75. A。参考《规则》第 35 条能见度不良时使用的声号第 5 款。

76. B。参考《规则》第 35 条能见度不良时使用的声号第 5 款。

77. A。参考《规则》第 35 条能见度不良时使用的声号第 3 款、5 款。一长二短声可能是失去控制的船舶、操纵能力受到限制的船舶、限于吃水的船舶、帆船、从事捕鱼的船舶,以及从事拖带或顶推他船的船舶;一长三短是被拖船。

78. A。参考《规则》第 35 条能见度不良时使用的声号第 4 款。

79. B。参考《规则》第 35 条能见度不良时使用的声号第 3 款、4 款、8 款。

80. D。参考《规则》第 35 条能见度不良时使用的声号第 4 款。

81. C。参考《规则》第 35 条能见度不良时使用的声号第 4 款。

82. C。参考《规则》第 35 条能见度不良时使用的声号第 4 款。

83. A。参考《规则》第 35 条能见度不良时使用的声号第 8 款。

84. B。参考《规则》第 35 条能见度不良时使用的声号第 7 款。锚泊中的船舶,还可以连续鸣放三声,即一短、一长和一短声,以警告驶近的船舶注意本船位置和碰撞的可能性。

85. B。参考《规则》第 35 条能见度不良时使用的声号第 7 款。锚泊中的船舶,还可以连续鸣放三声,即一短、一长和一短声,以警告驶近的船舶注意本船位置和碰撞的可能性。

86. C。参考《规则》第 35 条能见度不良时使用的声号第 11 款。引航船当执行引航任务时,除本条 1、2 或 7 款规定的声号外,还可以鸣放由四短声组成的识别声号。

87. B。参考《规则》第 35 条能见度不良时使用的声号第 1 款、11 款。

88. D。参考《规则》第 35 条能见度不良时使用的声号第 11 款。

89. D。参考《规则》第 35 条能见度不良时使用的声号第 11 款。

90. C。参考《规则》第 35 条能见度不良时使用的声号。

91. B。参考《中华人民共和国非机动船舶海上安全航行暂行规则》第4条第2款。

92. A。参考《规则》第35条能见度不良时使用的声号。

93. D。参考《规则》第35条能见度不良时使用的声号第7款,锚泊中的船舶,应以每次不超过1分钟的间隔急敲号钟约5秒。

94. A。参考《规则》第35条能见度不良时使用的声号。

95. B。使用招引注意信号的目的,旨在弥补《规则》其他各条规定可能无法覆盖的各种特殊情况。任何船舶均可根据当时的环境及其情况,发出适当的招引他船注意的灯光或声响信号。

98. D。参考《规则》第36条招引注意的信号。

99. D。参考《规则》第36条招引注意的信号。

100. B。参考《规则》第36条招引注意的信号。

101. A。参考《规则》第36条招引注意的信号。

102. C。参考《规则》第36条招引注意的信号。

103. D。参考《规则》第36条招引注意的信号。

104. D。使用雾号连续发声表示遇险,参考《规则》附录四遇险信号。

105. C。参考《规则》附录四遇险信号。

106. D。参考《规则》附录四遇险信号。

107. B。参考《规则》附录四遇险信号。

108. A。参考《规则》附录四遇险信号。

109. D。参考《规则》附录四遇险信号。

110. A。参考《规则》附录四遇险信号。

111. B。参考《规则》附录四遇险信号。

第六节 瞭望

1. C。保持正规瞭望的目的是通过对局面和碰撞危险做出充分的估计,避免船舶碰撞、搁浅、触礁等海上事故的发生,并及时发现遇险的船舶、飞机、人员以及航行危险物等。

3. A。瞭望是遵守和运用《规则》的基础和前提,疏忽瞭望就等于疏忽了整个《规则》,因此保持正规瞭望是确保海上航行安全的首要职责。

4. D。瞭望条款适用于每一船舶。不论船舶的用途、种类、大小和所处的状态,只要符合《规则》有关船舶的定义,就有责任和义务遵守瞭望的规定。保持正规瞭望的规定适用于任何时候。

5. D。瞭望条款适用于每一船舶。保持正规瞭望的规定适用于任何时候。

6. A。瞭望条款适用于每一船舶。

7. C。瞭望条款适用于每一船舶。保持正规瞭望的规定适用于任何时候。

8. D。瞭望条款适用于每一船舶。保持正规瞭望的规定适用于任何时候。

9. A。保持正规瞭望的广义目的是通过对局面和碰撞危险做出充分的估计,避免船舶碰撞、搁浅、触礁等海上事故的发生,并及时发现遇险的船舶、飞机、人员以及航行危险物等。

10. C。值班驾驶员以外的瞭望人员的位置应当根据当时的实际情况恰当地来指定。除天气条件不允许外,专门的瞭望人员应当配备在船舶的前部(通常在船首)和高处,这样配备的优点在于瞭望人员的注意力不被驾驶台人员的交谈和工作所分散,并且更有利于听到来自船舶前方的雾号。若天气条件不允许,专门的瞭望人员至少应当配备在船舶的上层平台(如罗经甲板)上。

11. A。瞭望人员必须全神贯注地保持正规瞭望,不得从事或分派给会影响瞭望的其他任务;瞭望人员和舵工的职责是分开的,舵工在操舵时不应被视作瞭望人员,除非在小船上能在操舵位置无阻碍地看到周围情况且不存在夜里视力减损和执行正规瞭望的其他障碍;在白天,在确保安全且能够立即召人到驾驶台协助的情况下,负责值班的驾驶员可以是唯一的瞭望人员。

16. D。每一船舶应在任何时候用视觉、听觉以及适合当时环境和情况的一切有效手段保持正规的瞭望,以便对局面和碰撞危险做出充分的估计。

17. C。通常认为,保持正规瞭望,应当至少做到如下各点:(1)应根据环境和情况配备足够、称职的瞭望人员。(2)瞭望人员的位置应保证能获得最佳的瞭望效果。(3)瞭望时使用适合当时环境和情况的一切可以使用的手段。(4)瞭望是连续的、不间断的。(5)瞭望人员做到克尽职责,做到认真、谨慎。(6)瞭望的方法正确,并且是全方位的。瞭望时,应当做到先近后远、由右到左、由前到后的周而复始的瞭望方法,务必做到全方位观察;瞭望人员应当来回走动,以消除因视线被船上建筑物遮蔽所造成的盲区的影响。(7)正确处理好瞭望与其他各项工作的关系。在各项工作中,瞭望和避让应当是首要的工作,切不可因为定位、转向、海图作业或履行通信职责等工作影响瞭望。

第七节 安全航速

1. C。安全航速是指能采取适当而有效的避碰行动,并能在适合当时环境和情况的距离以内把船停住的速度。

4. C。一方面,航速过高,发现他船后有可能在时间上来不及对当时的会遇局面和碰撞危险做出充分的估计和判断,因而不能及时采取适当而有效的避碰行动,所以不是安全航速。另一方面,航速过低甚至船舶丧失舵效,转向效果差,并有可能失去对船舶的有效控制,这对船舶避碰也是十分不利的,所以,航速过低也不是安全航速。

7. B。参考《规则》第6条安全航速。

8. D。参考《规则》第6条安全航速。

11. B。能见度情况是决定安全航速时应考虑的首要因素。根据IMO有关统计资料,能见度不良时碰撞事故的发生率为能见度良好时的一倍还多。能见度情况直接决定了用视觉观测他船的时机。

12. D。参考《规则》第6条安全航速。

14. D。参考《规则》第6条安全航速。

15. D。参考《规则》第6条安全航速。

16. C。参考《规则》第6条安全航速。

第八节 碰撞危险

1. C。参考《规则》第7条碰撞危险第1款。
2. B。参考《规则》第7条碰撞危险。
3. A。参考《规则》第7条碰撞危险。
4. D。参考《规则》第7条碰撞危险第1款。
5. C。判断碰撞危险的最主要的依据是两船会遇时的最近会遇距离(DCPA, Distance of Closest Point of Approaching)和到达最近会遇距离处的时间(TCPA, Time to Closest Point of Approaching)。通常认为,当DCPA<安全会遇距离,且TCPA较小的情况下,两船之间就存在了碰撞危险。
6. D。每一船舶都应使用适合当时环境和情况的一切可用手段断定是否存在碰撞危险。
8. D。不充分的资料通常是指在下列情况下获得的资料:(1)瞭望手段不当所获得的资料;(2)判断方法不当所获得的资料;(3)未进行系统连续观测所获得的资料;(4)未消除误差的资料。
15. A。罗经方位判断法是船舶驾驶员在能见度良好时判断是否存在碰撞危险的一种最有效的方法。这种方法是通过观测来船罗经方位的变化情况来判断碰撞危险的,其优点是简单方便、迅速、直观,效果最好,并且不受罗经差和船舶航向改变的影响。
19. B。舷角判断法是通过观测来船的舷角的变化来判断碰撞危险的一种方法,也称之为相对方位判断法,其原理与罗经方位判断法完全一致。在实践中,船舶驾驶员只要在驾驶台上选定船上一点,使得驾驶员、选定的点和来船成一直线,来观测来船舷角的变化,即可对是否存在碰撞危险做出判断。因此,这种方法较罗经方位判断法更为简便、迅速、直观,但是这种方法存在的最大缺点是,当本船的航向由于各种原因不能保持稳定时,会产生很大的误差,甚至造成错误判断。
20. A。雷达标绘判断法被认为是在能见度不良情况下判断碰撞危险的最有效方法之一。即使在能见度良好的情况下,也经常被采用,并成为进行避碰决策的重要依据。通过雷达标绘,不仅可以得到来船的航速、航向、DCPA和TCPA,还可以求得避让措施、避让时机、恢复原来运动状态的时机等船舶避碰信息。此外,雷达标绘还是核查避让效果的有效方法之一。
23. C。为有效使用雷达观测来船并正确判断碰撞危险,应当特别注意如下各点:(1)充分认识所使用雷达的性能、效率与局限性;熟悉雷达控制面板上每个开关或按钮的功能及作用;熟悉消除各种干扰的方法和措施;能够对雷达存在的误差做出正确的估计。(2)能够根据当时环境和情况的要求选择适当的距离标尺,既能获得对碰撞危险的早期警报,又能够对近距离内的船舶运动状态做出更详细的分析与判断,例如进行雷达标绘。(3)熟练掌握各种雷达显示方式的特点、长处和不利因素,能够正确选择适合当时情况和需要的显示方式,即正确选择真运动显示方式抑或相对运动显示方式,采用北向上显示方式、航向向上显示方式抑或船首向上显示方式。(4)能够熟练地使用雷达的辅助设备和显示功能。例如,正确地使用雷达屏幕上的固定距标盘、固定距标圈、活动距标圈、电子方位线等。根据航海实践,在宽阔水域进行雷达标绘时,雷达距离标尺通常设置在 12 n mile 挡,并采用北向上或者航向向上相对运动显示方式。船上有两台可使用雷达时,可以将一台放在相对运动显示方式,而另一台使用真运动显示方式。

27. A。雷达标绘来判断碰撞危险,通过系统连续观测来船雷达回波的距离、方位(三次或三次以上)。

30. A。与雷达标绘相当的系统观察方法:(1)使用 ARPA(自动雷达标绘仪)或者使用与 ARPA 相连的 AIS 系统进行观测。(2)对于有经验的驾驶员,熟练地使用机械方位盘、电子方位线对物标进行连续的观测和分析,估计物标的 DCPA 和 TCPA,从而对是否存在碰撞危险做出判断。(3)指定专人对雷达提供的信息进行连续观察,并能够根据有关辅助方法,如方位与距离变化表等,对碰撞危险做出判断。

35. D。在断定是否存在碰撞危险时,考虑的因素中应包括下列各点:(1)如果来船的罗经方位没有明显的变化,则应认为存在这种危险;(2)即使有明显的方位变化,有时也可能存在这种危险,特别是在驶近一艘很大的船或拖带船组时,或是在近距离驶近他船时。

36. D。有明显的方位变化,有时也可能存在碰撞危险的情况:(1)在较远的距离上,来船采取了一连串的小角度转向行动;(2)在驶近一艘很大的船舶或拖带船组时;(3)当近距离驶近他船时。

40. A。当来船罗经方位明显减小时,对于本船右舷的来船,将从本船的船首前方通过;对于本船左舷的来船,将从本船的船尾后方通过。当来船罗经方位明显增大时,对于本船右舷的船舶将从本船的船尾后方通过;对于本船左舷的船舶,将从本船的船首前方通过。

第九节 避免碰撞的行动

1. B。《规则》第 8 条(避免碰撞的行动)1 款规定:"为避免碰撞所采取的任何行动应根据本章各条规定采取,如当时环境许可,应是积极地、及早地进行和充分注意运用良好的船艺。"本款规定了采取避碰行动时应当遵循的总体原则。

3. C。《规则》第 8 条规定在"船舶在任何能见度情况下的行动规则"一节中,其既适用于互见中,也适用于能见度不良时不在互见中的情况,是对避免碰撞的行动提出了总的要求。

9. D。参考《规则》第 8 条避免碰撞的行动第 2 款、4 款。

10. C。参考《规则》第 8 条避免碰撞的行动第 2 款。

14. C。参考《规则》第 8 条避免碰撞的行动第 2 款、4 款。

16. A。参考《规则》第 8 条避免碰撞的行动第 2 款。

17. B。参考《规则》第 8 条避免碰撞的行动第 4 款。

18. C。参考《规则》第 8 条避免碰撞的行动第 4 款。

19. C。参考《规则》第 8 条避免碰撞的行动第 1 款、4 款。

20. C。参考《规则》第 8 条避免碰撞的行动第 4 款。

22. B。《规则》第 8 条 3 款规定:"如有足够的水域,则单用转向可能是避免紧迫局面的最有效行动,只要这种行动是及时的、大幅度的并且不致造成另一紧迫局面。"为了防止碰撞事故的发生,首要的是避免两船过于靠近,避免紧迫局面的形成。

第三章 国际海上避碰规则

24. C。参考《规则》第8条避免碰撞的行动第2款、4款。
25. A。在船舶避碰的过程当中,为保证两船在预期的安全距离上驶过,每一船舶应当细心核查避碰行动的有效性,直到最后驶过让清为止。
31. D。参考《规则》第8条避免碰撞的行动第5款。
32. A。参考《规则》第8条避免碰撞的行动第5款。
33. C。参考《规则》第8条避免碰撞的行动第5款。
34. C。参考《规则》第8条避免碰撞的行动第5款。
35. C。参考《规则》第8条避免碰撞的行动第5款。
36. D。参考《规则》第8条避免碰撞的行动第5款。
37. A。参考《规则》第8条避免碰撞的行动第5款。
38. D。"紧迫局面"是指当两船接近到单凭一船的行动已不能导致在安全距离上驶过的局面。
40. C。"紧迫危险"是指当两船接近到单凭一船的行动已不能避免碰撞的局面。
43. C。参考《规则》第8条避免碰撞的行动第3款。
44. D。参考《规则》第8条避免碰撞的行动第3款。
45. A。参考《规则》第8条避免碰撞的行动第3款。
46. A。良好的船艺(good seamanship)即优良的操船技艺,是指航海人员在长期的航海实践中所积累的经验、所形成的优良技艺及通常做法,是海员通常做法的一部分。在船舶避碰中,由于当时的环境和情况千差万别,《规则》不可能对所有的情况做出详尽无遗的规定,《规则》的规定只能是纲领性和原则性的。
47. C。"不应妨碍"的规定在两船构成碰撞危险之前和之后均适用;"不应妨碍"条款的规定被写在"船舶在任何能见度情况下的行动规则"中,因此,总体而言,"不应妨碍"条款适用于任何能见度情况。
49. C。负有不应妨碍义务的船舶应根据当时的环境和情况及早采取行动以留出足够的水域供不应被妨碍的船舶通过或安全通过。也就是说,"不应妨碍他船的船"应以不与"不应被他船妨碍的船舶"致有构成碰撞危险的方法航行。
53. C。在构成碰撞危险之前,参考《规则》第8条6款(1)项的规定,这时规则对"不应被妨碍的船舶"没有要求。
54. B。在构成碰撞危险之前,参考《规则》第8条6款(1)项的规定,这时规则对"不应被妨碍的船舶"没有要求。
55. C。参考《规则》第8条6款(3)项的规定。
56. C。参考《规则》第8条6款(3)项的规定。
57. A。参考《规则》第8条6款(3)项的规定。
58. C。参考《规则》第8条6款(3)项的规定。
59. D。参考《规则》第8条6款(3)项的规定。
60. D。参考《规则》第8条6款(2)、(3)项的规定。

第十节 狭水道

1. A。关船舶在狭水道或航道中航行时的航法的规定,适用于在任何能见度情况下沿狭水道行驶的任何船舶。
2. D。关船舶在狭水道或航道中航行时的航法的规定,适用于在任何能见度情况下沿狭水道行驶的任何船舶。
3. B。《规则》第9条5款规定虽然被写在了"船舶在任何能见度情况下的行动"中,但根据追越条款、追越声号的适用范围,本条款有关追越声号的规定仅仅适用于船舶在互见中的情况。
4. B。参考《规则》第9条6款规定,本款是有关船舶在被居间障碍物遮蔽的狭水道或航道的弯头时的航法和声号的规定。
5. B。当两艘机动船顺着狭水道或航道的弯曲地段并循着岸形行驶时,两船的船首向始终处于交叉态势,但是两船的航向需要做不断地改变,这时交叉相遇局面条款并不适用,而应适用狭水道条款。
10. C。《规则》第9条1款规定:"沿狭水道或航道行驶的船舶,只要安全可行,应尽量靠近其右舷的该水道或航道的外缘行驶。"
13. C。不同吃水的船舶应根据其吃水的大小与狭水道或航道的水深的关系,决定其在狭水道或航道中航行的区域。通常情况下,浅吃水的船舶应比深吃水的船舶更靠近其右舷该水道或航道的外缘行驶,一些小型船舶如果能够在深水区以外的水域航行,则不应进入深水区。
17. C。《规则》第9条2款规定:"帆船或长度小于20米的船舶,不应妨碍只能在狭水道或航道以内安全航行的船舶的通行。"
18. C。圆柱体表示限吃水船。
19. D。《规则》第9条3款规定:"从事捕鱼的船舶,不应妨碍任何其他在狭水道或航道以内航行的船舶通行。"
20. C。帆船或长度小于20米的船舶,不应妨碍只能在狭水道或航道以内安全航行的船舶的通行。
21. D。参考《规则》第9条2款、3款规定。
22. C。三盏红灯是限吃水船。上绿下白是拖网渔船。
23. C。三盏红灯是限吃水船。上红下白是除拖网以外的渔船。
24. C。参考《规则》第9条4款规定。
25. A。根据第9条3款,从事捕鱼的船舶,不应妨碍任何其他在狭水道或航道以内航行的船舶通行,说明穿越狭水道的船舶也有可能是"不应被妨碍的船"。
26. B。限吃水船和机帆船狭水道相遇,机帆船属于机动船。
27. C。限吃水船和机动船狭水道相遇。在狭水道机动船交叉相遇致有构成碰撞危险,交叉相遇局面仍然适用。
28. B。限吃水船和机动船狭水道相遇。在狭水道机动船交叉相遇致有构成碰撞危险,交叉相遇局面仍然适用。
36. B。参考《规则》第9条狭水道第6款,船舶在驶近可能有其他船舶被居间障碍物遮蔽的狭水道或航道的弯头或地段时,应特别机警和谨慎地驾驶,并鸣放第三十四条5款规定的相应声号。
40. D。参考《规则》第9条狭水道第6款。
41. D。参考《规则》第9条狭水道第6款。
42. D。参考《规则》第9条狭水道第6款。
43. A。参考《规则》第9条狭水道第7款,任何船舶,如当时环境许可,都应避免在狭水道内锚泊。

第十一节　分道通航制

1. B。参考《规则》第10条分道通航制第1款,本条适用于本组织采纳的分道通航制,但并不解除任何船舶遵守任何其他各条规定的责任。
2. C。参考《规则》第10条分道通航制第1款,本条适用于本组织采纳的分道通航制,但并不解除任何船舶遵守任何其他各条规定的责任。
3. B。参考《规则》第10条分道通航制第1款,本条适用于本组织采纳的分道通航制,但并不解除任何船舶遵守任何其他各条规定的责任。
5. B。适用《规则》第15条交叉相遇局面。
7. C。参考《规则》第10条分道通航制第1款。
9. C。适用交叉相遇条款。
10. C。适用交叉相遇条款。
11. A。适用交叉相遇条款。
12. C。参考《规则》第10条分道通航制第8款。
14. C。根据IMO"MSC/Circ.320"号通函的说明,"一艘船在使用通航分道时,可以在分道的一侧转移到另一侧,但在进行这种转移时,应与分道的船舶总流向形成尽可能小的角度"。如下图所示:

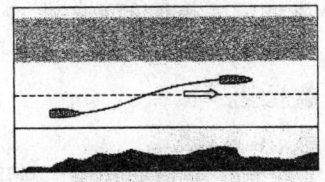

15. C。"使用分道通航制区域的船舶"是指在通航分道中顺着船舶总流向行驶的任何船舶。在分道通航制区域的边界外行驶、穿越分道通航制区域、在分隔带内从事捕鱼或作业、在沿岸通航带内行驶的船舶,则不属于"使用分道通航制区域的船舶"
18. C。参考《规则》第10条分道通航制第2款。
19. D。参考《规则》第10条分道通航制第3款。
20. B。参考《规则》第10条分道通航制第4款。

21. D。参考《规则》第 10 条分道通航制第 4 款。
22. D。参考《规则》第 10 条分道通航制第 4 款。
23. D。参考《规则》第 10 条分道通航制第 4 款。
24. D。参考《规则》第 10 条分道通航制第 4 款。
25. A。参考《规则》第 10 条分道通航制第 4 款。
26. D。参考《规则》第 10 条分道通航制第 4 款。
27. C。参考《规则》第 10 条分道通航制第 3 款。
28. B。《规则》之所以要求穿越船应以与分道船舶总流向成直角的船首向穿越,其目的是在于缩短穿越的时间和便于他船发现该船的穿越意图。
29. A。参考《规则》第 10 条分道通航制第 3 款。
30. A。参考《规则》第 10 条分道通航制第 3 款。
31. B。参考《规则》第 10 条分道通航制第 3 款和 2 款(3)项。
32. B。参考《规则》第 10 条分道通航制第 5 款。
33. B。参考《规则》第 10 条分道通航制第 5 款。
34. C。参考《规则》第 10 条分道通航制第 5 款。
35. C。参考《规则》第 10 条分道通航制第 5 款。
36. A。参考《规则》第 10 条分道通航制第 5 款。
37. D。参考《规则》第 10 条分道通航制第 6 款、7 款。
39. D。参考《规则》第 10 条分道通航制第 6 款、9 款。
40. D。参考《规则》第 10 条分道通航制第 6 款、9 款、10 款。
41. D。参考《规则》第 10 条分道通航制第 6 款、7 款。
42. C。参考《规则》第 10 条分道通航制第 6 款。
43. D。参考《规则》第 10 条分道通航制第 7 款。
44. D。参考《规则》第 10 条分道通航制第 11 款、12 款。
45. D。《规则》第 10 条 7 款规定:"船舶应尽可能避免在分道通航制区域内或其端部附近锚泊。"该要求意味着船舶应当尽可能避免在通航分道内、分隔带内以及分道通航制的端部附近锚泊。沿岸通航带不在分道通航制区域内。
47. D。参考《规则》第 10 条 9 款规定从事捕鱼的船舶,不应妨碍按通航分道行驶的任何船舶的通行。
48. A。参考《规则》第 10 条 9 款规定。
49. D。参考《规则》第 10 条 9 款、10 款规定。
50. B。三盏红灯,限吃水船。上红下白,非拖网渔船。适用船舶之间的责任条款。
51. B。限吃水船和渔船,适用船舶之间的责任条款。从优先考虑和优先适用的角度看,涉及船舶之间避让责任的条款的顺序如下:(1)第十三条(追越);(2)第九条 2、3 款;第 10 条 9、10 款、第十八条 4 款(不应妨碍);(3)第十八条(不同类船舶之间的避让责任);(4)第十二条、第十四条、第十五条(同类船舶之间的避碰责任)。
52. B。参考《规则》第 10 条分道通航制 11 款、12 款。
53. C。《规则》第 10 条 11 款中所指的从事维护航行安全的船舶包括从事疏浚作业、清除水雷作业等维护航行安全作业的船舶,但不包括从事维护、监督航行安全秩序的非作业船舶。

54. D。参考《规则》第10条分道通航制11款、12款。

55. D。参考《规则》第10条分道通航制11款、12款。第11款中所指的从事维护航行安全的船舶包括从事疏浚作业、清除水雷作业等维护航行安全作业的船舶,但不包括从事维护、监督航行安全秩序的非作业船舶。

56. C。参考《规则》第10条分道通航制11款、12款。

57. A。参考《规则》第10条分道通航制11款、12款。

58. D。参考《规则》第10条分道通航制11款、12款。

第十二节　追越

9. C。追越条款的适用不以构成碰撞危险为条件。

10. B。一船构成追越另一船必须同时具备如下四个条件:(1)两船处于互见中;(2)两船方位,后船应位于前船正横后大于22.5°的任一方向上,即后船应当位于前船的尾灯光照弧度范围内,在夜间只能看见被追越船的尾灯而不能看见它的任一舷灯;(3)两船速度,正在赶上他船,表明后船速度必须大于前船,只有这样后船才能正在赶上他船(前船),这是追越船和被追越船之间动态的关系;(4)两船距离,《规则》条文本身并没有直接规定构成追越的距离条件。但从"在夜间只能看见被追越船的尾灯而不能看见它的任一舷灯时,应认为是在追越中"这一规定可以推论出构成追越的条件之一是后船位于前船的尾灯光照距离范围内。

15. A。根据追越条款第3款的规定,当后船利用各种方法仍然难以判断是否构成追越而对是否构成追越有任何怀疑时,后船应当假定构成追越,主动承担避让责任,直到最后驶过让清为止。后船对是否正在追越前船存在怀疑的情况主要包括:(1)夜间赶上他船,有时看到他船尾灯而有时又看到舷灯;(2)夜间赶上他船,并且能同时看见他船的舷灯和尾灯;(3)白天赶上他船,本船位于他船正横后约22.5°,且距离较近,本船对两船构成交叉相遇局面或追越有怀疑时;(4)白天赶上他船,本船位于他船正横后大于22.5°的方位上,但对两船的距离是否构成追越尚不能确定;(5)任何其他对是否构成追越有怀疑的情况。

17. A。追越的特点:(1)相对速度小,并行或相持时间长;(2)易与大角度交叉相遇局面相混淆。

24. A。追越不以是否存在碰撞危险为条件。

33. C。属于追越。

36. C。《规则》第13条1款规定:"不论第二章第一节和第二节的各条规定如何,任何船舶在追越任何他船时,均应给被追越船让路。

38. C。属于追越。

39. D。结合《规则》第13条的规定,从优先考虑和优先适用的角度看,涉及船舶之间避让责任的条款的顺序如下:(1)第13条(追越);(2)第9条2、3款;第10条9、10款、第18条

4款(不应妨碍);(3)第18条(不同类船舶之间的避让责任);(4)第12条、第14条、第15条(同类船舶之间的避碰责任)。

40. C。限吃水船追越非拖网渔船。

第十三节　对遇局面

2. D。船舶之间的责任条款优先于对遇局面条款。
5. B。操纵能力受到限制的船舶不适用于对遇局面。
6. A。对遇局面。
7. B。机帆船与限吃水船都属于机动船。
15. B。当对是否构成对遇局面有任何怀疑时应当假定存在对遇局面。应假定为最危险情况,因为对遇局面最危险。
22. A。假定为对遇,按对遇局面条款规定采取行动。
24. A。假定为对遇,按对遇局面条款规定采取行动。
25. A。假定为对遇,按对遇局面条款规定采取行动。
27. B。限吃水船与机帆船,应假定为对遇。
28. B。属于对遇局面。
29. C。碰撞事故统计分析表明,当两船处于右舷对右舷通过且DCPA不安全的态势下,两船最容易采取不协调的行动而发生碰撞,因而常常被称为"危险对遇"。
30. C。危险对遇局面。
31. C。危险对遇局面。
32. C。危险对遇局面。
33. B。如果构成碰撞危险,则属于对遇局面。
34. C。属于对遇局面。
35. C。属于对遇局面。
36. C。属于对遇局面。

第十四节　交叉相遇局面

3. A。构成对遇局面须同时满足以下四个条件:互见、两艘机动船、船首向交叉、构成碰撞危险。
5. B。尖端向下圆锥体号型的帆船是机帆船,属于机动船。
6. C。乙船是拖带长度大于200米的拖带船,但不是操纵能力受到限制的船舶,属于交叉相遇。
9. B。交叉相遇条款仅适用于两机动船,当三艘或以上的机动船同时交叉相遇时,本条规定将不适用。
10. C。限于吃水的船舶、执行引航任务的机动船、从事普通拖带作业的机动船,当与另一艘机动船交叉相遇致有构成碰撞危险时,仍然应当执行交叉相遇局面条款。除从事拖带作业的船舶构成"操纵能力受到限制的船舶"外,该拖船和被拖船应当视为一个整体,作为一艘机动船执行交叉相遇局面条款。

12. D。机帆船和限吃水船相遇适用交叉相遇局面。
14. C。当两艘机动船在岬角、灯船或习惯转向点附近水域、港口的进出口处、江河的交叉口处交叉相遇致有构成碰撞危险,通常交叉相遇局面仍然适用。但在上述转向点附近航行时,如地方规则有特殊规定时,交叉相遇局面条款就不一定适用。顺着狭水道或航道的弯曲地段行驶,两船船首交叉,适用狭水道条款。
26. B。限吃水船和操纵能力不受限制的拖带船适用交叉相遇条款。
37. A。属于交叉相遇局面,你船是直航船。
38. A。属于交叉相遇局面,你船是直航船。
45. C。属于交叉相遇局面。
46. A。属于交叉相遇局面。
47. D。机动船和失控船,适用船舶之间责任条款。
48. D。机动船和失控船,适用船舶之间责任条款。
50. B。两艘限吃水船相遇,适用交叉相遇局面条款。
51. D。适用交叉相遇局面条款。

第十五节　让路船的行动

1. A。"让路船在采取行动时,如环境许可,应避免横越他船前方"只存在于交叉相遇局面。
3. D。根据《规则》的规定,以下船舶为让路船:(1)在第12条(帆船)中不同舷受风时左舷受风的帆船,或者同舷受风时位于上风的帆船,或者左舷受风位于下风但对位于上风的船为何舷受风有怀疑的帆船;(2)第13条(追越)中的追越船;(3)第15条(交叉相遇局面)中有他船位于本船右舷的机动船;(4)第18条(船舶之间责任)第1、2和3款规定的操纵避让能力较好的船舶。
5. A。限吃水船和机动船适用交叉相遇局面。
6. A。两艘机动船交叉相遇。
8. C。《规则》第16条规定:"须给他船让路的船舶,应尽可能及早地采取大幅度的行动,宽裕地让清他船。"其对让路船的行动要求可归纳为"早、大、宽、清"4个字。
10. A。属于交叉相遇局面。
11. A。属于交叉相遇局面。
12. B。属于交叉相遇局面。

第十六节　直航船的行动

2. A。根据《规则》的规定,以下"被让路船"为直航船:(1)在第12条(帆船)中不同舷受风时右舷受风的帆船,或者同舷受风时位于下风的帆船等;(2)第13条(追越)中的被追越船;(3)第15条(交叉相遇局面)中有他船位于本船左舷的机动船;(4)第18条(船舶之间的责任)第1、2和3款规定的操纵避让能力较差的船舶。

5. C。直航船保向保速通常是指保持构成会遇局面时的初始航向和航速。在有些情况下，会受到环境和航海操作的限制，例如直航船因进港需要减速或因在通航分道中需沿船舶总流向行驶而改向等。在这种情况下，直航船如果固守保持初始航向和航速就会损害其自身安全，这与直航船遵守《规则》的根本目的相悖。直航船的这类航海操作包括：(1)驶往锚地的过程中准备抛锚而采取减速措施；(2)到达港口前为了安全进港而减速；(3)接送引航员所做的航向航速的调整；(4)由于风浪变大，为防止主机超负荷运转而采取适当地降低转速的措施；(5)被追越船为留出水域和缩短两船的并航时间所做出的改向和减速；(6)执行引航任务的船舶由于工作需要而作的航速和航向的改变；(7)因风流条件的变化和调整风流压差的需要而作的改向；(8)因遵守强制性的定线制要求或地方规则而对航向和/或航速做出的调整。若直航船在保向保速阶段进行船舶操纵性试验或测定罗经差等操作时而对航速、航向所做的变动，因其操作并不是航海操纵所必需的，这种对其航向、航速所做的变动是违反《规则》的行为。

12. A。《规则》第17条1款(1)项规定："两船中的一船应给另一船让路时，另一船应保持航向和航速。"

13. C。《规则》第17条1款(2)项规定："当保持航向和航速的船一经发觉规定的让路船显然没有遵照本规则条款采取适当行动时，该船即可独自采取操纵行动，以避免碰撞。"《规则》对直航船独自采取操纵行动的要求是"可以(may)"，而不是"应当(shall)"，因此，可以表明直航船独自采取操纵行动并不是强制性的，而是建议性的。为了促使让路船立即采取避让行动，在直航船独自采取操纵行动前，应当鸣放相应的警告信号。

26. D。让路船显然没有遵守《规则》各条的规定采取适当的让路行动时。这一时刻，通常可以理解为下述三种情况：(1)让路船违反《规则》规定采取行动，例如交叉相遇局面中的让路船企图强行横越本船的前方；(2)让路船的行动没有做到"早、大、宽、清"的要求，其行动的效果不能导致两船在安全距离上通过，例如转向的幅度太小、减速的幅度不够等；(3)让路船没有采取行动，而两船逐步逼近，正在形成紧迫局面。

28. C。《规则》第17条2款规定："当规定保持航向和航速的船，发觉本船不论由于何种原因逼近到单凭让路船的行动不能避免碰撞时，也应采取最有助于避碰的行动。"因此，当两船不论由于何种原因逼近到单凭让路船的行动已经不能避免碰撞时，直航船应终止保向保速，并采取最有助于避碰的行动。

31. A。《规则》第17条3款规定："在交叉相遇的局面下，机动船按照本条1款(2)项采取行动以避免与另一艘机动船碰撞时，如当时环境许可，不应对在本船左舷的船采取向左转向。"

38. B。《规则》第17条2款规定："当规定保持航向和航速的船，发觉本船不论由于何种原因逼近到单凭让路船的行动不能避免碰撞时，也应采取最有助于避碰的行动。"

40. B。在具体采取最有助于避碰的行动时，如当时环境许可，船舶应当遵守《规则》有关条款的要求采取相应的行动。如当时环境不许可，遵守《规则》反而导致无法避免碰撞，则直航船可以背离《规则》采取行动，并运用良好的船艺。

第三章　国际海上避碰规则

第十七节　船舶之间的责任

1. B。《规则》第18条"船舶之间的责任"条款基本是根据等级制原则确定避让责任的,要求避让操纵能力相对较好的船舶应当尽可能给避让操纵能力相对较差的船舶让路。

3. C。《规则》第18条船舶之间的责任条款没有明确操纵能力受到限制的船舶与失去控制的船舶之间的避让责任。

4. C。尽管本条对不同种类船舶之间的避碰责任做出了规定,但仍有以下情况未做规定:(1)三艘或者三艘以上船舶相遇同时致有构成碰撞危险;(2)两艘从事捕鱼的船舶相遇致有构成碰撞危险;(3)两艘失去控制的船舶相遇致有构成碰撞危险;(4)两艘操纵能力受到限制的船舶相遇致有构成碰撞危险;(5)一艘失去控制的船舶与一艘操纵能力受到限制的船舶相遇致有构成碰撞危险。

8. D。《规则》第18条规定:"除第9、10和13条另有规定外……"说明如果"船舶间责任条款"与狭水道条款冲突时,则应执行狭水道条款。

13. A。限吃水船和操纵能力受到限制的船舶,适用追越条款。

14. A。参考《规则》第18条(船舶之间的责任)1款规定。

15. A。参考《规则》第18条(船舶之间的责任)1款规定。

18. C。机动船与从事捕鱼的船,参考《规则》第18条(船舶之间的责任)1款规定。

20. D。甲船是拖带船,操纵能力未受到限制,乙船是操纵能力受到限制船舶。

21. C。拖带船和机帆船;机帆船和限吃水船;限吃水船和从事捕鱼的船;从事捕鱼的船和拖带船。

23. C。按《中华人民共和国非机动船舶海上安全航行暂行规则》第七条,非机动船应当避让下列的机动船:(1)从事起捞、安放海底电线或者航行标志的机动船;(2)从事测量或者水下工作的机动船;(3)操纵失灵的机动船;(4)用拖网捕鱼的机动船;(5)被追越的机动船。

24. D。拖带船、机帆船、限吃水船、失控船。

25. C。帆船和失控船,帆船在航时应给下述船舶让路:(1)失去控制的船舶;(2)操纵能力受到限制的船舶;(3)从事捕鱼的船舶。

26. A。在航中从事船间货物过驳作业的船舶属于操纵能力受到限制的船舶。

27. B。《规则》第18条(船舶之间的责任)规定:从事捕鱼的船舶在航时,应尽可能给下述船舶让路:(1)失去控制的船舶;(2)操纵能力受到限制的船舶。

28. B。在航中上下人员的机动船属于操纵能力受到限制的船,渔船让路。

33. C。同两机动船会遇相同。

34. A。限吃水船和机动船船相遇,适用交叉相遇局面条款。

36. B。选项中分别是操纵能力受到限制的船舶、机帆船、失控船、限吃水船舶。

37. B。根据《规则》第18条5款规定当水上飞机与其他船舶相遇致有构成碰撞危险时,则应遵守《规则》"驾驶与航行规则"一章的有关规定。

39. C。选项中分别是限吃水船舶、机帆船、失控船。

40. D。《规则》第18条适用于互见中;《规则》第18条6款地效船在起飞、降落和贴近水面飞行时,应宽裕地让清所有其他船舶并避免妨碍其航行。

41. C。在水面上操作的地效船(即除在起飞、降落和贴近水面飞行外)应当与机动船一样遵守《规则》各条的规定。此时,其也不负有宽裕地让清所有的船舶并避免妨碍其航行的责任和义务。

第十八节　船舶在能见度不良时的行动规则

14. D。《规则》第19条4款规定:"一船仅凭雷达测到他船时,应判定是否正在形成紧迫局面和(或)存在碰撞危险。若是如此,应及早地采取避碰行动。"

17. C。来船为操纵能力受到限制的拖带船队,未互见,都有避让责任。

20. C。追越条款、对遇局面条款、船舶间的责任条款适用于互见。狭水道条款适用于任何能见度情况。

22. C。能见度不良时的行动规则适用于《规则》适用水域内任何能见度不良的水域中或在其附近水域。所谓"能见度不良的水域中",是指船舶业已进入能见度受到限制的水域;而"在其附近",是指船舶虽然处于能见度良好的水域中,但在其附近水域能见度不良。

23. B。《规则》第19条(船舶在能见度不良时的行动规则)1款规定:"本条适用于在能见度不良的水域中或在其附近航行时不在互见中的船舶。"

25. C。分道通航条款适用于任何能见度,其他适用于互见。

32. C。《规则》第19条4款(1)项规定:"除对被追越的船外,应避免对正横前的船舶采取向左转向。"

36. B。《规则》第19条4款(2)项规定:"应避免对正横或正横以后的来船采取朝着它转向。"

38. C。参考《规则》第19条4款。

39. A。应避免对正横或正横以后的来船采取朝着它转向。

40. B。应避免对正横或正横以后的来船采取朝着它转向。

41. B。应避免对正横或正横以后的来船采取朝着它转向。

42. B。《规则》第19条5款规定:"除已断定不存在碰撞危险外,每一船舶当它听到他船的雾号显似在本船正横以前,或者与正横以前的他船不能避免紧迫局面时,应将航速减到能维持其航向的最小速度。必要时,应把船完全停住,而且,无论如何,应极其谨慎地驾驶,直到碰撞危险过去为止。"

48. C。"一短一长一短"的雾号表明是锚泊船。

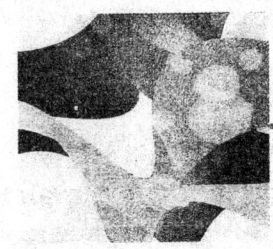

第四章 航行值班

第一节 航行值班的基本原则

1. 保持安全值班的目的包括_____。
   ①避免船舶发生海难事故；②保证船舶随时处于适航状态；③保证船舶所装货物得到妥善保管
   A. ①②　　　　　　　　　　　　　　B. ②③
   C. ①②③　　　　　　　　　　　　　D. ①③

2. 保持安全值班的目的包括_____。
   ①避免船舶发生碰撞事故；②避免船舶发生火灾；③避免船舶污染环境
   A. ①　　　　　　　　　　　　　　　B. ②③
   C. ①②③　　　　　　　　　　　　　D. ①③

3. 我国的《海船船员值班规则》明确规定：在船舶可能面临保安威胁或存在保安风险时，应保持适当和有效的_____。
   A. 安全值班　　　　　　　　　　　　B. 保安值班
   C. 航行值班　　　　　　　　　　　　D. 船舶值班

4. 我国的《海船船员值班规则》明确规定：在船舶可能面临_____时，应保持适当和有效的保安值班。
   A. 保安威胁或存在安全风险　　　　　B. 航行风险或存在安全风险
   C. 保安威胁或存在保安风险　　　　　D. 航行风险或存在保安风险

5. 所有分派作为负责值班的高级船员或组成值班部分的普通船员应在任何24小时内至少有_____小时的休息时间；休息时间最多不超过2段，其中一个时间段至少要有连续_____小时。
   A. 12；4　　　　　　　　　　　　　B. 8；4
   C. 16；6　　　　　　　　　　　　　D. 10；6

6. 根据STCW规则，负责值班的高级船员或参与值班的普通船员以及涉及指定的安全、防污染和保安职责的人员的休息时间应不少于：任何24小时内至少_____小时；任何7天内至少_____小时。
   A. 12；77　　　　　　　　　　　　　B. 12；72
   C. 10；77　　　　　　　　　　　　　D. 10；72

7. 根据 STCW 公约值班规则 B 部分对防止疲劳做出的指导,防止疲劳的关键因素包括_____。
①休息时段的次数;②休息时段的长短;③准予的补休
   A. ①②
   B. ①③
   C. ①②③
   D. ③

8. 根据 STCW 公约马尼拉修正案,以下表述正确的是_____。
①船舶应制定和实施值班人员以及被指定安全、防污染和保安职责的人员的休息时间制度;②值班制度的安排应使所有值班人员的效率不致因疲劳而受到影响;③主管机关应考虑海员,特别是涉及船舶安全和保安工作职责的海员,由于疲劳所引发的危险;④为所有负责值班的高级船员或参与值班的普通船员提供的休息时间应不少于每天 14 小时
   A. ②③④
   B. ①③
   C. ①②
   D. ①②③

9. 为防止酗酒,主管机关应对正在履行安全、保安和海洋环境保护职责的_____设定血液酒精浓度(BAC)不高于 0.05% 或呼吸中酒精浓度不高于 0.25 mg/L,或可导致该酒精浓度的酒精量的限制。
①船长;②高级船员;③其他船员
   A. ①
   B. ②
   C. ①②
   D. ①②③

10. 根据有关规定,对船上人员的下列哪些情况应作酗酒处理?
①值班前 4 小时内喝酒;②值班时带有酒意或血液中酒精含量超标;③在休息时间喝酒,但其酒后行为对船舶的正常工作和生活秩序造成妨碍;④值班期间喝酒
   A. ②③④
   B. ①②③④
   C. ①②
   D. ①②③

11. 在决定可能包括合格的普通船员在内的驾驶台值班组成时,应特别考虑的因素有_____。
①在任何时候,驾驶台不许无人值守;②天气情况,能见度情况以及是否白天或黑夜;③邻近航行危险物的程度;④在周围不存在他船时,值班人员可以离开驾驶台,短时间可无人值班,但必须确信这样做是安全的
   A. ①
   B. ②③④
   C. ①②③
   D. ②③

12. 当船舶锚泊或系泊时,为始终安全起见,应_____。
   A. 以一定的时间间隔巡视四周
   B. 以一定的时间间隔保持值班
   C. 如果周围存在威胁船舶安全的任何情况,则保持连续值班,直到危险过去为止
   D. 保持适当和有效的值班

13. 如果船上载有有害货物,值班安排应充分考虑到_____。
①有害货物的性质、数量、包装;②有害货物的积载;③当时船上、水上、岸上的任何特殊情况
   A. ①
   B. ①②③
   C. ②③
   D. ①③

14. 为确保在船上始终保持安全、连续并适合当时环境和条件的值班,主管机关应使公司、船长、轮机长和全体值班人员注意_____。
   ①STCW 规则中的值班要求;②STCW 规则中的关于值班的原则;③STCW 规则中的指南
   A. ① B. ①②
   C. ①②③ D. ②

15. 船舶在_____可以不必严格保证所有值班人员的休息时间。
   ①在紧急或其他超常工作情况下;②紧急集合演习、消防和救生演习时;③船舶发生海上交通事故时;④船舶正常锚泊时
   A. ②③④ B. ①②③
   C. ①②④ D. ①②③④

16. 根据 STCW 公约马尼拉修正案关于防止吸毒和酗酒的规定,下列说法不正确的是_____。
   A. 当船员被发现受到吸毒或酗酒的影响时,将不允许其值班或负责安全、防污染和保安值班,直到他们履行其职责的能力不再受到妨碍为止
   B. 主管机关应采取措施防止毒品或酒精削弱值班人员的能力,并制订必要的甄别计划
   C. 公司应明确书面政策,禁止值班人员在值班前 4 小时内喝酒
   D. 对于因吸毒或酗酒而可能影响安全的船员,经劝说、批评等方式使其认识错误后再继续值班

17. 根据 STCW 公约有关规定,在决定可能包括合格的普通船员在内的驾驶台值班组成时,应特别考虑_____。
   ①特殊操作环境可能导致对航行值班的出乎寻常的任何要求;②装备在驾驶台上的无人机舱(UMS)控制装置、警报和指示器及其使用程序和局限性;③是否履行无线电职责;④船上是否装有自动操舵装置
   A. ②③④ B. ①②
   C. ①③④ D. ①②③④

18. 根据 STCW 规则的有关规定,在决定可能包括合格的普通船员在内的驾驶台值班组成时,应特别考虑_____。
   ①天气情况、能见度以及是否白天或黑夜;②接近航行危险物可能需要负责航行值班的高级船员执行额外的航行职责;③助航仪器,如电子海图信息与显示系统(ECDIS)、雷达或电子定位仪以及任何其他影响船舶安全航行的设备的使用和工作状态;④特殊操作环境可能导致对航行值班的出乎寻常的任何要求
   A. ②③ B. ①②④
   C. ①③④ D. ①②③④

19. 负责值班的高级船员如在航行值班时,由于工作强度过大,感到疲劳以致难以保证安全值班的情况下,应_____。
   A. 告诉配合其值班的水手或机工,让其暂时代替其值班
   B. 应克服困难,继续坚持值班
   C. 立即通知船长
   D. 如果周围船舶较少,确信不存在碰撞危险,可进入海图室休息片刻

20. 严禁船员酗酒、吸毒,值班船员在接班前_____小时内禁止喝酒,且值班期间血液中的酒精含量不超过0.05%。
   A. 1　　　　　　　　　　　　B. 2
   C. 3　　　　　　　　　　　　D. 4

21. 严禁船员酗酒、吸毒,值班船员在接班4小时内禁止喝酒,且值班期间血液中的酒精含量不超过_____。
   A. 5%　　　　　　　　　　　B. 0.5%
   C. 0.05%　　　　　　　　　D. 0.005%

22. 制订航行计划应至少包括_____。
   ①航线的总里程和预计航行的总时间;②预计航线上的气象情况和海况;③各转向点的经纬度;④各段航线的航程和预计到达各转向点的时间;⑤特殊航区的注意事项
   A. ①②　　　　　　　　　　　B. ①②③
   C. ①②③④　　　　　　　　　D. ①②③④⑤

23. 在考虑了所有有关信息并核实了航线计划后,计划航线应清晰地标绘在有关海图上,并在航行期间供值班高级船员随时使用,但_____应在使用之前核实将采取的每一航向。
   A. 负责航行值班的高级船员　　B. 船长
   C. 船长和全体船员　　　　　　D. 船长和二副

24. 值班船员的疲劳操作容易发生事故,引起疲劳的原因有_____。
   ①长时间连续工作或者得不到整段时间的充分休息,导致睡眠不足;②过分的体力消耗;③人体内潜伏着某些疾病;④工作不称心,生活遇到挫折,内心苦闷得不到发泄等心理因素
   A. ②③④　　　　　　　　　　B. ①②③④
   C. ①②　　　　　　　　　　　D. ①②③

25. 值班应当遵守下列驾驶台资源管理哪些要求?
   ①根据情况合理地安排值班船员;②白天在任何时候,值班驾驶员可以是唯一瞭望人员;③值班船员应当熟悉其岗位职责和部门职责;④考虑值班船员资格和适任的局限性
   A. ②③④　　　　　　　　　　B. ①③④
   C. ①②④　　　　　　　　　　D. ①②③

第二节　驾驶台值班驾驶员的责任

1. 下列说法正确的是_____。
   ①负责航行值班的高级船员是船长的代表,并在任何时候主要负责船舶的安全航行;②负责航行值班的高级船员应遵守《1972年国际海上避碰规则》;③船长对船舶的安全航行负总的责任
   A. ①　　　　　　　　　　　　B. ①②
   C. ②③　　　　　　　　　　　D. ①②③

2. 下列说法正确的是_____。
   ①船长上驾驶台,就说明船长开始对航行值班负责;②船长直接发出操船口令,说明船长已经声明亲自指挥;③船长上驾驶台说明已解除驾驶员的值班责任

A. ① B. ②
C. ①③ D. ②③

3. STCW 公约规定值班驾驶员在航行中的任务和职责是_____。
①值班时应专心执行值班任务,负责航行安全,任何情况下均不得在交班前离开岗位;②在安全航行方面如船长在驾驶台时,应由船长负责航行安全;③当遇到任何疑难时,如需要,应当机立断地使用主机和声号
A. ①②③ B. ①②
C. ①③ D. ③

4. 负责航行的值班驾驶员的职责包括_____。
①严格遵守《国际海上避碰规则》及有关的地区性规章,对来往船只、浮标及各种漂浮物做到早让宽让;②熟悉有关的地方规则、港规和港章;③正确使用 VHF;④代表船长处理一切紧急情况
A. ①②③④ B. ①②③
C. ①② D. ①

5. 根据我国《海船船员值班规则》规定,负责航行值班的驾驶员应_____。
A. 集中精力保持正规的瞭望,不做与值班无关的事情
B. 船长或引航员负责操纵时,值班驾驶员的瞭望职责即被解除
C. 当在沿岸航行时,在半点或整点时应立即进入海图室进行定位
D. 如需降速避让船舶,在使用主机前必须通知机舱值班人员

6. 根据我国《海船船员值班规则》规定,负责航行值班的高级船员应该_____。
①保持在驾驶台值班;②在正式交接班之前,不得离开驾驶台;③在对为了安全而采取的某种行动产生疑问时,立即通知船长;④船长上驾驶台说明已解除驾驶员的值班责任
A. ①②④ B. ①②③
C. ②③④ D. ①③④

7. 负责航行值班的驾驶员应_____。
A. 集中精力保持正规的瞭望,不做与值班无关的事情
B. 船长或引航员负责操纵时,值班驾驶员的瞭望职责即被解除
C. 当在沿岸航行时,在半点或整点时应立即进入海图室进行定位
D. 驾驶员如进入海图室进行定位,必须有高级船员帮助或代替其履行瞭望的义务

8. 负责航行值班的驾驶员应做到_____。
A. 在驾驶台保持值班
B. 当对为了安全而采取的某种行动产生疑问时,应仔细认真研究,应避免打扰船长的正常休息
C. 如果船长上驾驶台,将航行安全的责任转交给船长
D. 任何时候不离开驾驶台,也不应进入与之连通的场所

9. 下列说法正确的是_____。
①负责航行的值班驾驶员应坚守岗位,在任何情况下,没有船长或其他驾驶员的正式接替,不得离开岗位;②船长在驾驶台指导,仍应由值班驾驶员负责航行值班,除非船长声明亲自指挥

并彼此明白;③负责航行的值班驾驶员如长时间离开驾驶台,必须确信这样做是安全的
A. ①　　　　　　　　　　　　　B. ①②
C. ②③　　　　　　　　　　　　D. ①②③

10. 下列哪些情况,值班驾驶员应立即通知机舱备车,并报告船长?
①能见度不良或天气恶劣时;②进入狭水道或邻近来往船舶频繁的海区时;③抵达目的港或有其他紧急情况时;④对船长所布置的各项安全措施、指示感到有疑虑时
A. ①②③④　　　　　　　　　　B. ①②③
C. ①②　　　　　　　　　　　　D. ①

11. 天气良好时,只要有可能,负责航行值班的驾驶员应_____。
A. 进行雷达方面的操练　　　　　B. 尽可能使用雷达进行瞭望
C. 尽可能避免使用雷达　　　　　D. 进入海图室定位

12. 航行值班时应做好与航行安全有关的动态和工作的正规记录,这些记录包括但不限于_____。
①船舶航经重要物标的正横时间、距离、方位和计程仪读数;②气象要素;③主机转速;④航行设备的操作试验
A. ①②　　　　　　　　　　　　B. ②③
C. ①②③　　　　　　　　　　　D. ①②③④

13. 根据 STCW 公约的建议和指导,航行值班人员在_____须做好准备以便充分有效地对环境改变做出反应。
A. 任何时候　　　　　　　　　　B. 夜间
C. 拥挤水域航行的全部时间　　　D. 能见度不良时

第三节　瞭望的要求

1. 根据 STCW 公约和海船值班规则的要求,航行船舶应随时保持正规的瞭望,并应达到下列目的_____。
①对当时环境和情况保持连续戒备的状态;②及早发现或察觉到环境的变化;③充分估计到碰撞危险;④充分估计危害航行安全的局面和危险
A. ①②　　　　　　　　　　　　B. ②③
C. ①③　　　　　　　　　　　　D. ①②③④

2. 根据 STCW 公约和海船值班规则的要求,航行船舶应随时保持正规的瞭望,并应达到_____的目的。
①探明遇险的船舶;②探明遇险的飞机;③探明遇难人员;④探明沉船、残骸
A. ①②　　　　　　　　　　　　B. ②③
C. ①②③④　　　　　　　　　　D. ①③④

3. 根据 STCW 公约和海船值班规则的要求,航行船舶应随时保持正规的瞭望,并应达到_____的目的。
①充分估计碰撞和搁浅危险;②充分估计危害航行安全的局面和危险;③探明沉船、残骸;④探

明其他危害航行安全的物体

A.①② B.②③
C.①②③ D.①②③④

4. 满足下列哪些条件后,舵工可同时担当瞭望人员职责?
①在某些小船上,操舵位置具有四周无遮挡的视野;②没有夜视障碍;③没有其他保持正规瞭望的障碍,包括人员适任与适于值班

A.②③ B.①③
C.①② D.①②③

5. 负责航行值班的高级船员可以是唯一的瞭望人员的先决条件是_____。

A. 对局面做了充分的估计 B. 能见度良好
C. 通航密度小 D. 白天

6. 白天,值班驾驶员可以单人瞭望应考虑的相关因素包括_____。
①天气情况;②能见度;③通航密度;④邻近的航行危险物

A.①②③ B.①②④
C.①②③④ D.①③④

7. 白天,值班驾驶员作为唯一瞭望人员时,应考虑的相关因素包括_____。
①天气情况;②能见度;③通航密度;④邻近的航行危险物;⑤在分道通航制内航行时所必需注意的情况

A.①② B.①②③
C.①②③④ D.①②③④⑤

8. 在白天,满足_____条件时,值班驾驶员可以作为唯一瞭望人员。
①当环境的任何变化需要时,能立即召唤其他合适人员到驾驶台协助;②充分考虑了一切有关因素;③对环境做了充分估计,确信无疑这样做是安全的

A.①② B.①②③
C.①③ D.②③

9. 关于舵工和瞭望人员,下列说法正确的是_____。
①瞭望人员和舵工的职责是分开的;②舵工任何时候均不得视为瞭望人员;③通常舵工在操舵时不应视为瞭望人员;④任何情况下,舵工只有不在操舵时才可视为瞭望人员

A.①② B.②③
C.①③ D.③④

10. 在夜间航行时,为保持正规瞭望,_____。

A. 如果需要时能有人立即到驾驶台协助,高级船员可以是唯一的瞭望人员
B. 如果驾驶员任何情况下保证不离开驾驶台(包括进入海图室),可以是唯一的瞭望人员
C. 负责航行值班的高级船员不可视为瞭望人员
D. 负责航行值班的高级船员不可作为唯一的瞭望人员

11. 根据STCW公约,在任何情况下的夜间,对瞭望人员的数量的要求至少为_____。

A. 一名值班驾驶员 B. 一名舵工和一名值班驾驶员
C. 一名瞭望人员和一名值班驾驶员 D. 一名高级船员和一名值班驾驶员

12. 在判定航行值班的组成是否足以保证能连续保持正规的瞭望,船长应考虑的因素应包括_____。
①由船舶特性、即时操纵要求和预期操纵所引起的额外工作量;②应召并被指定为值班人员的任何船员适于值班的情况;③船舶高级船员和普通船员的专业适任能力和自信心
A. ①②③　　　　　　　　　　　B. ①②
C. ①③　　　　　　　　　　　　D. ②③

第四节　驾驶台交接班

1. 值班驾驶员在下列什么情况下可以交接班?
A. 正在避让他船时　　　　　　B. 正在改向时
C. 交接班船位未定时　　　　　D. 按计划航线正常航行时

2. 负责航行值班的驾驶员,如果有理由相信来接班的高级船员不能有效地履行其职责则应_____。
①继续保持航行值班,不向来接班的高级船员交班;②交班后继续在驾驶台值守,直到确定接班的高级船员能有效地履行其职责为止;③交班后报告船长,以安排辅助值班人员;④立即报告船长
A. ①　　　　　　　　　　　　B. ②
C. ②③　　　　　　　　　　　D. ①④

3. 交班驾驶员应交接内容包括_____。
①陀螺罗经和磁罗经的误差;②船位、航向、航速和吃水;③附近船舶的位置及动态;④可能会遇到的情况和危险;⑤船长指示
A. ①②　　　　　　　　　　　B. ①②③
C. ①②③④　　　　　　　　　D. ①②③④⑤

4. 有关驾驶员值班交接,下列说法正确的是_____。
①接班驾驶员在接班前,应对本船的推算船位或实际船位进行核实;②接班驾驶员在其视力未完全调节到适应光线条件以前,不应接班;③接班驾驶员应确信本班人员完全能履行各自的职责,特别是夜视能力的适应性
A. ①②　　　　　　　　　　　B. ①②③
C. ①③　　　　　　　　　　　D. ②③

5. 航行中交接班,交班驾驶员不应交班且应报告船长的情况包括_____。
①有理由相信来接班的高级船员不能有效地履行其职责;②正在进行船舶操纵;③正在采取避免危险的行动;④接班驾驶员视力未调节到适应光线条件
A. ①②③　　　　　　　　　　B. ③④
C. ①　　　　　　　　　　　　D. ②③

6. 负责航行值班的驾驶员,如果有理由相信来接班的高级船员不能有效地履行其职责,则应_____。
①代替接班的高级船员值班;②交班后继续在驾驶台值守,直到确定接班的高级船员能有效

地履行其职责则为止；③不应交班；④立即报告船长

A. ①②③
B. ①③④
C. ①
D. ③④

7. 负责航行值班的高级船员交班时如果正在进行船舶操纵或其他避免危险的行动,则应_____。

①立即报告船长；②由船长决定是否交班；③应等操作完成之后交班；④可以正常交班

A. ①②
B. ③
C. ①
D. ④

8. 负责航行值班的高级船员不得在下列哪些情况下强行交班？

①在险要航段指挥航行时；②临近转向点或正在转向；③在处理人落水等应急事项；④船位不明确时

A. ①②③④
B. ③④
C. ①②④
D. ①②③

9. 接班的驾驶员在接班以前应搞清的情况应包括_____。

①当主机在驾驶台控制时操纵主机的程序；②正在使用或值班期间有可能使用的所有航行和安全设备的工作状况；③船舶的号灯或号型是否正确显示；④在值班期间可能会遇到的有关情况和危险

A. ①②③④
B. ①②③
C. ①②
D. ①

10. 接班的驾驶员在接班以前应搞清的情况应包括_____。

①陀螺罗经和磁罗经的误差；②看到或知道的附近船舶的位置和动态；③在值班期间可能会遇到的有关情况和危险；④值班期间有可能使用的所有航行和安全设备的工作状况

A. ①②③④
B. ①②③
C. ①②
D. ①

11. 接班的驾驶员在接班以前应搞清的情况应包括_____。

①船长对船舶航行有关的常规命令和其他特别指示；②本船的船位、航向、航速和船舶吃水；③当时的潮汐、潮流、气象和能见度以及这些因素对航向和航速的影响；④预报的潮汐、潮流、气象和能见度以及这些因素对航向和航速的影响

A. ①
B. ①②
C. ①②③
D. ①②③④

12. 航行中交接班,接班驾驶员不应接班的情况包括_____。

①未搞清本船的船位；②视力未调节到适应光线条件；③正在避让他船；④未核实本船的预定航线、航向和航速

A. ①②③④
B. ①③④
C. ①④
D. ②③

13. 值班驾驶员必须仔细阅读"船长夜航命令簿",充分了解其各项内容和要求,如有不明之处,则_____。

A. 不应接班
B. 不应签字

C. 应立即请示船长　　　　　　　　　D. 不应执行

14. 夜间,接班的驾驶员在接班以前应搞清的情况包括_____。
    ①船长在夜航命令簿中的指示;②船位、航向和航速;③航线附近的碍航物;④周围船舶的位置和动态
    A. ①②③　　　　　　　　　　　　B. ①②④
    C. ①③④　　　　　　　　　　　　D. ①②③④

15. 接班的驾驶员在接班以前应搞清的情况包括_____。
    ①罗经误差;②值班期间可能会遇到的有关情况和危险;③航线附近的碍航物;④附近船舶的位置和动态
    A. ①②③　　　　　　　　　　　　B. ①②④
    C. ①③④　　　　　　　　　　　　D. ①②③④

第五节　船舶航行、操纵和避让行动的有关要求

1. 值班驾驶员应对驾驶台有关设备作定期检查,以确保_____。
   ①手动操舵或自动舵按船舶正确的航向行驶;②有条件时每班应至少测定一次标准罗经的误差;③每班至少试验一次自动舵的手动操作
   A. ①②　　　　　　　　　　　　　B. ①②③
   C. ①③　　　　　　　　　　　　　D. ②③

2. 有关值班驾驶员对驾驶台设备的定期检查,下列说法正确的是_____。
   ①主罗经与复示仪应同步,如发现误差变化较大,应及时报告船长;②如果条件允许,在较大改变航向后也应测定罗经的误差;③无论条件如何,每班至少试验一次自动舵的自动操作
   A. ①②　　　　　　　　　　　　　B. ①②③
   C. ①③　　　　　　　　　　　　　D. ②③

3. 下列说法正确的有_____。
   ①转换手动操舵或自动操舵必须由值班驾驶员亲自或在其监督之下进行;②船上的航行设备应经常在海上做操作试验;③值班驾驶员应将所有与航行安全有关的指示和信息告知驾驶台的其他值班人员
   A. ①②　　　　　　　　　　　　　B. ①②③
   C. ②　　　　　　　　　　　　　　D. ②③

4. 关于航行值班期间对助航仪器的使用和检查,下列说法不正确的是_____。
   A. 手操舵与自动舵的相互转换,由值班驾驶员亲自操作或监督舵工操作
   B. 有条件时,每班应至少测定一次标准罗经的误差
   C. 每班应至少试验一次手操舵
   D. 每班应至少试验一次自动舵

5. 使用自动舵航行时,值班驾驶员应_____。
   ①考虑及时使舵工就位并改为手操舵的必要性;②亲自或监督进行转换手动操舵或自动操舵;③将瞭望的责任交给舵工;④通过调整自动舵设定航向进行转向

A.②③ B.①②
C.③④ D.①②③④

6. 在值班期间,应使用任何可用的、必要的助航仪器,其使用的注意事项包括_____。
①无论航行或锚泊都应保持连续值守 VHF 16 频道和航行区域及所在港口要求的其他 VHF 频道;②经常用多种方法核测船位,包括对目标的目视观测;③值班驾驶员应熟知各种电子助航设备的使用限制及其误差;④对各种仪器,除驾驶员和管理、检修人员外,无关人员未经允许不得擅自动用
A.②④ B.①③④
C.①②③④ D.①②③

7. 有关航行值班对雷达的使用,下列说法正确的是_____。
①遇到或预料到能见度不良时,应使用雷达,并注意其局限性;②在船舶密度大的水域航行时,应使用雷达,并注意其局限性;③使用雷达时,必须遵守《国际海上避碰规则》中有关使用雷达的规定;④雷达量程远近距离交替使用,以便及早发现物标
A.①②③ B.①②④
C.①③④ D.①②③④

8. 有关航行值班对雷达的使用,下列说法正确的是_____。
①遇到或预料到能见度不良时,应使用雷达,并注意其局限性;②正确调试雷达显示方式;③使用 ARPA 获取来船的 DCPA 和 TCPA;④雷达量程远近距离交替使用,以便及早发现物标
A.①②③ B.①②④
C.①③④ D.①②③④

9. 有关航行值班对雷达的使用,下列说法正确的是_____。
①能见度良好时,值班驾驶员应进行雷达方面的操练;②能见度良好时,值班驾驶员不必进行雷达标绘或与其相当的系统观测;③雷达量程远近距离交替使用,以便及早发现物标;④使用 ARPA 显示来船的 DCPA 和 TCPA
A.①③ B.①②④
C.①③④ D.①④

10. 有关航行值班对雷达的使用,下列说法正确的是_____。
①遇到或预料到能见度不良时,以及在船舶密度大的水域航行时,应使用雷达,并注意其局限性;②能见度良好时,值班驾驶员不必进行雷达标绘或与其相当的系统观测;③雷达量程远近距离交替使用,以便及早发现物标;④使用 ARPA 获取来船的 DCPA 和 TCPA
A.①③ B.①②④
C.①③④ D.①④

11. 在能见度不良的水域航行,下列做法正确的是_____。
①用中英文交替简要发布雾航通报;②通知机舱备车;③通知船长;④鸣放雾号
A.①②③ B.①②④
C.①②③④ D.①③④

12. 在能见度不良的水域航行,下列做法正确的是_____。
①指派专人进行雷达瞭望;②将手操舵改成自动舵;③船首增派人员瞭望;④鸣放雾号

A.①②③ B.①②④
C.①②③④ D.①③④

13. 对于负责航行值班的驾驶员,下列做法正确的是_____。
①如有必要,毫不犹豫用车避让或避险;②避让时释放相应的声响信号;③保持正规瞭望
A.①②③ B.①②
C.①③ D.②③

14. 对于负责航行值班的驾驶员,下列做法正确的是_____。
①如有必要,毫不犹豫用车避让或避险;②避让时释放相应的声响信号;③保持安全航速
A.①②③ B.①②
C.①③ D.②③

15. 对于负责航行值班的驾驶员,下列做法正确的是_____。
①如有必要,毫不犹豫用车避让或避险;②使用手操舵避让;③每班进行自动舵和手操舵转换试验
A.①②③ B.②
C.①③ D.②③

16. 下列情况中,不得使用自动舵的是_____。
①避让船舶时;②船舶改向时;③风浪大,航向难以把定时;④船舶进入狭水道时
A.①②③ B.①②④
C.①③④ D.①②③④

17. 船舶在沿岸水域航行时,下列说法正确的是_____。
①应保持正规瞭望,特别注意渔船、渔网、渔栅和海上养殖区;②若条件许可,应避免使用单一的定位方法或使用单一物标雷达定位,尽量用多种方法核对船位;③要特别注意潮流影响;④在制订航行计划时,应尽可能避开捕鱼作业区、急流区和锚地
A.②③④ B.①③④
C.①②③④ D.①②

18. 关于航行时值班驾驶员的职责,下列说法正确的是_____。
①负责船舶的安全航行;②在驾驶台保持值班,不得离开驾驶台;③使用安全航速;④必要时,应当立即采取转舵、主机变速和使用声响信号等措施
A.①②③ B.①②④
C.①③④ D.①②③④

19. 关于航行时值班驾驶员的职责,下列说法正确的是_____。
①船长在驾驶台时,值班驾驶员仍然应当对船舶安全航行负责,除非被明确告知船长已承担责任;②进行操纵和避让;③充分了解本船航行设备的放置地点和操作方法;④熟练掌握电子助航仪器的使用方法
A.①②③ B.①②④
C.①③④ D.①②③④

20. 关于航行时值班驾驶员的职责,下列说法正确的是_____。
①有效使用船上的助航仪器;②以恰当的时间间隔对所驶的航向、船位和航速进行核对;③确

保本船沿着计划航线行驶;④注意在适当的时候使用测深仪
A.①②③ B.①②④
C.①③④ D.①②③④

21. 关于航行时值班驾驶员的职责,下列说法正确的是_____。
①准确地测定驶近船舶的罗经方位和距离;②及早判断碰撞危险;③及时采取避让措施;④注意在适当的时候使用测深仪
A.①②③ B.①②④
C.①③④ D.①②③④

22. 关于航行时值班驾驶员的职责,下列说法正确的是_____。
①对航行设备进行操作性测试;②确保航行灯和信号灯及其他航行设备正常工作;③确保无线电设备正常工作并且按照要求值守;④每班应当至少测定一次标准罗经的误差
A.①②③ B.①②④
C.①③④ D.①②③④

23. 在下列哪些情况下值班驾驶员应立即报告船长?
①遇到或预料能见度不良时;②对通航条件或他船的动态产生疑虑时;③在预计的时间未能看到陆地、航标或测不到水深时
A.①② B.①②③
C.①③ D.②③

24. 在下列哪些情况下值班驾驶员应立即报告船长?
①主机、推进装置遥控器、舵机或者任何主要的航行设备、警报或指示仪发生故障时;②对保持航向感到困难时;③意外地看到陆地、航标或水深突然发生变化时
A.①② B.①②③
C.①③ D.②③

25. 在下列哪些情况下值班驾驶员应立即报告船长?
①无线电设备发生故障时;②在恶劣天气中,怀疑可能有气象危害时;③遇到危及航行的任何情况,诸如冰或漂流船时
A.①②③ B.①②
C.①③ D.②③

26. 在下列哪些情况下值班驾驶员应立即报告船长?
①发现遇难人员或船只以及他船求救时;②紧急情况或感到怀疑时;③遇到危及航行安全的任何情况,诸如冰或漂流船时
A.①② B.①③
C.①②③ D.②③

27. 在下列哪些情况下值班驾驶员应立即报告船长?
①在预计的时间未能看到陆地、航标或测不到水深时;②意外地看到陆地、航标或水深突然发生变化时;③预计到水深将发生变化时
A.① B.②③
C.①② D.①②③

28. 在下列哪些情况下值班驾驶员应立即报告船长？
①发生火警；②发生火灾；③船舶发生污染海域事故；④发现海上污染情况
A. ①③ B. ②③
C. ①②③ D. ①②③④

29. 在下列哪些情况下值班驾驶员应立即报告船长？
①对船长所布置的各项安全措施、指示感到有疑虑时；②船位偏离太大时；③即将驶入雾区
A. ① B. ①③
C. ①②③ D. ②③

30. 在下列哪些情况下值班驾驶员应立即报告船长？
①遇到危及航行的任何情况，诸如冰或漂流船时；②发现遇难人员或船只以及他船求救时；③收到遇险报警，但遇险船舶离本船计划航线较远
A. ① B. ①②
C. ①②③ D. ②③

31. 雷达是重要的助航设备，使用时，每一驾驶员必须充分了解_____。
①雷达设备的特性、效率和局限性；②使用不同量程带来的任何限制；③必须把海浪、雨雪等干扰完全抑制；④小船、浮冰和其他漂浮物在某一距离上有雷达探测不到的可能性
A. ②③④ B. ①③④
C. ①②④ D. ①②③

32. 关于值班驾驶员在值班期间报告船长的说法_____是错误的。
A. 值班驾驶员对是否应该报告船长有任何怀疑或犹豫时，就应该报告船长
B. 航行中，只要发现与他船存在碰撞危险，即使自己可以应对，也应该报告船长，让船长尽快上驾驶台
C. 值班驾驶员在报告船长的同时，还应采取适合当时环境和情况的相应行动
D. 任何主要的航行设备、警报或指示仪发生故障时，应该报告船长

33. 引航员在船引航，若引航员发出的指令与船长不同时，值班驾驶员应_____。
A. 待船长、引航员的意见一致后再执行 B. 执行引航员的命令
C. 执行船长的命令 D. 自己根据情况判断

34. 负责航行值班的驾驶员在引航员引航期间应_____。
①与引航员密切合作；②保持正规的瞭望；③勤测船位，正确记录车钟及过浮筒的时间；④经常核对船位和船舶动态
A. ①②③④ B. ②③④
C. ①③④ D. ①②③

35. 船舶在由引航员引航期间，船长在非危险航段暂时离开驾驶台应告知引航员，并指定驾驶员负责，此时值班驾驶员_____。
A. 如对引航员的行动或意图有所怀疑，应要求引航员予以澄清
B. 如对引航员的解释仍有怀疑，应立即报告船长，但在船长未到达之前不得采取行动
C. 如对引航员的行动或意图有所怀疑，应立即报告船长
D. 如对引航员的行动或意图有所怀疑，应立即采取认为安全的行动

36. 引航员对船舶航行安全负有职责和义务,但并不解除_____对船舶安全所负的职责和义务。
   A. 船长   B. 值班驾驶员
   C. 船长或负责航行值班的高级船员   D. 值班船员

37. 引航员引航过程中值班驾驶员的职责包括_____。
   ①注意引航员舵令及水手操舵的正确性;②正规瞭望、勤测船位;③正确记录船舶动态;④按引航员要求亲自悬挂信号
   A. ②③   B. ①②③
   C. ①③④   D. ②③④

38. 在能见度不良的水域航行,负责航行值班的驾驶员应_____。
   ①在进入雾区前尽可能测得船位,并观察海面情况,以利于避让;②通知机舱备车;③通知船长上驾驶台;④操作和使用雷达
   A. ①②③④   B. ②③④
   C. ①③④   D. ③④

39. 在能见度不良的水域航行,负责值班的驾驶员应_____。
   ①通知船长;②开启航行灯;③鸣放雾号;④将手操舵改为自动舵,以增加瞭望人员
   A. ①   B. ①②
   C. ①②③   D. ①②③④

40. 当遇到或预料能见度不良时,值班驾驶员应该_____。
   ①通知船长;②布置瞭望人员;③舵工手动操舵;④显示航行灯;⑤操作和使用雷达
   A. ①②   B. ①②③④
   C. ①②③④⑤   D. ②③⑤

41. 在沿岸和拥挤水域航行时,下列说法正确的是_____。
   ①值班驾驶员应确切地辨认沿岸陆标及所有有关的航行标志;②在确认没有碰撞危险的情况下,应使用多种方法勤测船位并比对;③应使用船上适合于该地区并依照最近期资料改正过的最大比例尺的海图
   A. ①②   B. ①②③
   C. ①③   D. ②③

42. 下列说法正确的是_____。
   A. 值班驾驶员无须严格遵照"船长夜航命令簿"执行
   B. 值班驾驶员应确切地辨认沿岸陆标及所有有关的航行标志
   C. 沿岸航行,在确认没有碰撞危险的情况下,最好始终保持一种定位方法
   D. 应使用船上适合于该地区并依照最近期资料改正过的最小比例尺的海图

43. 关于在履行航行值班职责时,负责航行值班的高级船员对主机的使用,下列说法错误的是_____。
   A. 如有需要,应毫不犹豫地使用主机
   B. 在使用主机时,如有可能,应及时通知拟进行主机变速
   C. 按照适用的程序有效地使用装置在驾驶台的无人机舱主机控制装置

D. 船舶出港后,定速航行,主机不应变速,直至到达下一港口备车完毕

44. 遇到能见度不良时,负责航行值班的高级船员,应做到_____。
①自动舵改为手操舵,使用两台舵机;②用雷达或 AIS 瞭望手段,代替视觉瞭望,不再进行视觉瞭望;③开启两台雷达并调校到最佳工作状态,对雷达目标回波保持不间断的正规观测;④充分利用 AIS 相关功能获取来船的动态、信息以便协助避让

A. ①② B. ①②④
C. ①③④ D. ②③④

第六节　锚泊时驾驶台人员的职责

1. 锚泊中值班驾驶员的交接内容应包括_____。
①锚、锚位、船首向、锚链受力和船舶的偏荡情况;②号灯、号型、号旗的显示情况;③船长的指示

A. ① B. ①②
C. ①②③ D. ②③

2. 锚泊中值班驾驶员应_____。
①保持正规瞭望;②确保定时巡视船舶;③采取措施防止船舶污染环境,并遵守适用的防止污染规则;④任何情况下,不得离开驾驶台

A. ①②③④ B. ①②③
C. ①② D. ①

3. 锚泊中,当负责值班的驾驶员发现本船走锚时,应采取的措施包括_____。
①利用 VHF 警示周围船舶;②通知机舱备车;③报告船长;④夜间应开启桅灯、舷灯、尾灯,关闭锚灯与甲板工作灯

A. ①②③④ B. ①②③
C. ①② D. ①

4. 锚泊时,值班驾驶员的职责包括_____。
①出现危险局面时,应报告船长并果断地采取一切有效措施,以避免或减少损失;②如情况许可,要经常利用固定物标校核锚位;③锚抛下时应立即测定船位,并在海图上标出锚位和回旋范围

A. ①② B. ①②③
C. ①③ D. ②③

5. 锚泊值班中的交班驾驶员应告知接班驾驶员下列哪些事项?
①锚位和所出锚链的情况;②转流时船舶回转等安全注意事项;③主机状态和应急使用的可能性;④对船舶安全有关的其他情况

A. ①② B. ①②③
C. ①②③④ D. ②③④

6. 锚泊中,如条件许可,值班驾驶员应以足够频繁的时间间隔利用_____测定方位,校核船舶是否安全保持在锚位上。

A. 天体
   C. 固定航标或岸上容易辨认的物标
   B. 无线电设备
   D. 附近他船

7. 负责锚泊值班的驾驶员在下列哪些情况下应通知船长？
   ①本船走锚；②他船走锚并危及本船；③前来锚泊船锚位与本船距离过近；④邻近的锚泊船起锚
   A. ①②③
   B. ①②
   C. ②
   D. ①③④

8. 白天能见度不良时，负责锚泊值班的驾驶员应_____。
   ①加强瞭望、正确操作和使用雷达；②开启锚灯和各层甲板的照明灯；③鸣放雾号；④通知船长
   A. ①②
   B. ①②③
   C. ③④
   D. ①②③④

第七节　港内以及装卸危险品时驾驶员的职责

1. 关于港内值班驾驶员的职责，下列说法正确的是_____。
   ①督促值班水手按时升降国旗、开关灯，显示或者悬挂有关号灯号型；②经常检查舷梯、锚链、跳板及安全网；③及时调整系泊缆绳；④确保系泊设备处于安全工作状态
   A. ①②③
   B. ①②④
   C. ①③④
   D. ①②③④

2. 根据STCW规则关于载运危险货物船舶在港值班的要求，载运包装危险品时，下列说法正确的是_____。
   ①确保维持安全值班；②充分注意危险货物的性质、数量、包装和积载；③充分注意船上的任何特殊情况；④充分注意水上和岸上的任何特殊情况
   A. ①②③
   B. ①②④
   C. ①③④
   D. ①②③④

第八节　渔区航行与避让

1. 关于渔区的特点，下列哪些说法是正确的？
   ①渔场具有一定固定性；②鱼汛期间常有大量渔船聚集捕鱼；③渔区内所有的渔船都是从事捕鱼的船舶
   A. ③
   B. ①②
   C. ①②③
   D. ①③

2. 关于渔区以及渔船捕鱼作业特点，下列哪些说法是正确的？
   ①渔场具有一定固定性；②渔场内的渔船具有聚集性和季节性；③渔区内所有的渔船都按照从事捕鱼的船舶显示号灯号型；④同一渔区内所有的渔船都采用相同的捕鱼方式
   A. ①②③
   B. ①④
   C. ①②
   D. ②③④

3. 驶入渔区前,船舶应做好下列哪些避碰准备?
①了解渔区周围渔船的密集程度、作业方式和分布情况;②避免驶入渔船密集的地方;③合理安排值班;④备好声响和灯光信号设备
   A. ①②③   B. ②③④
   C. ①②   D. ①②③④

4. 在渔船密集区航行,船舶应采取下列哪些避碰措施?
①应备车、减速行驶;②应加强瞭望,必要时加派瞭头;③改用手操舵;④按规定使用声响和灯光信号
   A. ①②③   B. ②③④
   C. ①②③④   D. ①②

5. 关于渔场内渔船的作业与避让特点,下列哪些说法是正确的?
①因捕鱼作业的需要,渔场内的渔船航向和航速缺少定常性;②为了保护渔具,渔船可能会冲向驶近的商船;③在商船驶近时,渔场内的渔船可能会指示渔具的方向;④在商船驶近时,渔场内的渔船均会保持航向和航速
   A. ①②   B. ③④
   C. ①②③   D. ④

6. 常见的渔具种类包括_____。
①拖网;②流网;③围网;④张网
   A. ②④   B. ①②
   C. ①②③④   D. ①③

7. 关于渔船捕鱼作业的特点,下列说法正确的是_____。
①渔船的动态容易根据其显示的号灯号型进行判断;②渔船捕鱼时航向航速是固定不变的;③因捕鱼作业的需要,渔船的航向航速缺少定常性;④因捕鱼作业的需要或保护网具的目的,渔船可能做出不利于避碰的行动
   A. ③④   B. ①②
   C. ①②③   D. ①②④

8. 流网捕鱼船放网结束后,网绳固定在_____端,网在_____方向。
   A. 船首;船首   B. 船尾;船尾
   C. 船中;左正横   D. 船中;右正横

9. 关于船舶在渔区的航行和避让,下列哪些说法是正确的?
①在渔船密集的水域,应以安全航速行驶;②按照海员通常做法和良好船艺要求,机动船应备车航行;③在渔区行驶应特别注意渔船的动态和其网具伸出的方向,在航机动船不仅应给从事捕鱼的渔船让路,而且还应当给没有在从事捕鱼的其他渔船让路
   A. ①   B. ①②
   C. ②③   D. ①②③

10. 关于船舶在渔区的航行和避让,下列哪些说法是正确的?
①应特别注意渔船为保护网具所采取的行动;②按照海员通常做法和良好船艺要求,机动船应避让渔区内所有的网具;③机动船在渔区行驶应给所有的渔船让路,包括不在从事捕鱼者

A.①   B.①②
C.②③   D.①②③

11. 船舶在渔区内航行时,_____。
    A. 按照避碰规则要求,机动船应避让渔区内所有的网具
    B. 按照海员通常做法和良好船艺要求,机动船应避让渔区内所有的网具
    C. 任何时候,渔船所设置的网具不应妨碍船舶的安全通行
    D. 只要不危及渔船或自身安全,机动船不必避让渔区内的网具

12. 互见中,机动船在航时避让从事拖网作业捕鱼的船舶,下列哪些说法是正确的?
    A. 避让双船对拖网的渔船,应避免从两船中间通过
    B. 避让单船拖网渔船时,从其船首通过的距离应大于从其船尾通过的距离
    C. 避让单船拖网渔船时应避免从其船尾通过
    D. 避让单船拖网渔船时应避免横越其前方

13. 在驶近渔区时,船舶应做好哪些准备?
    ①合理安排值班,加强瞭望;②了解渔区的环境特点;③渔船密度很大时,尽可能绕过渔区;④必要时备车航行
    A.③④   B.①②
    C.①②③   D.①②③④

14. 在进入渔区航行前,船舶应了解哪些情况?
    ①渔区内渔船的密集程度;②航行危险物的分布;③渔船的作业方式;④水文气象情况
    A.③④   B.①②③④
    C.①②③   D.①②

15. 在不得不穿越渔区时,船舶应当_____。
    ①选择渔船密度较小的水域穿越;②备车航行;③以安全航速行驶;④按规定使用声响灯光信号
    A.③④   B.①②③
    C.①②③④   D.①②

16. 当发现两拖网渔船航向相反行驶进行放网作业时,宜_____。
    A. 从两船中间通过   B. 从其下风流侧绕过
    C. 从其上风流侧绕过   D. 从下风船的船首通过

17. 在渔区航行和避让渔船时,下列说法正确的是_____。
    ①应避开渔船的渔具;②误入渔网或穿过渔网时,应立即停车尚航,以免渔网缠入螺旋桨;③应密切注意渔船的动向和意图;④应仔细观察渔船的显示的信号和海面上渔具的标志
    A.①③④   B.②③
    C.①②   D.①②③④

18. 在渔区航行和避让渔船时,下列说法正确的是_____。
    ①应仔细观察渔船显示的信号和海面上渔具的标志,了解渔具的伸出方向和长度;②应密切注意渔船采取的行动;③渔船突然采取的行动通常可能是为保护其渔具的安全;④避让渔船的安全通过距离应考虑其渔具

A.①③④   B.②③
C.①②   D.①②③④

参考答案

第一节　航行值班的基本原则

1. C   2. C   3. B   4. C   5. D   6. C   7. C   8. D   9. D   10. B
11. C 12. D 13. C 14. C 15. B 16. D 17. D 18. D 19. C 20. D
21. C 22. D 23. A 24. B 25. B

第二节　驾驶台值班驾驶员的责任

1. D   2. B   3. C   4. B   5. A   6. B   7. A   8. A   9. B   10. D
11. A 12. D 13. A

第三节　瞭望的要求

1. D   2. C   3. D   4. D   5. C   6. C   7. D   8. B   9. C   10. D
11. C 12. A

第四节　驾驶台交接班

1. D   2. D   3. D   4. B   5. C   6. D   7. B   8. C   9. A   10. A
11. D 12. C 13. C 14. C 15. D

第五节　船舶航行、操纵和避让行动的有关要求

1. B   2. A   3. B   4. D   5. C   6. C   7. D   8. D   9. C   10. C
11. C 12. D 13. A 14. A 15. A 16. D 17. C 18. D 19. C 20. D
21. D 22. B 23. B 24. B 25. A 26. C 27. C 28. B 29. C 30. C
31. C 32. B 33. C 34. A 35. C 36. C 37. B 38. A 39. C 40. C
41. B 42. B 43. C 44. C

第六节　锚泊时驾驶台人员的职责

1. C   2. B   3. B   4. B   5. C   6. C   7. A   8. D

第七节 港内以及装卸危险品时驾驶员的职责

1. D 2. D

第八节 渔区航行与避让

1. B 2. C 3. D 4. C 5. C 6. C 7. A 8. A 9. B 10. B
11. B 12. A 13. D 14. B 15. C 16. C 17. D 18. D

答案解析

第一节 航行值班的基本原则

1. C。保持安全值班的目的：避免船舶发生海难事故；保证船舶随时处于适航状态；保护海洋环境；保证船舶所装货物得到妥善保管；避免船舶受到保安威胁。

4. C。我国值班规则也明确规定，在船舶可能面临保安威胁或存在保安风险时，应保持适当和有效的保安值班。

5. D。为了能切实做到值班人员适于值班，在 STCW 规则第 A-Ⅷ/1 节中，对值班人员的休息时间的控制做出了如下强制性的规定：1. 主管机关应考虑海员，特别是涉及船舶安全和保安工作职责的海员，由于疲劳所引发的危险。2. 为所有负责值班的高级船员或参与值班的普通船员以及涉及指定的安全、防污染和保安职责的人员提供的休息时间应不少于：.1 任何 24 小时内最少 10 小时；以及 .2 任何 7 天内 77 小时。3. 休息时间可以分为至多不超过 2 个时间段，其中一个时间段至少要求有 6 小时，连续休息时间段之间的间隔不应超过 14 小时。

7. C。在运用 STCW 规则第 A-Ⅷ/1 节时，应考虑以下各项：1. 所制定的防止疲劳的规定应确保不采取过多的和不合理的整段工作时间，特别是第 A-Ⅷ/1 节规定的最少休息时间不应解释为暗示所有其他时间可用于值班或履行其他职责；2. 休息时段的次数和长短以及准予的补休是一段时间内防止疲劳的关键因素；以及 3. 对短航次的船舶，只要做出特殊的安全方面的安排可以有不同的规定。

8. D。为保证适于值班（fitness for duty），STCW 公约附则（规则Ⅷ/1—适于值班）要求各主管机关：1. 制定和实施值班人员以及被指定安全、防污染和保安职责的人员的休息时间制度；2. 确保值班制度的安排能使所有值班人员的效率不致因疲劳而受到影响，并且班次的组织能使航次开始的第一个班次及其后各班次人员均已充分休息，并在其他方面适于值班；3. 确保依据 STCW 规则第 A-Ⅷ/1 节的规定制定适当的措施以防止酗酒和滥用药物，并考虑 STCW 规则第 B-Ⅷ/1 节中的指导。

9. D。STCW 规则第 A-Ⅷ/1 节对酒精的控制做出了强制性规定，要求主管机关对正在履行安全、保安和海洋环境职责的船长、高级船员和其他海员设定血液酒精浓度（BAC）不高于 0.05% 或呼吸中酒精浓度不高于 0.25 mg/L，或可导致该酒精浓度的酒精量的限制。

10. B。我国值班规则第 125 条至第 127 条，对船员滥用药物和酗酒做了如下规定：(1) 船员不得酗酒。值班人员在值班前 4 小时内禁止饮酒，且值班期间血液酒精浓度（BAC）不高于 0.05% 或呼吸中酒精浓度不高于 0.25 mg/L。(2) 船员不得服用可能导致不能安全值班的药物。(3) 航运公司应当制定相应的措施防止船员酗酒和滥用药物。船员履行值班职责或有关安全、防污染和保安值班职责的能力受到药物或酒精的影响时，不得安排其值班。

11. C。STCW 规则第 A-Ⅷ/2 节海上值班部分规定，在决定可能包括合格的普通船员在内的驾驶台值班组成时，应特别考虑下列因素：1. 在任何时候，驾驶台不许无人值守；2. 天气情况、能见度以及是否白天或黑夜；3. 接近航行危险物可能需要负责航行值班的高级船员执行额外的航行职责；4. 助航仪器，如电子海图显示与信息系统（ECDIS）、雷达或电子定位仪以及任何其他影响船舶安全航行的设备的使用和工作状态；5. 船上是否装有自动操舵装置（automatic steering）；6. 是否需要执行无线电职责；7. 装备在驾驶台上的无人机舱（USM）控制装置、警报和指示器及其使用程序和局限性；8. 特殊的操作环境可能导致对航行值班的出乎寻常的任何要求。我国值班规则则进一步强调，在确定驾驶台值班人员组成时，为保证安全航行需要，应保证驾驶台 24 小时值守。

12. D。当船舶锚泊或系泊时，为始终安全应保持适当和有效的值班。如果船上载有有害货物，值班安排应充分考虑到有害货物的性质、数量、包装、积载以及当时船上、水上或岸上的任何特殊情况。

14. C。主管机关应使公司、船长、轮机长和全体值班人员注意到 STCW 规则中应遵守的要求、原则和指南，以确保在所有海船上始终保持安全、连续并适合当时环境和条件的值班。

15. B。在紧急或在其他超常工作情况下不必要保持规定的关于休息时间的要求。紧急集合演习、消防和救生演习，以及国家法律与规则和国际文件规定的演习，应以对休息时间的干扰最小并不导致船员疲劳的形式进行。

17. D。STCW 规则第 A-Ⅷ/2 节海上值班部分规定，在决定可能包括合格的普通船员在内的驾驶台值班组成时，应特别考虑下列因素：1. 在任何时候，驾驶台不许无人值守；2. 天气情况、能见度以及是否白天或黑夜；3. 接近航行危险物可能需要负责航行值班的高级船员执行额外的航行职责；4. 助航仪器，如电子海图显示与信息系统（ECDIS）、雷达或电子定位仪以及任何其他影响船舶安全航行的设备的使用和工作状态；5. 船上是否装有自动操舵装置（automatic steering）；6. 是否需要执行无线电职责；7. 装备在驾驶台上的无人机舱（USM）控制装置、警报和指示器及其使用程序和局限性；8. 特殊的操作环境可能导致对航行值班的出乎寻常的任何要求。我国值班规则则进一步强调，在确定驾驶台值班人员组成时，为保证安全航行需要，应保证驾驶台 24 小时值守。

19. C。采取必要的措施，加强安全值班，以高度戒备和特别的谨慎进行值班，可以大幅度减少事故的发生。为此：1. 船长和大副应合理组织、安排值班人员的工作和休息，避免值班人员在未得到足够休息的情况下，继续值下一个班，造成连续疲劳，以保证值班人员在值班时具有充足的体力和精力;2.当值班与正常工作规律由于某些原因被破坏时,船长应对值班人员的疲劳程度进行观察和判定,以确定是否影响安全值班;3.当发现负责值班的高级船员有疲劳的症状,但仍能担任其职责时,在值班的组成上应考虑配备精力充沛的其他人员配合其值班;4.当发现负责值班的高级船员因疲劳的影响难以保证安全值班时,应毫不犹豫地进行调整,使之得到适当的休息,以利于下一个班次时能够胜任职责的要求;5.负责值班的高级船员如在航行值班时,由于工作强度过大,感到疲劳以至于难以保证安全值班的情况下,应毫不犹豫地通知船长;6.为保证安全值班,必要时船长应亲自到驾驶台值班。

22. D。值班规则规定,制订航行计划应至少包括以下内容:1.航线的总里程和预计航行的总时间;2.预计航线上的气象情况和海况;3.各转向点的经纬度;4.各段航线的航程和预计到达各转向点的时间;5.复杂航段的航法以及对航线附近的危险物的避险手段;6.特殊航区的注意事项。

第三节 瞭望的要求

4. D。瞭望人员和舵工的职责是分开的,舵工在操舵时不应视为瞭望人员,除非在某些小船上,操舵位置具有四周无遮挡的视野并且没有夜视障碍或其他保持正规瞭望的妨碍。

12. A。为保持正规瞭望值班安排应考虑的因素。在判断航行值班的组成是否足以保证能连续保持正规瞭望时,船长应考虑所有的相关因素,其中包括值班安排、值班时应遵循的基本原则中所述的因素和以下因素:(1)能见度,天气状况和海况;(2)通航密度,和发生在船舶航行区域内的其他活动;(3)当航行在分道通航制或其他定线制水域内或附近时必要的注意;(4)由船舶功能的性质、即时操纵要求和预期操纵所引起的额外工作量;(5)应召并被指定为值班人员的任何船员适于值班的情况;(6)船舶高级船员和普通船员的专业适任知识和自信心;(7)每个负责航行值班的高级船员的经验和对船舶设备、规程和操纵能力的熟悉程度;(8)任何特定时刻船上发生的活动,包括无线电通信活动和必要时召唤人员立即到驾驶台给予协助的可能性;(9)驾驶台的仪器和控制台,其中包括报警系统的工作状况;(10)舵和推进器的控制以及船舶操纵特性;(11)船舶尺度和指挥位置的视野;(12)驾驶台的结构,这种结构可能对值班人员利用视觉或听觉探测外部情况所造成的妨碍程度;以及(13)IMO通过的涉及值班安排和适于值班的任何其他有关标准、程序和指南。

第五节 船舶航行、操纵和避让行动的有关要求

35. A。如果负责航行值班的高级船员对引航员的行动或意图有所怀疑,他应要求引航员予以澄清,如果仍有怀疑,应立即报告船长,并在船长到达之前采取必要的行动。

36. C。尽管引航员有其职责和义务,他们在船上引航并不解除船长或负责航行值班的高级船员对船舶安全所负的职责和义务。船长和引航员应交换有关航行程序、当地情况和船舶性能等情况。船长和负责航行值班的高级船员应与引航员密切合作,并保持对船舶的

位置和动态进行精确的核对。

37. B。引航过程中值班高级船员的职责：1. 检查引航员软梯及扶手柱系固情况以及照明、救生圈和行李绳准备情况，亲自接送引航员安全登离船。2. 在引航过程中，并不解除值班驾驶员的职责，仍应认真瞭望、勤测船位、监车监舵，注意摇车钟及传达车钟令的正确性，正确记录船舶动态。3. 按引航员要求布置水手悬挂信号。4. 船长不在驾驶台时，若对引航员行动意图有所怀疑，应请求引航员予以澄清。如果仍有怀疑，应立即报告船长，并在船长到达之前采取必要的行动。5. 值班驾驶员应注意引航员舵令与水手操舵的一致性和正确性。

第五章

搜寻与救助

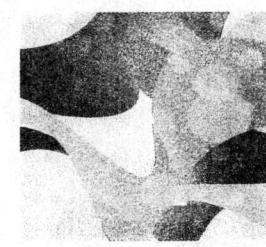

第一节 遇险和应急信号

1. 船舶遇难需要救助时,应_____使用《国际海上避碰规则》附录四(遇险信号)1款规定的信号。
   A. 分别　　　　　　　　　　　B. 一起
   C. 分别或一起　　　　　　　　D. 同时使用两种以上

2. 关于《国际海上避碰规则》附录四(遇险信号)1款规定的信号,下列做法正确的是_____。
   ①可同时使用多种信号;②船舶演习不能使用;③船舶在演习时可以短时间使用或显示;④船舶在演习时可以使用接近《国际海上避碰规则》附录四1款规定的信号
   A. ①②　　　　　　　　　　　B. ②③
   C. ③④　　　　　　　　　　　D. ①③④

3. 船舶在下列什么情况下可以使用一面方旗放在一个球体的上方或下方所组成的信号?
   ①主机故障停车漂航;②船体严重倾斜需要救助;③进行消防演习;④弃船后需要救助落水者
   A. ①②③④　　　　　　　　　B. ②④
   C. ①②　　　　　　　　　　　D. ③④

4. 一机动船在大风浪中失去动力需要救助时,可以使用下列哪些信号?
   ①连续不断燃放火光;②任何雾号器具连续发声;③每隔1分钟鸣放爆炸信号一次;④橙色烟雾信号
   A. ①②③④　　　　　　　　　B. ②④
   C. ①②③　　　　　　　　　　D. ③④

5. 下面有关"遇险信号使用方法"的说法,正确的是_____。
   A. 只能使用诸多遇险信号中的一种
   B. 可以同时使用诸多遇险信号中的几种
   C. 只能同时使用诸多遇险信号中的两种
   D. 当需要他船援助时即可使用

6. 下列信号中属于遇险信号的是_____。
   ①由无线电示位标发出的信号;②两臂侧伸,缓慢而重复地上下摆动;③以雾号器具连续发声
   A. ①　　　　　　　　　　　　B. ①②

C. ②③ D. ①②③

7. 下列信号中属于遇险信号的是_____。
   ①每隔1分钟鸣放爆炸信号一次;②船上的火焰;③以雾号器具连续发声
   A. ① B. ①②
   C. ②③ D. ①②③

8. 下列信号中属于遇险信号的是_____。
   ①至少五次短而急的闪光;②船上的火焰;③以雾号器具连续发声
   A. ① B. ①②
   C. ②③ D. ①②③

9. 下列信号中哪个不是遇险信号?
   A. 至少五次短而急的闪光 B. 橙色烟雾信号
   C. 一面方旗在一球形体上方 D. 国际简语信号 N.C.

10. 用莫尔斯码发出的遇险信号是_____。
    A. 三短三长三短声 B. 三长声
    C. 三短声 D. 六短一长声

11. 无线电话发出的遇险语音信号是_____。
    A. MAYDAY B. SECURE
    C. PANPAN D. N.C

12. 下列信号中哪些是遇险信号?
    ①每隔1分钟鸣放号钟或号锣5秒;②一长声笛号;③红色突耀火光;④将海水染成橙色
    A. ①②③④ B. ②④
    C. ①②③ D. ③④

13. 下列信号中哪些是遇险信号?
    ①号钟连续发声;②任何雾号器具连续发声;③号锣连续发声;④号笛连续发声
    A. ①②③④ B. ②④
    C. ①②③ D. ④

第二节 搜寻基点和搜寻区域

1. 在搜寻遇险船时,确定搜寻基点时应考虑的因素中包括通报遇险的_____,以及在救助船到达现场前时间内,遇险船的_____。
   A. 时间和船位;漂移量 B. 损害情况;漂移量
   C. 损害情况;采取的行动 D. 时间和船位;采取的行动

2. 在搜寻遇险船时,确定搜寻基点后,开始搜寻阶段的最可能区域是以基点为中心_____。
   A. 边长为 10 n mile 的正方形 B. 半径为 15 n mile 的圆的外切正方形
   C. 半径为 10 n mile 的圆的外切正方形 D. 半径为 20 n mile 的圆的外切正方形

3. 在搜寻遇险船时,确定搜寻基点后,开始搜寻阶段的最可能区域是以基点为中心,半径为_____的圆的外切正方形。

A. 40 n mile B. 30 n mile
C. 20 n mile D. 10 n mile

4. 确定搜寻基点时应考虑的因素包括_____。
①通报遇险的时间和船位；②各救助船到达遇险船船位的时间；③救助船到达之前的时间内，遇险船或其艇筏的漂移量
A. ①② B. ①③
C. ②③ D. ①②③

5. "搜寻基点"可理解为_____。
A. 遇险报警发出位置 B. 海面搜寻协调船船位
C. 进行搜寻的参考位置 D. RCC 或 RSC 的位置

6. 确定"搜寻基点"时，遇难船舶的漂移速度估算为_____。
A. 风压漂移速度和流压漂移速度代数和 B. 风压漂移速度和流压漂移速度矢量和
C. 风压漂移速度和流压漂移速度的乘积 D. 风压漂移速度和流压漂移速度取大者

第三节　搜寻模式

1. 为了使船舶和航空器进行有效的搜寻，需事先计划好_____。
A. 搜寻模式 B. 搜寻程序
C. 搜寻模式和搜寻程序 D. 搜寻模式或搜寻程序

2. IAMSAR Manual 规定的扇形搜寻方式适用于_____。
A. 海空协同搜寻 B. 多船搜寻
C. 单船搜寻 D. 两船协助搜寻

3. 在运用扩展正方形搜寻时，尽可能在基点处投下一艘救生筏或其他漂浮标志，用以_____。
A. 观测风流向 B. 观测其漂移速度
C. 便于遇难者发现 D. 便于其他救助船难者发现

4. 平行搜寻时，各船最初的航向通常应与_____方向一致。
A. 风向相反的 B. 风、流较强者
C. 流的方向 D. 遇险船的漂移

5. 平行搜寻时，搜寻速度通常_____。
A. 取最慢船舶能开出的最高船速，让所有的船舶都能参加平行搜寻
B. 取最快能开出的最高船速，以节省搜寻时间
C. 取各船能开出的最高船速，以节省搜寻时间
D. 与风流导致的漂移速度一致

6. 海空协同搜寻方式下，开始搜寻时，早到达的船舶应_____。
A. 首先开始扩展方形搜寻 B. 首先开始扇形搜寻
C. 首先开始直线搜寻 D. 等待飞机到来再开始搜寻

7. 风浪中救助落水人员时，救助船应先驶向落水者的_____，将_____救生艇放下，从_____靠拢落水者。

A. 上风;下风;上风   B. 上风;下风;下风
C. 下风;下风;上风   D. 下风;上风;下风

第一节 遇险和应急信号

1. C   2. A   3. B   4. A   5. B   6. D   7. D   8. C   9. A   10. A
11. A   12. D   13. A

第二节 搜寻基点和搜寻区域

1. A   2. C   3. D   4. D   5. C   6. B

第三节 搜寻模式

1. C   2. C   3. B   4. D   5. A   6. A   7. B

第一节 遇险和应急信号

3. B。这个是遇险信号,只有遇险需要救助时才能显示。

4. A。参考《规则》附录四遇险信号。

5. B。附录四中的遇险信号不论是一起还是分别使用或显示,均表示遇险需要救助;除为表示遇险需要救助外,禁止使用或显示附录四中任何信号以及可能与上述任何相混淆的其他信号。

6. D。参考《规则》附录四遇险信号。

7. D。参考《规则》附录四遇险信号。

8. C。参考《规则》附录四遇险信号。

9. A。参考《规则》附录四遇险信号。

10. A。参考《规则》附录四遇险信号。

11. A。参考《规则》附录四遇险信号。

12. D。参考《规则》附录四遇险信号。

13. A。参考《规则》附录四遇险信号。

第二节 搜寻基点和搜寻区域

1. A。搜寻基点的确定依据:(1)收到遇险的时间和位置;(2)当时的风流情况;(3)本船位置;(4)本船预计到达时间;(5)救助船驶抵现场前,已飞达现场的搜救飞机所作的情况估计;遇难船舶的漂移速度可由风压漂移和流压漂移的合速度进行估算,漂移方向为漂移速度的矢量方向。漂移距离等于漂移速度与漂移时间的乘积(事故发生时或上一次计算基准时间与搜寻开始时的时间间隔)。

2. C。基点位置确定以后,以此点为圆心,10海里为半径作一个圆,该圆的外切正方形则定位为开始搜寻阶段的最可能区域,如下图所示:

6. B。遇难船舶的漂移速度为风压漂移和流压漂移的合速度,漂移方向为漂移速度的矢量方向。

第三节 搜寻模式

2. C。扇形搜寻方式是适用于单船/单飞机搜寻的一种方式。

5. A。开展平行搜寻的速度以参加搜寻的最慢船的最高速度为准。

6. A。早到达的船舶应首先开始扩展方形搜寻,实施中如飞机赶到,则船舶仍继续其搜寻,飞机也应单独进入搜寻。

7. B。救助船驶往落水者的上风位置,在下风舷放下救生(助)艇,并将救生(助)艇驶停在遇险人员下风适当位置,向遇险人员投放可浮救生环,待遇险人员抓住救生环后将其拉到艇边后救上水面。

第六章 应急船舶操纵

第一节 抢滩

1. 关于船舶抢滩前的准备工作,下列正确的是_____。
   ①选择适宜的抢滩地点;②适当调整吃水差;③备锚;④报告有关当局
   A. ①②③④   B. ①③④
   C. ①②④   D. ①④

2. 船首抢滩时,应保持船身与等深线_____。
   A. 平行   B. 垂直
   C. 成尽可能小的角度   D. 任何角度皆可

3. 船舶抢滩时所抛下的锚起_____作用。
   ①稳定船身;②防船漂移;③有助于出滩
   A. ①②   B. ①③
   C. ②③   D. ①②③

4. 为保证安全和便于操纵,抢滩前后关于压载水的调整和操作程序应为_____。
   A. 抢滩前注入压载水,出滩时排出压载水
   B. 抢滩前排出压载水,出滩时注入压载水
   C. 抢滩前将船舶调整为平吃水,出滩时调为首倾
   D. 抢滩前将船舶调整为首倾,出滩时调为尾倾

5. 关于抢滩的地点,下列正确的是_____。
   ①有利于固定船舶;②尽可能靠近航道;③便于出滩作业;④便于救助作业
   A. ①②③④   B. ①②③
   C. ①③④   D. ③④

6. 抢滩使用的浅滩,最好是_____底质。
   A. 软泥   B. 泥、沙
   C. 礁石   D. 沙石

7. 抢滩时应考虑抢滩处的底质,尽量避免_____。
   ①泥沙;②沙砾;③软泥;④礁石
   A. ②③   B. ①④

C.①② D.③④

8. 船舶发生碰撞后有沉没危险而欲抢滩,选择抢滩地点应考虑_____。
   ①底质;②风流条件;③坡度;④水深
   A.②③④ B.①②③
   C.②③ D.①②③④

9. 船舶应考虑抢滩的情况包括_____。
   ①碰撞导致船体破损进水较快,难以控制;②触礁导致船体破损进水较快,难以控制;③船舶搁浅难以短时脱浅;④采用水消防系统连续长时间地向舱内冲水灭火最后会导致船身倾斜和倾覆的危险
   A.①④ B.②③
   C.①②③④ D.①②④

10. 为保证安全和便于操纵,如条件允许,抢滩时机应选择_____。
    A.高潮后落潮期间 B.低潮后涨潮期间
    C.高潮后平潮期间 D.低潮后平潮期间

11. 为保证安全和便于操纵,抢滩后合适的出滩时机应为_____。
    A.高潮后落潮期间 B.高潮前涨潮期间
    C.高潮后平潮期间 D.低潮后平潮期间

第二节 船舶搁浅前后的措施

1. 当发现本船搁浅已难以避免时,如不明浅滩范围和形状,应_____。
   A.立即停车 B.立即倒车
   C.左满舵 D.右满舵

2. 当发现本船搁浅已难以避免时,如明了浅滩仅仅是航道中新生成的小沙滩,应_____。
   A.立即停车 B.全速前进
   C.左右交替满舵 D.全速前进并左右交替满舵

3. 当搁浅不可避免时,应采取的正确措施是_____。
   ①快车冲过;②设法减小船的冲力;③尽力保护好车舵
   A.①②③ B.①②
   C.②③ D.①③

4. 当搁浅不可避免时,若明了航向与浅滩边线接近垂直,应采取的正确措施是_____。
   ①快倒车;②抛双锚;③操满舵;④置车舵于深水区
   A.①②④ B.①③④
   C.②③④ D.①②③④

5. 船舶搁浅后,在情况不明时,应_____。
   A.立即全速后退脱浅
   B.开车使船尾转向深水保护车舵
   C.操左右满舵并进车松动船体后再全速倒出

D. 立即查明情况,然后再行动

6. 通过吃水与水深的比较,可判断船体搁浅部位和程度。若搁浅当时吃水小于搁浅前吃水又大于舷边水深,说明此处船体_____。
   A. 搁浅
   B. 未搁浅
   C. 搁浅且陷入海底
   D. 情况不明

7. 搁浅后,可通过所测得的水深与船舶吃水的比较,判断_____。
   ①搁浅部位;②搁浅程度;③浅滩底质
   A. ①②③
   B. ②③
   C. ①②
   D. ①③

8. 船舶搁浅后,可能存在_____危险。
   ①偏转;②向岸推移;③墩底;④加重搁浅;⑤倾覆
   A. ①②③④⑤
   B. ③④⑤
   C. ①②④⑤
   D. ②③④

9. 船舶发生搁浅后,首先应当采取的措施是_____。
   A. 立即采取倒车脱浅的措施
   B. 立即采取停车措施,在完全了解搁浅情况前不随意采取转向、用车等措施
   C. 立即操舵,使得船首转向深水一侧水域
   D. 立即加速前进,尽可能尽快脱浅

10. 船舶在发生搁浅后所立即采取的措施中,最忌讳的是_____。
    A. 停车
    B. 抛锚
    C. 评估搁浅的态势
    D. 盲目用车、用舵

11. 船舶搁浅后一般可能发生的危险情况包括_____。
    ①墩底;②向岸漂移;③打横;④尾淹
    A. ①②③
    B. ②③④
    C. ①②④
    D. ①②③④

12. 船舶搁浅后,应对搁浅状况进行初步评估,包括_____。
    ①天气和海况、潮流和潮汐情况;②船上人员的安全状况、船舶损坏情况;③海底底质、海岸线和水深分布;④进一步损失的危险性
    A. ①④
    B. ①②③
    C. ①②③④
    D. ②④

13. 关于船舶搁浅后初始损害的评估和控制,下列哪些说法正确?
    ①忌盲目动车;②立即检查或关闭与海底相通的水密门盖;③液舱测量;④采取适当的措施保护船体
    A. ①②③④
    B. ②③④
    C. ①②③
    D. ①③④

14. 搁浅船舶需固定船体的情况包括_____。
    A. 短时间内就能安全脱浅,因风浪影响而墩底、打横或翻沉
    B. 短时间内不能安全脱浅,因风浪影响而墩底、打横或翻沉

C. 短时间内就能安全脱浅,因风浪影响而可自由脱浅的情况
D. 短时间内不能安全脱浅,因风浪影响而可自由脱浅的情况

15. 关于船舶搁浅后应采取的措施,下列哪些说法正确?
①正确显示信号;②及时报告;③确定搁浅的船位;④确定搁浅的部位和程度
A. ①②③④   B. ①②③
C. ②③④   D. ①③④

16. 船舶搁浅后的损失的排水量可根据_____进行估算。
①搁浅前船舶的平均吃水;②搁浅后的船舶的六面吃水;③船底和海底的摩擦系数
A. ①②   B. ①③
C. ②③   D. ①②③

17. 如船舶一端或一舷搁浅,而另一端或另一舷有足够的水深,则可移动_____进行脱浅。
A. 压载水、燃油或货物   B. 淡水、燃油或货物
C. 压载水、淡水、燃油   D. 压载水、淡水、燃油或货物

18. 利用拖船脱浅时,需计算_____。
①搁浅船的损失排水量;②脱浅所需拖力;③所需拖船的功率;④脱浅时的潮高和潮时
A. ①②③   B. ①②③④
C. ②③   D. ④

19. 在搁浅船与浅滩垂直或接近垂直且船首向没有明显变化的情况下,最佳的脱浅方向通常是_____。
A. 船舶搁浅航向的相同方向   B. 船舶搁浅航向的相反方向
C. 船舶搁浅航向的垂直方向   D. 脱浅当时风流相反方向

第三节　船舶碰撞前后的处置

1. 在航行中两船碰撞不可避免的情况下,为了减小碰撞损失,可采取哪项措施?
A. 全速倒车右满舵   B. 全速倒车
C. 全速进车左满舵   D. 立即停车并维持航向

2. 在碰撞不可避免的情况下,为了减小本船的碰撞损失,在操船方面应尽力避免哪些部位被他船船首撞入?
A. 机舱或船中   B. 船首或船尾
C. 船尾或机舱   D. 船首或船中

3. 当我船船体被他船撞入时,应报告船长并关闭水密门、检查破损,并尽可能_____。
A. 加速以减小进水量,操船使破损处处于下风
B. 停船以减小进水量,操船使破损处处于下风
C. 加速以减小进水量,操船使破损处处于上风
D. 停船以减小进水量,操船使破损处处于上风

4. 被他船撞入的船舶应_____。
①尽可能使本船停住(消除对水速度),减少进水量;②迅速关闭破损舱室前后的水密装置;

③进行排水及堵漏工作
A. ①②③ B. ①②
C. ①③ D. ②③

5. 船舶发生碰撞,甲船撞入乙船船体时,甲船应采取的操纵措施是_____。
A. 立即停车以防破洞扩大 B. 立即开微进车,顶住对方减少进水量
C. 立即倒车退出,组织进行堵漏抢救 D. 先用缆绳相互牢固系住

6. 当我船首撞入他船船体时,我船应_____。
A. 立即停车 B. 倒车退出
C. 微速进车顶住 D. 半速进车顶住

7. 当我船船首撞入他船船体时,我船应_____。
A. 立即倒车脱出,并检查本船损失情况
B. 立即倒车脱出,以防止本船造成更大损失
C. 全速进车顶住破损部位,顶驶至附近使他船抢滩
D. 微速进车顶住破损部位,有沉没危险时可考虑顶驶至附近使他船抢滩

8. 当本船船首撞入他船船体后,被撞船舶有沉没的危险,可_____。
A. 快速倒车撤离,避免他船沉没危及本船
B. 转向与他船并靠,并用缆绳系住
C. 全速进车顶住
D. 征得他船同意后顶向附近浅处搁浅

9. 当我船船体被他船撞入后,为减少进水量,应_____。
①尽可能使本船停住;②关闭破损舱室前后的水密装置;③进行排水及堵漏工作;④使破损处位于上风侧
A. ①②③④ B. ①②③
C. ②③ D. ④

10. 船舶碰撞后的损害程度与两船相对运动速度和碰撞角度有关,两船相对运动速度_____,碰撞角度越接近_____,碰撞损失越大。
A. 越小;平行 B. 越小;垂直
C. 越大;垂直 D. 越大;平行

11. 下列航行中船舶发生碰撞后的紧急处置措施正确的是_____。
①报告船长;②检查破损情况;③派人测量油舱和水舱;④关闭进水舱室邻近舱室的水密门
A. ①②③④ B. ①②
C. ①②③ D. ①③④

12. 船体进水后一般都引起纵倾和横倾的变化,保持船舶正浮的方法包括_____。
①排出法;②注入法;③移载法;④转驳法
A. ②③ B. ②③④
C. ①③④ D. ①②③④

13. 船舶发生碰撞后续航时应_____。
①减速航行;②密切注意各舱水位;③尽可能近岸航行;④密切注意气象变化

A.①②③ B.②③
C.①②③④ D.②

14. 船舶发生碰撞后续航,应使碰撞损伤部位处于_____,并尽可能_____船舶的摇摆幅度。
   A. 上风侧；减小 B. 下风侧；减小
   C. 上风侧；保持 D. 下风侧；保持

第四节　海上拖带

1. 确定海上拖航速度考虑的因素应包括_____。
   ①被拖船阻力大小；②风浪流等拖航条件；③拖缆安全使用强度；④拖船的剩余推力
   A.①②③ B.①②③④
   C.①②④ D.②③④

2. 关于海上应急拖带时应急通信的建立,下列说法正确的是_____。
   ①确定通信设备；②确定通信频率；③专人值守；④双方其他约定
   A.①②③④ B.①②③
   C.①②④ D.②③④

3. 海上拖带时,拖缆的选用一般考虑_____。
   A. 有一定的强度,长度越短越好
   B. 有一定的强度,长度越长越好
   C. 有一定的强度、长度和适当的重量,并形成一定的悬垂部分
   D. 有一定的强度、长度和适当的重量,悬垂部分越小越好

4. 海上拖航起拖时的正确操作是_____。
   A. 微速进车、缆绳绷紧、稍微加大转速
   B. 微速进车、缆绳受力到一定程度即停车、缆绳松弛后再用车
   C. 微速进车、缆绳刚一受力即停车、紧接着再用车
   D. 微速进车、使缆绳缓缓受力

5. 在大风浪中拖带航行应尽量采取_____。
   A. 顶浪航行 B. 顺浪航行
   C. 斜浪航行 D. 滞航方法

6. 海上拖带时,被拖船发生偏荡,为了减轻偏荡,下述措施哪项不正确?
   A. 增加拖缆长度 B. 降低拖航速度
   C. 使被拖船尾倾 D. 拖缆加抑制索

7. 当在狭水道拖带时,应将拖缆适当_____。
   A. 缩短 B. 放长
   C. 不用调整 D. 放长或缩短均可

8. 当拖带速度提高时,应将拖缆适当_____。
   A. 缩短 B. 放长
   C. 不用调整 D. 放长或缩短均可

9. 从事海上拖带的船由深水区进入浅水区,应_____。

A. 加长拖缆,增大拖速　　　　　　　B. 缩短拖缆,增大拖速

C. 缩短拖缆,降低拖速　　　　　　　D. 加长拖缆,降低拖速

10. 实际拖航中,可通过拖缆的悬垂量来判断拖缆所受张力是否处于允许范围,下列说法正确的是_____。

A. 一旦露出水面,说明拖缆张力小于允许范围,即应加速

B. 一旦露出水面,说明拖缆张力小于允许范围,即应减速

C. 一旦露出水面,说明拖缆张力大于允许范围,即应加速

D. 一旦露出水面,说明拖缆张力大于允许范围,即应减速

第一节　抢滩

1. A　2. B　3. D　4. A　5. C　6. B　7. D　8. D　9. D　10. A
11. B

第二节　船舶搁浅前后的措施

1. A　2. D　3. C　4. A　5. D　6. C　7. C　8. A　9. B　10. D
11. A　12. C　13. A　14. B　15. A　16. A　17. A　18. B　19. B

第三节　船舶碰撞前后的处置

1. B　2. A　3. A　4. B　5. B　6. A　7. B　8. A　9. B　10. C
11. A　12. D　13. C　14. B

第四节　海上拖带

1. B　2. A　3. C　4. B　5. D　6. A　7. A　8. B　9. C　10. D

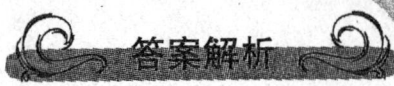

第一节　抢滩

1. A。抢滩前的准备工作:选择适宜的抢滩地点;适当调整吃水差;备双锚;报告有关当局。

2. B。船舶抢滩,最好选择垂直抢滩,尽可能避免船侧抢滩。垂直抢滩有利于出滩,避免车舵损坏的风险;避免落潮时船舶倾斜,甚至倾覆的风险。船首抢滩时,尽可能保持船舶首尾线与岸线垂直,慢速接近,适时停车,使船舶缓慢地接触滩涂。速度过大,不但易损坏船体,而且不利于出滩。

3. D。船首上滩时,可抛下双锚,以便稳定船体和利于出滩。若抛锚将影响抢滩效果,也可在抢滩后,用专业救助拖船或重吊将锚向后抛出。

4. A。抢滩前应向压载水舱注入压载水,将船舶吃水差调整到与抢滩坡度相适应,如可行应于低潮时进行。出滩时,应选择在高潮前的涨潮期间进行操作。排出压载水,高潮位到来时收绞双锚,配合主机倒车,将船舶慢慢脱出滩涂。

5. C。周环境应便于固定船舶,应让出航道以利于出滩作业和施救工作进行。

6. B。泥、沙或沙砾地质均适于船舶抢滩,但软泥地质易导致船体下沉而难以脱浅,活沙地质则不易固定船体。此外附近应无礁石。

8. D。抢滩应考虑的因素包括地质、风和流、水深、坡度、周围环境。

9. D。如果碰撞后水线附近或以下破损范围较大,无法进行堵漏,大量进水,排水的速度跟不上进水的速度,估计船舶有沉没的危险,附近有浅滩时,可考虑采取抢滩措施。

10. A。尽可能选择潮流较小的场所进行抢滩,并应在高潮后落潮期间进行抢滩。尽可能选择港湾内风浪遮蔽良好或当地盛行风的下风场所。

11. B。出滩应选择在高潮前的涨潮期间进行操作。

第二节 船舶搁浅前后的措施

1. A。航行中,发现搁浅不可避免时,应根据船舶所处的情况和环境采取如下行动:(1)如不明搁浅水域的地形和地貌,应立即停车,可行时立即抛双锚;(2)如明了搁浅水域情况,船尾方向水域开阔水深充裕,且船舶航向与浅滩垂直,应立即停车、倒车,可行时抛双锚;(3)如明了搁浅处仅为航道中新生的小沙滩,应全速前进并左右交替满舵。

4. A。如明了搁浅水域情况,船尾方向水域开阔水深充裕,且船舶航向与浅滩垂直,应立即停车、倒车,可行时抛双锚。

5. D。船舶搁浅后立即行动:(1)搁浅情况未判明前不应盲目动车脱浅;(2)运用一切可能的手段保证船舶整体水密性;(3)显示适当的船舶搁浅信号;(4)通知轮机员更换高水位进水口;(5)通知有关主管机关和其他有关机构。

6. C。船体部分搁浅时如发现某部位搁浅后的吃水大于搁浅前的吃水且小于舷边水深,则表明该部位未搁浅。如搁浅后的吃水小于搁浅前的吃水又等于舷边水深,则表明该部位已搁浅,且搁浅后的吃水与搁浅前的吃水差异越大,表明搁浅越严重。如搁浅部位的吃水小于搁浅前的吃水又小于舷边水深,表明此处船体搁在海底突出物上。如搁浅部位的吃水大于舷边水深,说明此处船体陷入海底。

9. B。搁浅情况未判明前不应盲目动车脱浅。

11. A。船舶搁浅后,可能存在偏转、向岸推移、墩底、加重搁浅、倾覆等危险。

12. C。船长或驾驶员应对搁浅船的态势进行初步评估,包括但不限于下列各项:(1)船上人员的安全状况;(2)天气和海况,包括预报情况;(3)潮流和潮汐情况;(4)船舶周围水域的海底底质、海岸线和水深情况;(5)船舶损坏情况,以及已发生的污染和潜在污染的危险性;(6)进一步损失的危险性;(7)保持通信畅通的情况;(8)船体与海底之间的作用力;(9)车、舵状况;(10)脱浅后船舶的吃水和纵倾情况。

16. A。船舶搁浅后,船底与海底接触,吃水将比搁浅前减少,将减少的吃水乘以每厘米吃水吨数,即可计算出船舶损失的排水量。

17. D。船舶的一端或一舷搁浅,而另一端或另一舷有足够的水深,则可移动燃油、淡水、压载水或货物的方法减少搁浅一端或一舷的压力,再配合主机、锚使船舶脱浅。移载脱浅前必须经过准确的计算,以防脱浅后船体产生过度的纵倾或横倾而发生危险。在一舷搁浅而海底又陡峭时,此方法不宜使用。

第三节 船舶碰撞前后的处置

1. B。无论由于何种原因导致碰撞不可避免,船舶驾引人员都应运用良好船艺,采取减少碰撞损失的应急措施。这些措施包括:(1)如可行,应采取紧急措施避免碰撞部位发生在船中或机舱附近,最好使两船平行擦碰,如不能则应尽量使船首部位碰撞。(2)如可行,采取大角度紧急转向措施减小碰撞角度,避免"T"形碰撞。(3)全速后退,可行时抛双锚并借助拖船,降低船速,以减小撞击能量。

3. B。当我船船体被他船撞入后,应尽可能减小或消除船舶纵向惯性速度,使本船停住(消除对水速度),以减少进水量,并迅速关闭破损舱室前后的水密装置,进行排水及堵漏工作。当确认船舶没有沉没的危险,且船舶本身的排水、堵漏器材能控制进水量后,方可同意对方倒车脱出。如果是一舷船体受损且破损部位位于水线附近时,应尽可能操纵船舶使破损部位处于下风侧。

5. B。当我船船首撞入他船船体后,应首先开微速进车顶住对方。为使本船能与对方船体靠紧以减少进水量和防止滑出,有时可互用缆绳系住,并配合用车,保持顶住对方破洞的姿态,以减少他船的进水量。如被撞船舶有沉没的危险且附近有浅滩,经对方同意后,可将他船顶向浅处搁浅。

12. D。船体进水后一般都引起纵倾和横倾的变化。应详细测量各油舱、水舱的液位变化情况,利用排出、注入(对称灌注)、移载和转驳等方法保持船舶的浮态。

13. C。船舶碰撞受损后,如继续航行操纵应谨慎,并做到:(1)减速航行,密切注意进水的变化并应详细记录;(2)航线设计应选取近岸航线并勤测船位;(3)密切注意气象变化,查明临近海域可供避风的锚地,风力增大应立即择地避风,切勿心存侥幸;(4)与附近海岸及公司保持密切联系,使公司及时掌握船位及航行情况;(5)保护好损伤部位,尽量使之处于下风舷,经常根据实际情况调整航向和航速;(6)风浪大时尽量减少船舶的摇摆,无法继续航行时可考虑在海上滞航。

第四节 海上拖带

1. B。拖航速度取决于拖缆强度、被拖船的阻力和拖船的剩余推力等因素。在拖航中应充分考虑风、浪、流等气象条件的影响。

3. C。拖缆一般用锚链、钢丝缆或尼龙缆组合而成,要求有一定的长度和适当的重量,并能形成一定的悬垂部分,以便具有充分的缓冲。

4. B。两船拖缆牢固系结之后才可起拖。起拖时应使用微速进车,并尽可能反复使用停车、微速进,在保持拖缆有一定悬垂量的条件下,使被拖船渐渐加速;待拖速达到 2 kn 时,可分段加速,每段加速以 0.5 kn 左右为宜,并始终保持拖缆的悬垂量,直至达到预定的拖航速度。

5. D。大风浪中拖航,应尽可能采用滞航方法,以减轻拍底、打空车和上浪等危害。但当拖航危及拖船和被拖船安全时,可解掉拖缆停止拖航,双方进行漂航,待风浪小后再继续拖航。

6. A。拖航中,被拖船的偏荡运动不但影响拖航的稳定性,还可能增大拖缆的受力、增加拖缆的磨损以及偏离拖带航线等危险。发生偏荡时,应采取下列措施予以抑制:(1)尽可能增大被拖船的尾倾,并保持其正浮状态,以增加其航向稳定性。但对于船体受损的船舶,不宜采用注入压载水的方法。(2)降低拖航速度以减小偏荡幅度。(3)在被拖船的船尾拖曳一飘浮重物,可增加其航向稳定性。(4)调整拖缆的长度。适当地缩短拖缆的长度可减小偏荡幅度。(5)改变拖缆的系结方法,如在拖缆上增加抑制索,可减小偏荡幅度。

7. A。在拖航作业中,为了减少被拖船的偏荡和使拖船与被拖船在波浪中的摇摆比较协调以减小拖缆所受的冲击力,常常对拖缆的长度进行调整。在浅水中或降低拖航速度时,为了防止拖缆拖底,一般拖缆的长度应适当缩短;在狭水道航行时,为了改善其操纵性能,拖缆的长度也应适当缩短。

10. D。在深水的洋面上拖航时,悬垂量宜保持达拖缆长度的 6% 左右,务必使拖缆的中部没入水中。在实际拖航中,可通过观测拖缆的悬垂程度来判断拖航速度是否适当。拖航中拖缆保持符合要求的悬垂量,即说明拖缆所受的张力处于允许的范围之内,一旦发现拖缆露出水面或悬垂量极小,即应减速以缓解拖缆受力。

第七章 驾驶台资源管理

第一节 驾驶台资源管理概念、作用与目的

1. "船舶驾驶台资源管理"的目的是_____。
   ①通过进一步加强安全工作理念的学习与教育;②以便使船舶驾驶人员能在正确思想认识的基础上,提高与转变思想认识与理念,端正自己的工作态度;③熟悉与掌握一些实用的船舶资源管理的相关知识与方法;④进而提高自己在船舶安全管理方面的水平,确保船舶的航行安全
   A. ①②③④　　　　　　　　　　B. ①②③
   C. ①②④　　　　　　　　　　　D. ①③④

2. 船舶驾驶台资源管理的作用是使船舶驾驶员能更好做到_____。
   ①转变思想理念,端正工作态度;②提高情境意识,及时发现和中止失误链与事故链;③注重不同文化意识与背景,保持良好的通信与交流;④改进管理作风,提高操纵决策水平和应变能力;⑤执行规章制度与操作程序,确保船舶引航作业的安全;⑥提高船员的工作技能和业务能力
   A. ①②③④⑤⑥　　　　　　　　B. ①③④⑤⑥
   C. ①②④⑤⑥　　　　　　　　　D. ①②③④⑤

第二节 驾驶台资源的组成、分配与排序

1. 根据船舶驾驶台资源的优先排序下列哪项是最重要的?
   A. 人力资源　　　　　　　　　　B. 信息资源
   C. 物质资源　　　　　　　　　　D. 其他资源

2. 船舶驾驶台资源管理中的人力资源是指涉及船舶安全航行的所有人员,包括_____。
   ①船长;②引航员;③船舶驾驶员;④舵工;⑤保证船舶动力、导航和其他相关设备正常工作的其他人员
   A. ①②③④⑤　　　　　　　　　B. ①③④⑤
   C. ①②④⑤　　　　　　　　　　D. ①②③⑤

3. 信息资源是指涉及确保船舶本身正常航行和操作所需要的信息与资料,包括_____等。
   ①电子海图、AIS;②命令簿、操作手册、使用指导书;③海图、航次计划、航海出版物;④港口信息;⑤日常工作计划书

A.①②③④⑤ B.①②③④
C.①③④⑤ D.①②④⑤

4. "船舶驾驶台资源管理"的内容主要包括_____。
①分析人为失误和船舶事故的发生与预防之间的关系;②注意多元文化意识对船舶安全工作的影响;③阐述情境意识对船舶航行安全的作用;④提高和增进船员工作技能
A.①②③④ B.①③④
C.①②④ D.①②③

第三节 驾驶台组织结构及职责

1. 船舶驾驶台资源管理所涉及的组织属于_____。
   A. 具有共同情感的正式组织 B. 具有协作关系的非正式组织
   C. 具有协作关系的正式组织 D. 具有共同情感的非正式组织

2. 下列说法正确的是_____。
①组织是指管理者对组织内部人力和物力资源的协调;②组织的突出表现在对大量资源的合理调配进而达到其目标的能力;③组织的工作越是统一和协调,效率也就越高;④组织是指具有不同志向和意愿的人群的集群
A.①②③④ B.①②④
C.①③④ D.①②③

3. 船舶驾驶台组织形式属于_____。
   A. 直线式 B. 职能式
   C. 直线职能式 D. 矩阵式

4. 船舶驾驶台组织的作用和原则是_____。
①确定完成组织目标所必做的工作;②将工作合理地划分为具有可行性的个人行为;③将组织机制设计成便于协调组织成员工作的统一而且和谐的整体;④提高船员本人工作效率
A.①②③④ B.①②③
C.①②④ D.①③④

5. 关于团队的特点,下列说法错误的是_____。
   A. 团队领导应该是精英,必须能独当一面
   B. 团队成员有着共同的目标,为了完成这一目标,成员之间彼此合作,这是构成和维持团队的基本条件
   C. 团队成员之间分工不同,能有效地领导,但每个人又都为了实现共同的目标而承担着一定的责任
   D. 团队成员具备实现目标所必需的技术和能力,而且相互之间有能够良好合作的个性品质,从而能够出色完成任务

6. 驾驶台团队协作应努力做到以下_____。
①船舶团队工作人员应能临时与第三方进行良好合作;②船舶团队工作人员要防止任何人孤立地工作;③每一成员都需要充分利用自己的才能和技巧来完成既定的共同目标;④任何时

候,船长在确定工作目标时应自行决断并自行制订详细的计划;⑤船舶团队工作人员能够提出自己的观点、发表意见与评论

  A. ②③④⑤   B. ①③④⑤
  C. ①②④   D. ①②③⑤

第四节 通信与沟通

1. 船舶内部通信主要是_____。
①与机舱间的通信;②与报房间的通信;③与船首尾的通信;④与舵机间的通信;⑤船舶广播系统,船舶报警系统
  A. ①②③④⑤   B. ①②③④
  C. ①②③⑤   D. ①③④⑤

2. 船舶内部通信的主要手段是_____。
①口头;②电话;③对讲机;④电报
  A. ①②③④   B. ①②③
  C. ①②④   D. ①③④

3. 船上重要的沟通方式不包括下列哪项?
  A. 船上会议   B. 简要提示
  C. 值班命令   D. 电传

4. 船舶外部通信的有关方是_____。
①VTS;②引航站;③代理公司;④船公司;⑤船位报告系统
  A. ①②③④   B. ①②③④⑤
  C. ②③④⑤   D. ①②③⑤

5. 船舶与外部通信的要点是_____。
  A. 保持交流简短准确,把多余的交流降到最少
  B. 尽量全面详细准确,把要说明的事情反复说清,以免误解
  C. 使用标准航海英语,尽量详细说明你的通信意图
  D. 使用你的工作语言,尽量详细说明你的通信意图

6. 下列哪项不属于外部通信?
  A. 与船舶交管中心的通信   B. 与代理的通信
  C. 值班命令   D. 与引航站的通信

7. 下列对通信方式的叙述不正确的是_____。
  A. 船上会议、夜航命令、广播系统、VHF 等都可作为内部通信的手段
  B. 在船引航员与船长的充分交流属于外部通信
  C. 船长与引航站的通信属于外部通信
  D. 船长与本船船东的通信属于外部通信

8. 书面语言是一种通信和沟通方式,关于其优点,下列说法正确的是_____。
①能及时反馈;②适于传达复杂和难记的资料;③能准确表达内容,内容正规;④可复查

A. ②③④ B. ①③④
C. ①②④ D. ①②③

9. 有效沟通的原则是_____。
①准确、清晰、使用标准词语/短语；②使用标准程序；③提高听力技巧；④进行有效反馈
A. ①②③ B. ①②③④
C. ①②④ D. ①③④

10. 关于有效沟通的原则,下列叙述不正确的是_____。
A. 发出指令、接收指令和确认指令是标准的沟通程序
B. 沟通过程中,为确保接收者能够正确地理解,要求尽量地详细、全面和完整
C. 在传递信息前,发送者要针对沟通目的收集相关的内容和信息,避免对时间和精力的浪费
D. 发送者在接到复述者的回答后,应予以确认,如有错误要立即予以更正

11. 在船长与引航员的信息交流中,整个驾驶台的信息来源包括_____。
①船长；②引航员；③驾驶员和值班水手；④拖船员；⑤码头带缆工人
A. ①②③④ B. ②③④⑤
C. ①②③④⑤ D. ①②④⑤

12. 引航员在船引航时,值班驾驶员的主要和关键作用是什么?
A. 监视设备和船舶动态 B. 海图作业
C. 定位测深 D. 负责与港口的联络

13. 通信与沟通的人为障碍包括_____。
①语言和声音；②肢体语言和词语选择；③职位、背景、偏听；④压力、疲劳
A. ①②③④ B. ①②④
C. ①③④ D. ①②③

14. 改进船舶通信与沟通障碍的措施主要有_____。
①实际采用物理方法减小噪声；②通过资源管理避免精神不振；③设计改善设备的物理处所；④使用共同语言,加强语言技能培训,使用标准航海用语,增强文化意识；⑤合理安排工作时间减少压力和疲劳
A. ①②③④ B. ①②④⑤
C. ①③④⑤ D. ①②③④⑤

15. 通信与沟通的主要障碍有_____两大类。
A. 噪声障碍与语言障碍 B. 精神涣散与语言障碍
C. 物理障碍与人为障碍 D. 设备的物理处所障碍与人为障碍

第五节　决策

1. 决策应具有以下哪些特点?
①决策必须具有明确的目标性；②决策必须具有绝对的确定性；③决策必须具有一定的可行性；④决策必须具有唯一的选择性
A. ①② B. ②④

C. ①③   D. ③④
2. 决策应具有以下哪些特点？
①决策必须具有一定的超前性；②决策必须具有绝对的确定性；③决策必须具有一定的可行性；④决策必须具有若干方案的选择性
   A. ①②   B. ②③
   C. ①③④   D. ③④
3. 船舶管理者在决策时可能面对的条件有_____。
   A. 确定性与不确定性、风险性与保险性   B. 确定性、不确定性、风险性
   C. 不确定性与保险性   D. 风险性与保险性
4. 决策的主要类型包括_____。
①紧急情况下的决策；②一般情况下的决策；③随意情况下的决策；④日常工作中的决策
   A. ①②③   B. ①②④
   C. ②③④   D. ①③④
5. 决策时最为重要的是_____。
   A. 确认决策的必要性和明确决策的目的   B. 收集决策的资料
   C. 拟定决策的方案   D. 选择最终的对策和对决策的实施
6. 为了保证决策的正确性和可行性，管理者在决策中应防止_____。
   A. 决策前明确目的、注重团队协作和资料收集
   B. 决策时沉着及时、仔细考虑和准备好替代方案
   C. 决策后监督进程、认真评估进程和改进决策拟定决策的方案
   D. 管理者完全根据本人的判断来做出相应的决策
7. 船舶管理者在决策前应注意_____。
   A. 明确决策的目的、加强团队协作、认真收集资料
   B. 明确决策的必要性、加强团队协作、认真收集资料
   C. 明确目的、加强团队协作、拟定决策方案
   D. 明确目的、加强团队协作、实施决策
8. 船舶管理者在决策后应依次注意_____。
   A. 评估进程、监督进程、改进决策   B. 监督进程、评估进程、改进决策
   C. 改进决策、监督进程、评估进程   D. 评估进程、改进决策、监督进程

第六节　领导力

1. 领导的作用主要包括_____。
①指挥作用；②协调作用；③个人作用；④激励作用
   A. ①②③④   B. ①②④
   C. ①③④   D. ②③④
2. 有效的激励船员的方法包括_____。
①尽可能满足船员的合理需求；②尽可能结合船员特点分配工作；③确保检查体制的公平；

④过于考虑事故后果的表象,严厉采用惩罚措施
A. ①②③④ B. ①③④
C. ①②③ D. ②③④

3. 有效的激励船员的方法包括_____。
①合理运用目标激励;②满足船员的合理需求;③落实奖励与绩效挂钩;④分配工作时无须结合船员能力的特点
A. ①②③④ B. ①③④
C. ①②③ D. ②③④

4. 激励船员的举措有_____。
①运用目标激励;②奖励与绩效挂钩;③表扬先进,鞭策后进;④健全劳务费分配制度
A. ①②③ B. ①②④
C. ①③④ D. ①②③④

5. 领导力取决于_____。
①领导者的职权;②领导者本身素质;③被领导者群体和个体状况
A. ② B. ①
C. ①② D. ①②③

6. 领导者应具备哪些基本要求?
①责任性与权威;②诚实与正直;③独特的个性;④相关知识与能力
A. ①②③④ B. ①②④
C. ①③④ D. ②③④

7. 领导者应具备的基本要求包括_____。
①确立目标、解决问题和正确决策的智慧;②巧妙的沟通能力;③敏锐的观察能力;④绝对的自信
A. ①②③ B. ①②④
C. ①③④ D. ②③④

8. 在实际工作中,领导者应尽可能避免哪些领导风格?
①单一命令型;②指示型;③参与型;④完全委托型
A. ①② B. ②④
C. ②③ D. ①④

9. 面临困境或者危急关头,_____领导往往非常果断,常能发挥速战速决的作用。
A. 民主型 B. 教育型
C. 专制型 D. 放任型

10. 船舶的领导力包括_____。
①法定权力;②强制权力;③奖赏权力;④专家权力
A. ①②③④ B. ①③④
C. ①②③ D. ②③④

11. 团队领导者是_____。
①对外联络官;②困难处理专家;③冲突管理者;④教练员

A.①②③④ B.①②③
C.①③④ D.②③④

12. 船舶领导的非权力性影响力由哪些因素构成_____。
①品格因素；②能力因素；③知识因素；④情感因素
A.②③④ B.①③
C.①② D.①②③④

第七节 情境意识

1. 对于船舶驾驶人员而言，情境意识是_____。
   A. 在特定的时段和情境中对影响船舶的各种因素与条件的准确感知
   B. 在特定的情境中对影响船员的各种因素与条件的准确感知
   C. 在特定的时段和情境中对影响船舶和船员的各种因素与条件的准确感知
   D. 在特定的时段对影响船舶和船员的各种因素与条件的准确感知

2. 关于情境意识与船舶航行安全之间的关系，正确的说法是_____。
   A. 情境意识与船舶航行事故风险没有必然的关系
   B. 情境意识与船舶航行事故风险没有很大的关系
   C. 情境意识越好，船舶航行事故风险越大
   D. 情境意识越好，船舶航行事故风险越小

3. 情境意识的内容包括_____。
   ①仅对船舶近距离范围内情况的观察力；②敏捷地觉察船舶周围实际情况与变化趋势的注意力；③仅对自己船舶驾驶台实际条件状态的注意力；④正确地感知自己船舶实际条件状态与变化的理解力
   A.①②③④ B.①③
   C.①② D.②④

4. 船舶驾驶员个人的情境意识包括_____。
   ①个人的经验；②个人的训练；③个人的身体与精神状态；④操纵与操作的技能
   A.①②③ B.①③④
   C.②③④ D.①②③④

5. 船舶驾驶员个人的情境意识包括_____。
   ①对情况的适应程度；②对情况的熟悉程度；③领导能力；④管理技能
   A.①②③ B.①③④
   C.②③④ D.①②③④

6. 驾驶台团队情境意识应是哪些个人情境意识的组合？
   A. 船长和引航员个人情境意识的组合
   B. 船长和驾驶员个人情境意识的组合
   C. 船长、引航员和驾驶员个人情境意识的组合
   D. 船长、引航员和驾驶台其他值班船员个人情境意识的组合

7. 在下列哪些情况下,驾驶台值班人员不会丧失情境意识?
   A. 全部注意力注视在一个问题或情境意识的一个方面
   B. 按照正规的程序从事交接班时
   C. 通信不畅或不良的通信
   D. 对局面难以确定且注意力分散

8. 在下列什么情况下,驾驶台值班人员会丧失情境意识?
   A. 制订或落实好航行计划
   B. 执行已建立的规则和程序
   C. 对船舶实施正确的控制与指挥
   D. 过度自信,自认为对从事的工作与业务很熟悉

9. 下列不是情境意识丧失的征兆的是_____。
   A. 出现了两个或多个可信度很高但有矛盾的信息
   B. 感觉压力大或疲劳而忽略了其他问题
   C. 不能完整地接收和理解计划
   D. 根据正当的理由背离避碰规则

10. 下列哪些做法不能获取情境意识?
    A. 时刻保持能了解船舶在哪里、去哪里和如何安全到达那里的警觉性
    B. 保持良好的情绪和身体健康状况
    C. 缺乏良好的职业态度
    D. 在模拟器训练中不断地复习特定的应急情况程序

11. 在实际的航海工作中不断提高情境意识的警觉性的最有效的途径是_____。
    A. 参加模拟器训练时刻
    B. 保持兴奋和紧张
    C. 保持充足睡眠
    D. 自问"周围已发生了什么,正在发生什么,将要发生什么"

12. 培养情境意识的途径有_____。
    ①初始航行实习;②航海技术和经验的累积;③航海模拟器训练;④良好的心理和身体素质;⑤良好的航海职业态度
    A. ①③④   B. ①②③⑤
    C. ①②③④   D. ①②③④⑤

参考答案

第一节　驾驶台资源管理概念、作用与目的

1. A　　2. D

第二节 驾驶台资源的组成、分配与排序

1. A 2. A 3. A 4. D

第三节 驾驶台组织结构及职责

1. C 2. D 3. C 4. B 5. A 6. D

第四节 通信与沟通

1. A 2. B 3. D 4. B 5. A 6. C 7. B 8. A 9. B 10. B
11. C 12. A 13. A 14. D 15. C

第五节 决策

1. C 2. C 3. B 4. B 5. A 6. D 7. A 8. B

第六节 领导力

1. B 2. C 3. C 4. D 5. D 6. B 7. A 8. D 9. C 10. A
11. A 12. D

第七节 情境意识

1. C 2. D 3. D 4. D 5. D 6. D 7. B 8. D 9. D 10. C
11. D 12. D

答案解析

第二节 驾驶台资源的组成、分配与排序

4. D。"船舶驾驶台资源管理"主要包括以下内容：(1)分析人为失误和船舶事故的发生与预防之间的关系；(2)注意多元文化意识对船舶安全工作的影响；(3)阐述情境意识对船舶航行安全的作用；(4)强调船舶通信和人员交流沟通在船舶航行安全中的重要性；(5)明确团队与团队工作在船舶航行中的必要性；(6)探讨船舶航行中的决策与领导工作的改进；(7)掌握正确处理船舶航行中的工作压力和消除疲劳的方法；(8)规范化执行规章

制度和操作规程;(9)提高船舶应急处理的技能。

第三节　驾驶台组织结构及职责

1. C。如驾驶台资源管理等所涉及的组织一般都是正式组织。在正式组织中,其成员保持着形式上的协作关系,以完成企业目标为行动的出发点和归宿点。
2. D。组织是指管理者对组织内部人力和物力资源的协调。组织的突出表现在对大量资源的合理调配进而达到其目标的能力。显然,组织的工作越是统一和协调,效率也就越高。
3. C。直线职能式特点:在直线制的基础上,设置相应的职能部门;只有各级行政负责人才具有指挥和命令的权力;职能部门只有经过授权才有一定的指挥权力。船舶驾驶台组织就属于此形式。

第四节　通信与沟通

3. D。船上重要的沟通方式包括船上会议,简要提示/总结报告,值班命令,船舶手册,通函,公告,海报,符号和标签,航海通告,无线电天气警报,信息。
4. B。船舶外部通信包括与船舶交管中心的通信,与引航站的通信,与代理、船公司、船位报告系统等的通信。
5. A。在报告与交流中,须注意以下方面:保持交流简短准确,把多余的交流降到最少。在联系前先写好信息是有帮助的。
9. B。清晰准确地发出和确认收到信息、指示、命令和提供有用的反馈。有效沟通的原则是:准确、清晰、使用标准词语/短语、使用标准程序、提高听力技巧,进行有效反馈。
12. A。在引航期间,值班驾驶员的主要和关键作用是监视设备和船舶动态,向船长、引航员提供支持。
13. A。通信与沟通的障碍主要有:(1)物理障碍。噪声、工作负荷、精神涣散、设备的物理处所。(2)人为障碍。语言、声音、肢体语言、词语选择、职位、背景、偏听、压力、疲劳等。

第五节　决策

1. C。决策具有下列四个特点:决策的目标性,决策的超前性,决策的选择性,决策的可行性。
3. B。管理者在决策的时候可能面对三种条件:确定性、风险性和不确定性。
4. B。在从事生产的实践中,人们可以根据决策工作内容及时间上的要求归纳成以下三种类型:紧急情况下的决策、一般情况下的决策、日常工作中的决策。
5. A。决策的过程包括了不同阶段的工作。决策是在对特定事件进行分析、评价、比较的基础上,最后选择应对的最佳方案;选择的前提是拟定多种可行的方案,而要拟定备选方案,首先要明确决策的必要性和应达到的目标。
7. A。决策前:(1)明确目的。必须首先明确自己所需要解决的问题和决策的最终目的,以保证所做的决策能有的放矢。(2)团队协作。积极调动团队成员的工作积极性,让他们共同参与决策工作,集思广益,便于协调以后的工作任务与工作。(3)资料收集。认真做好资料收集工作,有针对性地和尽最大可能获取尽可能多的信息,以便能全盘考虑相关的情况和做出有效的决策。

8. B。决策后:(1)监督进程。决策一旦付诸实施,就应及时和连续地监督其实际进展情况,并不断地核实这些根据新情况所采取的决定和方法是否能发挥预期的效果,以确定它们的正确性。如果发现所采取的决定和方法不能达到预期的效果,则应找出它们的不足之处。(2)评估进程。在监督决策付诸实施的进程和查核其有效性的过程中,还应对其进行评估。如果发现新的情况与所做决策有冲突,不要急于假设决策或情况有误,而要再次认真地考虑和分析局面,重新全面地考虑问题。(3)改进决策。通过对决策方案的查核和评估,可结合所收集到的经验与教训,在必要时对决策方案加以改进和完善,以便能真正充分利用好所有的资源。

第六节　领导力

1. B。在任何单位或组织,领导者的好坏直接影响着这个单位或组织的工作成败。领导者在带领、引导和鼓舞下属为实现组织目标而努力的过程中,要具体发挥指挥、协调和激励等三方面的作用。

2. C。有效的激励船员的方法:(1)满足船员的合理需求;(2)结合船员特点分配工作;(3)合理运用目标激励;(4)检查体制是否公平;(5)奖励与绩效挂钩。

9. C。专制型的领导独断独行,通过下达命令来要求下属绝对服从。这种类型的领导可能具有一定的工作能力与魄力,敢于承担责任。这种领导在面临困境或者危急关头往往非常果断,常能发挥速战速决的作用。

12. D。非权力性影响力由品格因素、能力因素、知识因素和情感因素构成,更大程度属于自然影响力。

第七节　情境意识

1. C。情境意识(situation awareness)是船舶驾驶台团队在特定的时段里和特定的情境中对影响船舶和船员的各种因素、各种条件的准确知觉。

2. D。情境意识与安全密切相关。情境意识越好,事故风险越小;低情境意识产生高风险,高情境意识则减少风险。

3. D。情境意识的内容,表现在:(1)敏捷地觉察船舶周围实际情况与变化趋势的注意力;(2)正确地感知自己船舶实际条件状态与变化的理解力;(3)全面地了解周围情况变化对船舶运动影响的判断力;(4)合理地采取有效措施与方法确保船舶安全的执行力。

4. D。个人的情境意识包括:个人的经验与训练;操纵与操作技能;个人的身体情况与精神状态;对情况的适应与熟悉程度以及领导能力与管理技能。

6. D。团队的情境意识是指船长、引航员和其他船员个人情境意识的组合。也即驾驶台团队的群体情境意识。

7. B。情境意识丧失的征兆:(1)不确定性,两个或多个的一般认为可信度很高的信息发生了矛盾,则存在着不确定性问题。(2)精神不振,全部注意力注视在一个问题或情境意识的一个方面,从而忽视了其他问题。(3)感知不全面或混乱,包括对局面难以确定与发生混乱的情况,如职业的直觉和认识不统一;对周围的船舶与将发生的情况无法判断;因缺乏经验或训练而产生的后果等。(4)通信中断、不正确或不良的通信,将导致指令不能被正确执行,需要复述指令,丢失信息,不能完整地接受和理解计划。(5)指挥或瞭望不当,包括未能实施正确的控制与指挥,超速行驶,船舶不正确地航行,未能安排好瞭望人员,没有能胜任工作的称职人员。(6)没有或未能实施航行计划,包括未制订或落实好航行计划,未制订或落实好背离航行计划的航线,未对无法满足目的与要求的已制订计划采取进一步的措施等。(7)违背已建立的规则或程序,包括违背航路规则,违背相关的法律法规或规则,违背地方引航规则,没有正当的理由而背离明确规定的操作程序,走捷径等。(8)自满包括过度自信,自认为对从事的工作与业务很熟悉,不考虑或轻视潜在问题,自认为很安全等。

10. C。提高情境意识水平的途径:(1)初始航行实习建立情境意识;(2)工作中不断提高对情境意识的警觉性,时刻要问在哪里(Where are we now)、去哪里(Where are we going)和如何到达那里(How we get there);(3)模拟器训练建立复杂情境意识数据库,不断地复习特定的应急程序,使许多问题都可以通过在经验数据库中选择恰当的措施而比较容易地得到解决。(4)身心健康是获取较高情境意识的前提条件。

第八章

发出和接收信息

1. 船舶在锚地申请检疫时,应悬挂_____信号旗。
   - A. A
   - B. B
   - C. H
   - D. Q

2. 有人员落水时,应悬挂_____信号旗。
   - A. G
   - B. O
   - C. H
   - D. Q

3. 在港口你看到某船悬挂有红色的 B 国际信号旗,说明该船_____。
   - A. 下面有潜水员,请慢速远离
   - B. 正在装卸或装运危险货物
   - C. 操纵困难,请让开他
   - D. 操纵失灵,请与之联系

4. 你船在进出港期间,引航员已经上船,应悬挂什么旗号?
   - A. B
   - B. D
   - C. H
   - D. G

5. 在白天你船没有染疫,进港前应悬挂什么旗号?
   - A. B
   - B. D
   - C. Q
   - D. G

6. 你船在进出港口期间,需要引航员,应悬挂什么旗号?
   - A. H
   - B. G
   - C. B
   - D. D

7. 白天,你船在锚地锚泊时,发现走锚,为提醒周围船舶注意,应及时地悬挂什么信号旗?
   - A. P
   - B. O
   - C. Y
   - D. Z

8. 白天,在港口看到图中某船的挂旗,说明他船_____。
   - A. 下面有潜水员,请慢速远离他
   - B. 正在装卸或装运危险货物
   - C. 需要援助
   - D. 操纵失灵,请与他通信

9. 白天,在狭水道航行中,看到图中某船的挂旗,说明他船_____。
   A. 希望与你通信　　　　　　　B. 有人落水
   C. 需要援助　　　　　　　　　D. 船上有引航员

10. 船舶在海上,夜间看到他船用灯光发送的"···———···"莫尔斯信号,表示他船_____。
   A. 遇险,需要救助　　　　　　　B. 操纵能力受到限制
   C. 正在从事水下作业　　　　　　D. 正在进行弃船演习

1. D　2. B　3. B　4. C　5. C　6. B　7. C　8. B　9. D　10. A

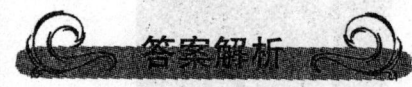

2. B。O 有人落水。

4. C。需要引航员时,先挂出"G"旗(我船需要引航员)。当引航员登船后应降下"G"旗,升上"H"旗(我船上有引航员)。当引航员离船后应即降下"H"旗。

5. C。航抵国外港口或返航抵达国内第一个港口时,到检疫锚地锚泊应悬出"Q"旗(我船没有染疫,请发给进口检疫证)。待检疫结束,领到进口检疫签证后,可降下"Q"旗。

7. C。Y 我正在走锚。

8. B。船舶进行油类作业时,应及时悬挂"B"旗,表示本船还在装、卸或载运危险物。作业结束时立即降下。

9. D。H 旗,我船上有引航员。

10. A。以任何发信号方法发出的由《莫尔斯信号规则》中的"···———···"(SOS)信号组构成的信号,表示遇险需要救助。